AF557610

TONY ROBBINS

UNANGREIFBAR

DEINE STRATEGIE FÜR FINANZIELLE FREIHEIT

TONY ROBBINS

UNANGREIFBAR

DEINE STRATEGIE FÜR FINANZIELLE FREIHEIT

MIT PETER MALLOUK
DREIMALIGER #1 ANLAGEBERATER IN DREI AUFEINANDERFOLGENDEN JAHREN IM FINANZMAGAZIN *BARRON'S*

Bibliografische Information der Deutschen Nationalbibliothek
Die Deutsche Nationalbibliothek verzeichnet diese Publikation in der Deutschen Nationalbibliografie. Detaillierte bibliografische Daten sind im Internet über https://dnb.de abrufbar.

Für Fragen und Anregungen
info@m-vg.de

Wichtiger Hinweis
Ausschließlich zum Zweck der besseren Lesbarkeit wurde auf eine genderspezifische Schreibweise sowie eine Mehrfachbezeichnung verzichtet. Alle personenbezogenen Bezeichnungen sind somit geschlechtsneutral zu verstehen.

7. Auflage 2025

ein Imprint der Münchner Verlagsgruppe GmbH Türkenstraße 89
80799 München
Tel.: 089 651285-0

Die englische Originalausgabe erschien 2017 bei Simon & Schuster unter dem Titel »UNSHAKEABLE«.

Übersetzung: Almuth Braun
Redaktion: Judith Engst, Desirée Šimeg
Korrektorat: Hella Neukötter
Umschlaggestaltung: Marc-Torben Fischer
Umschlagabbildung: Simon & Schuster, Tony Robbins
Foto Umschlag: Joseph Seif
Satz: ZeroSoft, Timisoara
Druck: GGP Media GmbH, Pößneck
Printed in Germany

ISBN Print 978-3-95972-059-5
ISBN E-Book (PDF) 978-3-96092-098-4
ISBN E-Book (EPUB, Mobi) 978-3-96092-099-1

Wir produzieren nachhaltig
www.m-vg.de

Weitere Informationen zum Verlag finden Sie unter
www.finanzbuchverlag.de
Beachten Sie auch unsere weiteren Verlage unter www.m-vg.de

Inhalt

Was die herausragendsten Finanzexperten der Welt über Tony Robbins sagen

»Bemerkenswerterweise hat Robbins ein Buch produziert, das sowohl dem Börsenneuling als auch wettergegerbten Geldjongleuren nützt, die Aktiva im Wert von vielen Milliarden Dollar verwalten. Gäbe es einen Pulitzerpreis für Investmentbücher, würde dieses zweifellos gewinnen.«

- Steve Forbes, Herausgeber des Wirtschaftsmagazins *Forbes* und CEO von Forbes Inc.

»Robbins ist der beste Wirtschaftsmoderator, mit dem ich je gearbeitet habe. Seine Mission, die Erkenntnisse der herausragendsten Finanzexperten der Welt dem durchschnittlichen Einzelanleger zugänglich zu machen, ist wahrhaft inspirierend.«

- Alan Greenspan, ehemaliger Präsident der amerikanischen Notenbank unter vier verschiedenen Präsidenten

»Tony kam für ein 45-minütiges Interview in mein Büro, aus dem ein vierstündiges Gespräch wurde. Es war eines der anspruchsvollsten und thematisch vielfältigsten Interviews, die ich in den 65 Jahren meiner Karriere in der Investmentfondsindustrie geführt habe. Tonys Energie und seine Leidenschaft sind ansteckend und elektrisierend. Ich wusste sofort, dass dieses Buch einen großen Einfluss auf Anleger haben würde.«

- John C. Bogle, Gründer der Vanguard Group, die mit 3 Billionen Dollar an verwaltetem Vermögen die größte Investmentgesellschaft der Welt ist

»In diesem Buch bringt Tony Robbins sein einzigartiges Talent zur Geltung, komplexe Dinge in eine verständliche Kurzform zu bringen und die Konzepte der besten Investoren der Welt in praktische Lektionen zu destillieren, aus denen sowohl der ungeübte Anleger als auch der ausgefuchste Profi etwas lernen kann.«

- Ray Dalio, Gründer und Co-CIO von Bridgewater Associates und weltweite Nummer eins unter den Hedgefonds-Investoren

»Tony Robbins muss man nicht vorstellen. Er hat sich der Mission verschrieben, allen Anlegern zu helfen, bessere Investmententscheidungen zu treffen. Jeder Investor wird dieses Buch äußerst interessant und aufschlussreich finden.«

- Carl Icahn, Investor, Milliardär und Aktivist

»Wenn Sie Tony Robbins treffen und seinen Worten lauschen, werden Sie sich zwangsläufig zum Handeln inspiriert fühlen. Dieses Buch vermittelt Ihnen die Strategien, mit denen Sie für sich und Ihre Familie finanzielle Freiheit erlangen können.«

- T. Boone Pickens, Gründer, Chairman und CEO von BP Capital Management und TBP Investments Management. Er war derjenige, der auf CNBC mit seinen 21 Prognosen über die Entwicklung des Ölpreises 18 Mal richtiglag.

»Tony verwebt Anekdoten und Fachwissen auf meisterhafte Weise zu einem verständlichen Anlageprozess für alle Leser, indem er ihnen das notwendige Finanzwissen vermittelt und sie bei einer effektiven Zukunftsplanung unterstützt.«

- Mary Callahan Erdoes, CEO von JPMorgan Asset Management, das 2,4 Millionen Dollar an Vermögen verwaltet

»Tony Robbins besitzt den Schlüssel zum Reichtum – er weiß, wie er Ihre geistige Vorstellungskraft für große Chancen öffnet. Mithilfe seiner einzigartigen Einsichten in die menschliche Natur hat er einen Weg gefunden, die Strategien der weltbesten Investoren so zu vereinfachen, dass jeder sie anwenden kann, um die finanzielle Unabhängigkeit zu erlangen, die er verdient.«

- Paul Tudor Jones II., Gründer der Tudor Investment Corporation und legendärer Wertpapierhändler, der für seine Investoren in 28 aufeinanderfolgenden Jahren positive Renditen erzielt hat

»Robbins' unermüdlicher Einsatz auf der Suche nach echten Antworten auf die Frage, wie man finanzielle Sicherheit und Unabhängigkeit erlangt, sowie seine Leidenschaft, dem durchschnittlichen Einzelanleger die Erkenntnisse der Superreichen nahezubringen, ist wahrhaft inspirierend. Dieses Buch könnte wirklich Ihr Leben verändern.«

- David Pottruck, ehemaliger CEO der Charles Schwab Corporation und Bestsellerautor von *Stacking the Deck: How to Lead Breakthrough Change Against Any Odds*

»Tony Robbins hat das Leben vieler Millionen Menschen beeinflusst, einschließlich meines eigenen. In diesem Buch stellt er die Erkenntnisse und Strategien der herausragendsten Investoren der Welt vor. Lassen Sie sich die Gelegenheit, den lebensverändernden Wert dieses Buchs zu erleben, nicht entgehen.«

- Kyle Bass, Gründer von Hayman Capital Management und Investor, der mitten in der Subprime-Krise 30 Millionen Dollar an Aktiva in 2 Milliarden Dollar verwandelt hat

Was führende Persönlichkeiten aus anderen Branchen über Tony Robbins sagen

»Er besitzt ein großes Talent – das Talent zu inspirieren.«

- Bill Clinton, ehemaliger Präsident der Vereinigten Staaten

»Tonys Power ist übermenschlich ... er ist ein Katalysator, der Menschen dazu bewegt, sich zu verändern.«

- Oprah Winfrey, mit dem Emmy Award ausgezeichnete Medienmagnatin

»Wir wurden in vier aufeinanderfolgenden Jahren von Forbes *als innovativstes Unternehmen der Welt ausgezeichnet. Unser Jahresumsatz beträgt inzwischen mehr als 7 Milliarden Dollar. Ohne Tony und seine Lektionen würde Salesforce.com heute nicht existieren.«*

- Marc Benioff, Gründer, Chairman und CEO von Salesforce.com

»Tony Robbins' Coaching hat große Wirkung auf mein Leben gehabt, und zwar sowohl auf dem Tennisplatz als auch in meinen Privatleben. Er hat mir dabei geholfen zu entdecken, wer ich wirklich bin. Auf diese Weise konnte ich mein Tennis – ja, mein ganzes Leben – deutlich verbessern.«

- Serena Williams, 22-malige Grand-Slam-Gewinnerin
und Trägerin der olympischen Goldmedaille

»Ich fürchtete, mein Erfolg würde mich von meiner Familie entfremden. Tony gelang es, diese Sichtweise zu ändern, und er zeigte mir, dass ich Millionen von Menschen geholfen habe. Das waren wahrscheinlich die intensivsten Gefühle, die ich je verspürt habe.«

- Melissa Etheridge, Songschreiberin und Sängerin,
die 22 Mal mit dem Grammy ausgezeichnet wurde

»Egal wer Sie sind, egal wie erfolgreich Sie sind, egal wie glücklich und zufrieden Sie sind, Tony hat Ihnen etwas anzubieten.«

- Hugh Jackman, mit dem Emmy und Tony Award ausgezeichneter Schauspieler und Produzent

»Wenn Sie Ihren Zustand verändern wollen, wenn Sie Ihre Ergebnisse verändern wollen, dann ist Tony Ihr Mann.«

- Usher, mit dem Grammy ausgezeichneter Sänger und Songwriter und Unternehmer

»Tony Robbins ist ein Genie ... er besitzt die unvergleichliche Fähigkeit, Menschen bei der Bewältigung jedweder Herausforderungen strategisch zu begleiten.«

- Steve Wynn, CEO und Gründer der Wynn Resorts

»Was Tony mir gegeben hat – einem jungen Mann, der am Venice Beach T-Shirts verkauft hat –, war, den Mut aufzubringen, Risiken einzugehen, zu handeln und etwas zu werden. Das sage ich Ihnen als jemand, der diese Strategien seit 25 Jahren lebt. Und ich werde immer wieder zurückkehren, um noch mehr zu lernen.«

- Mark Burnett, TV-Produzent, der fünf Mal mit dem Emmy ausgezeichnet wurde

»Was hat dieser Mann, das alle wollen? Er ist ein zwei Meter zehn großes Phänomen.«

- Diane Sawyer, ehemalige Moderatorin von *ABC World News* und *Good Morning America*

Dieses Buch ist all denjenigen gewidmet, die sich in Bezug auf das, was sie sein, leisten, teilen und geben können, stets nur mit dem Besten zufriedengeben.

Dieses Buch hat es sich zur Aufgabe gemacht, Informationen zu liefern, die nach Überzeugung des Autors korrekte Angaben zur behandelten Materie darstellen. Allerdings wird dieses Buch in dem Verständnis vertrieben, dass weder der Autor noch der Verleger individuelle Anlegerempfehlungen aussprechen; dass die Informationen, die dieses Buch enthält, nicht auf ein spezifisches Portfolio oder individuelle Bedürfnisse zugeschnitten sind und weder eine Anlageberatung noch irgendeine andere Form der professionellen Beratung, sei es juristischer, steuerlicher oder wirtschaftsprüferischer Natur, darstellen. Dieses Buch ersetzt nicht die kompetente Unterstützung durch einen erfahrenen Investmentexperten. Diese Publikation verweist auf Ergebnisdaten, die über zahlreiche Betrachtungszeiträume gesammelt wurden. Vergangene Ergebnisse garantieren keine zukünftigen Ergebnisse.

Die Ergebnisdaten sowie die Gesetze und andere Regulierungen sind zudem Veränderungen unterworfen, die den Status der in diesem Buch präsentierten Informationen verändern können. Dieses Buch liefert ausschließlich historische Daten zur Darstellung und Verdeutlichung der zugrunde liegenden Prinzipien. Es soll nicht als Grundlage für konkrete Finanzentscheidungen dienen; es spricht weder eine Empfehlung spezifischer Investmentberater aus, noch ist sein Zweck, Wertpapiere anzubieten oder zu verkaufen. Vor jeder Anlageentscheidung muss der entsprechende Wertpapierprospekt aufmerksam gelesen werden. Dieses Buch gibt keinerlei Garantie in Bezug auf die Korrektheit, Genauigkeit und Vollständigkeit der vorgestellten Informationen. Insbesondere schließen sowohl der Autor als auch der Verleger jede Haftung für persönliche oder andere Verluste und Risiken aus, die dem Leser aus der mittel- oder unmittelbaren Verwendung und Anwendung der Inhalte dieses Buchs entstehen.

Die Namen sowie identifizierende Eigenschaften mehrerer im Buch genannter Personen wurden geändert.

Gesetzliche Offenlegungspflicht: Tony Robbins ist Mitglied des Boards und Vorstand für Anlegerpsychologie von Creative Planning Inc. und als Anlageberater (RIA) bei der amerikanischen Börsenaufsicht Securities and Equities Commission (SEC) registriert. Er arbeitet mit Vermögensverwaltern in allen 50 US-Bundesstaaten. Für seine Leistungen, die zur Steigerung des Geschäftsvolumens von Creative Planning beitragen, erhält Tony Robbins eine finanzielle Vergütung. Daraus folgt, dass er einen finanziellen Anreiz hat, Anleger an Creative Planning zu verweisen. Weitere Informationen über die Bewertung in Ranglisten beziehungsweise Auszeichnungen für Creative Planning finden Sie unter http://getasecondopinion.com/rankings.

»Verschwende keine weitere Zeit mit der Diskussion darüber, was einen guten Menschen ausmacht. Sei einer.«

- Marcus Aurelius

»Geld ist nur ein Instrument. Es bringt einen überallhin, wo man hin möchte, aber es wird nie den Steuermann ersetzen.«

- Ayn Rand

Einführung von Steve Forbes, Verleger des Wirtschaftsmagazins Forbes und CEO von Forbes, Inc.

Dieses kurze, erkenntnisreiche und pointiert geschriebene Buch könnte nicht zu einem besseren Zeitpunkt erscheinen, dabei sind seine Erkenntnisse und Empfehlungen eigentlich zeitlos. Anleger und vor allem Menschen, die derzeit nicht in Wertpapiere investieren, sollten es aufmerksam lesen und sich seinen Inhalt zu Herzen nehmen.

Noch nie in der Geschichte haben wir eine derart lang anhaltende Börsenhausse – auch Bullenmarkt genannt – erlebt, der von Anfang an von einer derartigen Vorsicht, um nicht zu sagen einem ausgeprägten Pessimismus über die Dauerhaftigkeit des steigenden Börsenbarometers begleitet war. Der Aktienmarkt bewegt sich nie in einer geraden Linie auf oder ab; jede Delle im seit 2009 anhaltenden Aufwärtstrend löste eine Welle der Sorgen und Befürchtungen über einen neuen Börsencrash aus. Das Ergebnis der Aversion gegenüber der Börse ist, dass viele Millionen Menschen, die dringend investieren sollten – das gilt vor allem für die Generation der Millennials –, vor Aktieninvestitionen zurückschrecken. Tony Robbins weist mit Recht darauf hin, dass die junge Generation in Bezug auf den Vermögensaufbau und vor allem mit Blick auf ihre Altersvorsorge einen Fehler macht, der sie langfristig sehr teuer zu stehen kommen wird, wenn sie nicht frühzeitig investiert.

Ein Aspekt, der dieses Buch so glaubwürdig macht, ist, dass der Autor die alles durchdringenden Ängste über unsere wirtschaftliche Zukunft offen anspricht – Sorgen, die die US-Präsidentschaftswahlen von 2016 auf so eindrucksvolle Weise geprägt haben. Robbins gesteht durchaus zu, dass wir irgendwann einen echten Bärenmarkt erleben werden. Die Möglichkeit, dass ein solches Ereignis eintritt, ist allerdings kein Grund, Geldanlagen grundsätzlich zu scheuen. Zwar finden in regelmäßigen Abständen umfangreiche Marktkorrekturen statt, der langfristige Kurstrend verläuft jedoch *immer* aufwärts. Wenn sich Einzelanleger die Wahrheit zu

Herzen nehmen, dass Emotionen der größte Feind der Kapitalinvestition sind, können sie Strategien verfolgen, mit denen sie den Markt *und* die meisten professionellen Geldmanager übertreffen können.

Robbins zeigt mit Bedacht und Sorgfalt auf, wie Sie Ihr finanzielles Schicksal in die eigene Hand nehmen können, statt passiv am Rand zu stehen oder sich durch emotionale Panikreaktionen auf Marktschwankungen selbst großen Schaden zuzufügen. **Was sollten Sie bei einem Kurseinbruch tun? Wie können Sie Investmentchancen aufspüren, wenn alle anderen nur Katastrophen sehen?** Robbins nennt vernünftige Regeln, die Sie davon abhalten werden, teure Fehler zu begehen, und erklärt, wie Sie vorgehen müssen – zum Beispiel, indem Sie Ihr Portfolio umschichten –, um die richtige Grundlage für satte Renditen in der Zukunft zu legen.

Neben emotionalen Entscheidungen sind die Gebühren der zweite große Feind des Anlageerfolgs. Die Rendite wird nicht nur durch die ausgewiesenen Gebühren geschmälert, sondern auch durch eine Reihe versteckter Kosten. Die Wirkung des Zinseszinses kann dazu führen, dass diese Kosten Ihr Vermögen im Laufe der Zeit um viele Hunderttausend Dollar reduzieren. Denken Sie daran, dass jeder Dollar an Kosten ein Dollar weniger ist, der sich in der Zukunft vermehren kann. Aus diesem Grund sollten Sie private und staatlich geförderte Zusatzrenten genau unter die Lupe nehmen, um herauszufinden, welche Kosten und Gebühren Ihr Vermögen schmälern – wie Termiten, die einen Baum aushöhlen. Selbst Indexfonds (Exchange Traded Funds, ETF) können unnötige Kosten beinhalten. Und was die beliebten Annuitäten angeht, können die damit verbundenen Kosten Ihr Vermögen vernichten, wie Godzilla Städte vernichtet hat. Ein informierter Anleger wird immer ein weitaus vermögenderer Anleger sein.

Nicht zuletzt betont Robbins, dass der Vermögensaufbau kein Selbstzweck ist, sondern ein maßgeblicher Aspekt in der Erzielung eines sinnvollen Lebens – eine Wahrheit, die allzu oft ignoriert wird. Mein Großvater, B. C. Forbes, der unser Unternehmen vor ungefähr einem Jahrhundert gegründet hat, schrieb in der ersten Ausgabe unseres Magazins, das nach ihm benannt ist: »Der Zweck der Geschäftstätigkeit ist, Zufriedenheit zu erzeugen und nicht Geld anzuhäufen.«

Wir können nur hoffen, dass sich mehr Menschen – vor allem junge Menschen, die gerade erst ins Berufsleben starten – Robbins' Investmentbotschaft zu Herzen nehmen: Investieren Sie!

Tony Robbins hat Recht: Die Millennials machen die gleichen Fehler, die die vorhergehende Generation vor Jahrzehnten gemacht hat – eine Generation, die von der Katastrophe der Weltwirtschaftskrise gezeichnet war. Die Ängste dieser Menschen vor Aktien war nur zu verständlich. In der Zeit von 1929 bis 1932 verlor der Dow Jones Industrial Average den Gegenwert von heutigen 17 000 Punkten! Das ist ein Einbruch von fast 90 Prozent. Die 1930er-Jahre waren zudem von hoher Arbeitslosigkeit geprägt. Dann kam der Zweite Weltkrieg. Kein Wunder, dass die meisten Amerikaner einen großen Bogen um Aktien machten.

Nach dem Krieg erlebten die Vereinigten Staaten jedoch eine anhaltende Phase der Prosperität. Die Aktienkurse stiegen rasant an, doch leider scheuten viele Menschen vor der Börse zurück oder hielten an scheinbar sicheren Anleihen fest. Was sie nicht wissen konnten: Der Anleihemarkt begann eine Talfahrt, die 35 Jahre andauern sollte. Anleger verloren Unsummen, da die Inflation die Grundprinzipien der Anleihen untergrub. All diese Menschen verpassten die großartige Chance, ihr Leben zu bereichern.

Vergessen Sie also nie die beiden erbitterten Feinde des Börsenerfolgs: Angst und Gebühren.

Wird dieses kluge Buch Tony Robbins reich machen? Nein. Alle Einnahmen kommen der Initiative Feeding America zugute, die Bedürftigen kostenlose Mahlzeiten spendiert. Mit diesem Projekt lebt Robbins eine grundlegende Wahrheit, die oft verkannt wird: Kommerz und Philanthropie sind keine Antagonisten, sondern zwei Seiten derselben Medaille. In freien Märkten können Sie nur erfolgreich sein, wenn Sie ein Produkt oder eine Dienstleistung anbieten, für die es eine Nachfrage gibt. Das heißt, Sie prosperieren, wenn Sie die Bedürfnisse und Wünsche anderer Menschen erfüllen. Philanthropie bedeutet, die Bedürfnisse anderer zu erfüllen. Die konkreten Fähigkeiten, die jede dieser Sphären erfordert, können variieren, aber das grundlegende Ziel ist dasselbe. Tatsächlich werden erfolgreiche Geschäftsleute oft auch erfolgreiche Philanthropen. Bill Gates ist nur ein Beispiel von vielen.

Tony Robbins demonstriert, dass Sie sich die Mittel beschaffen können, um anderen zu helfen, indem Sie Ressourcen erzeugen und etwas produzieren. Sein Buch wird Ihnen als unschätzbarer Leitfaden dienen, das Gleiche zu tun, und zwar in einer Größenordnung, die Sie vielleicht nie für möglich gehalten hätten.

Vorwort
von John C. Bogle, legendärer Investor und Gründer der Vanguard Group

Zu Beginn des Jahres 2016 begann ich meinen Samstagmorgen mit der Frühstückslektüre der *New York Times*. Nachdem ich die Titelseite überflogen und das Kreuzworträtsel für später aus der Zeitung gerissen hatte, wandte ich meine Aufmerksamkeit dem Wirtschaftsteil zu. An hervorstechender Stelle thronte über der Sektion B1 Ron Liebers Kolumne »Your Money«, die von grundlegenden Geldmanagementstrategien handelte, die sechs Experten für private Finanzplanung auf Karteikarten geschrieben hatten.

Ron wollte damit zeigen, dass effektives Geldmanagement nicht kompliziert sein muss und die wesentlichen Punkte auf eine einzige Karteikarte passen. Fünf der sechs Karteikarten handelten davon, wie man seine Ersparnisse investiert, und jede erteilte den gleichen einfachen Rat: Investieren Sie in Indexfonds.

Diese Botschaft sprach sich bei den Anlegern herum. Im Jahr 1975 habe ich den ersten Indexfonds weltweit gegründet und preise ihn seitdem in höchsten Tönen. Damals war ich ein einsamer Rufer in der Wüste. Heute ist daraus ein stimmgewaltiger Chor geworden, der mir dabei hilft, die Botschaft zu vermitteln. Anleger hören unsere Stimmen laut und klar und stimmen mit den Füßen – soll heißen mit ihrem Geld – ab.

Seit Ende 2007 haben Anleger ihr Vermögen, das in Indexfonds investiert ist, auf fast 1,65 Billionen Dollar gesteigert, während das in aktiv gemanagte Investmentfonds im gleichen Zeitraum um 750 Milliarden Dollar gesunken ist. Diese Verschiebung der Präferenzen in einer Größenordnung von 2,4 Billionen Dollar, die in den letzten acht Jahren stattgefunden hat, ist – so glaube ich – in der Geschichte der Investmentfondsindustrie beispiellos.

Seit sieben Jahren befindet sich Tony Robbins auf einer Mission, um dem durchschnittlichen Einzelanleger zum Investmenterfolg zu verhelfen, die Botschaft der Indexfonds zu verbreiten und Anlegern die eindringliche Empfehlung zu geben, nicht mehr länger teures Geld in Investitionen mit unterdurchschnittlicher Rendite zu stecken. Im Rahmen dieser Mission hat er mit einigen der führenden Köpfe der Finanzindustrie gesprochen. Ich bin mir zwar nicht sicher, ob ich zu dieser Kategorie gehöre, aber Tony suchte mich in meinem Büro bei Vanguard auf, um meine Sicht der Dinge zu hören. Lassen Sie mich Ihnen sagen, dass Tony eine Naturgewalt ist! Schon nach wenigen Minuten war mir vollkommen klar, wie es ihm gelingt, Millionen von Menschen auf der ganzen Welt zu inspirieren.

Dieses Gespräch war so anregend, dass aus unserem auf 45 Minuten angesetzten Interview ganze vier Stunden wurden. Es war eines der thematisch vielfältigsten und anspruchsvollsten Interviews, die ich in meiner 65-jährigen Karriere in der Investmentfondsindustrie geführt habe. Tonys Energie und Leidenschaft sind ansteckend und elektrisierend. Ich wusste sofort, dass sein Buch großen Einfluss auf die Anleger haben würde.

Doch selbst ich unterschätzte die immense Wirkung, die er haben sollte. Sein erstes Buch, *Money*, hat sich mehr als eine Million Mal verkauft und belegte sieben Monate lang den Spitzenplatz auf der Bestsellerliste der Wirtschaftsbücher der *New York Times*. Nun präsentiert er uns sein zweites Buch, *Unangreifbar*, das den Lesern zweifellos zusätzlichen Nutzen bietet. Dieses neue Buch beinhaltet Erkenntnisse einiger der wichtigsten Persönlichkeiten der Investmentindustrie, zum Beispiel Warren Buffett oder David Swensen, der das Stiftungsvermögen der Universität von Yale verwaltet. Sowohl Warren als auch David haben immer wieder betont, dass Indexfonds die beste Methode sind, mit der Einzelanleger ihre Chancen auf Investmenterfolg maximieren können. Dieses Buch wird dazu beitragen, dass diese Botschaft noch mehr Anleger erreicht.

Indexfonds sind simple Instrumente. Anstatt zu versuchen, den richtigen Zeitpunkt für einen Markteinstieg oder -ausstieg zu bestimmen oder das Verhalten professioneller Geldmanager in Bezug auf Einzelaktien zu interpretieren, bilden Indexfonds einfach alle Aktien eines breiten Marktindex ab, wie zum Beispiel des S&P 500. Indexfonds arbeiten, indem sie Anlagekosten auf das absolute Minimum reduzieren. Sie zahlen keine teuren Gebühren an Geldmanager und beinhalten nur minimale Transaktionskosten, da sie der ultimativen Buy-and-hold-Strategie folgen, das heißt der langfristigen Aktienanlage. Wir haben keine Kontrolle über das Marktverhalten, aber wir können bestimmen, wie viel wir für unsere

Geldanlagen bezahlen wollen. Indexfonds ermöglichen Ihnen, zu minimalen Kosten in ein breit diversifiziertes Portfolio zu investieren.

Betrachten Sie es auf folgende Weise: Alle Anleger zusammengenommen bilden den Gesamtmarkt und teilen sich daher seine Bruttorendite (vor Kosten). Indexfonds zeichnen diesen Gesamtmarkt nach und können daher dieselbe Marktrendite erzielen, allerdings zu minimalen Kosten – konkret meist weniger als 0,6 Prozent Ihres Anlagebetrags. Der übrige Markt ist aktiv, soll heißen, Anleger und Geldmanager kaufen und verkaufen und schichten ständig ihre Portfolios um, um die Marktrendite zu übertrumpfen. Auch sie sind Teil des Gesamtmarkts und partizipieren an der Bruttorendite. Ihre ständigen Handelsaktivitäten sind allerdings extrem kostenintensiv. Die Fondsmanager erheben gewaltige Gebühren, während die Wall Street sich von diesen frenetischen Handelsaktivitäten eine dicke Scheibe abschneidet. Diese und andere versteckte Gebühren können sich leicht auf 2 Prozent pro Jahr summieren.

Anleger von Indexfonds erhalten daher die Bruttomarktrendite minus der Mindestgebühren von bis zu 0,6 Prozent, während die aktiven Anleger als Gruppe zwar dieselbe Bruttomarktrendite erzielen, aber davon 2 Prozent an Gebühren berappen müssen. *Die Bruttorendite abzüglich der Investitionskosten entspricht der Nettorendite des Anlegers.* Diese Hypothese, die auf der Bedeutung der Kosten fußt, reicht aus, um die Vorteile der Investition in Indexfonds zu verstehen. Über den gesamten Lebenszyklus einer Geldanlage addieren sich diese jährlichen Kosten auf. Die meisten jungen Menschen, die am Anfang ihrer beruflichen Laufbahn stehen, haben einen Investitionszeitraum von 60 oder mehr Jahren vor sich. **Wenn sich diese hohen Investitionskosten über den gesamten Investitionszeitraum summieren, kann das zu einer Schmälerung Ihrer Lebensrendite in Höhe von 70 Prozent führen!**

Dieser Kostenunterschied ist eine substanzielle *Untertreibung* der tatsächlichen Kosten, die so viele Anleger eingehen – vor allem Anleger, die in den USA in die amerikanischen Rentenpläne 403(b) und 401(k) oder in Deutschland in kostenintensive Riester- oder Rürup-Produkte oder Rentenversicherungen investieren. Wie Tony in Kapitel 3 darlegt, frisst die zusätzliche Kostenschicht (und dabei handelt es sich zum größten Teil um versteckte Kosten) eine beachtliche Portion Ihrer Rendite auf.

Ich freue mich sehr, dass ich meinen kleinen Beitrag zu diesem Buch leisten und Tony dabei unterstützen konnte, seine nützliche Botschaft zu verbreiten. Ich bin begeistert, dass ich einen wunderbaren Nachmittag mit ihm verbracht und ein äußerst fruchtbares Gespräch geführt habe. Und ich bin dankbar für die Gelegenheit, das Evangelium der Indexfonds zu predigen, um ehrlichen, bodenständigen Menschen zu helfen, die für ein sicheres Auskommen im Alter oder die Ausbildung ihrer Kinder sparen.

Mit Profundität und Charme spricht Tony über alle Aspekte der Geschichte der Investmentrisiken und Renditen; erfolgreiche Anleger sollten diese Geschichte kennen. Allerdings ist die Geschichte, wie der britische Dichter Samuel Taylor Coleridge schrieb, »eine Laterne am Schiffsheck, die nur die Wellen bescheint, die hinter uns liegen«, aber nicht den Weg erhellt, der vor uns liegt. Die Vergangenheit ist also nicht automatisch ein verlässlicher Hinweis auf die Zukunft.

Wir leben in einer ungewissen Welt und sind nicht nur mit den Risiken der bekannten Unbekannten konfrontiert, sondern auch den unbekannten Unbekannten – den Risiken, »von denen wir nicht wissen, dass wir sie nicht kennen«. Trotz dieser Risiken müssen wir investieren, wenn wir irgendeine Chance haben wollen, unsere langfristigen finanziellen Ziele zu erreichen. Wenn wir das nicht tun, steht von vornherein fest, dass wir sie nicht erreichen werden. Wir müssen aber nicht unser gesamtes Kapital in Anlagen investieren, die 100 Prozent Risiko aufweisen, nur um eine Rendite von 30 Prozent (und oft noch viel weniger) zu erzielen. Indem Sie in kostengünstige, breit diversifizierte Indexfonds investieren und sie »für immer« behalten, können Sie dafür sorgen, dass Sie einen fairen Anteil an den Renditen, die die Finanzmärkte langfristig bieten, erhalten werden.

TEIL I
REICHTUM:
DAS REGELWERK

Kapitel 1: Unangreifbar
Kraft und Seelenfrieden in einer ungewissen Welt

Un-an-greif-bar
sich durch nichts erschüttern lassend; von großer, gleichbleibender Festigkeit, Beständigkeit

Wie würde es sich anfühlen, wenn Sie in Ihrem Kopf, Ihrem Herzen und der Tiefe Ihrer Seele wüssten, dass Sie immer wohlhabend sein werden? Wenn Sie mit absoluter Sicherheit wüssten, dass Sie für den Rest Ihres Lebens in finanzieller Sicherheit leben werden, egal was mit der Wirtschaft, der Börse oder dem Immobilienmarkt geschieht? Wenn Sie wüssten, dass Sie in einem derartigen Überfluss leben werden, dass Sie es sich leisten können, nicht nur die Bedürfnisse Ihrer Familie zu erfüllen, sondern auch die Freude zu genießen, anderen zu helfen?

Wir alle träumen davon, diesen großen inneren Frieden zu erleben, dieses tröstliche, sichere Gefühl, die Unabhängigkeit und die Freiheit. Kurzum: **Wir alle träumen davon, unangreifbar zu sein.**

Doch was bedeutet Unangreifbarkeit eigentlich?

Es hat nicht nur mit Geld zu tun, vielmehr ist es eine Geisteshaltung. **Wenn Sie wirklich unangreifbar sind, haben Sie selbst inmitten eines schweren Sturms ein felsenfestes Selbstvertrauen.** Das bedeutet nicht, dass Sie sich durch nichts aus der Fassung bringen lassen. Das kann jedem passieren, ist aber auch nur ein momentaner Zustand; nichts kann Sie längerfristig aus der Ruhe bringen. Sie lassen schlichtweg nicht zu, dass die Angst Sie überwältigt. Wenn Sie aus dem Gleichgewicht geraten, finden Sie schnell wieder Ihre Mitte und gewinnen Ihre innere Ruhe zurück. Wenn sich andere fürchten, besitzen Sie die Geistesgegenwart, sich die Turbulenzen um Sie herum zunutze zu machen. Diese Geisteshaltung ermöglicht es Ihnen zu *agieren* und nicht zu *reagieren*; der Schachspieler zu sein und nicht die Schach*figur*. Einer der wenigen zu sein, die *machen*, und nicht einer der vielen, die nur reden.

Doch ist es überhaupt *möglich*, in diesen verrückten Zeiten unangreifbar zu sein? Oder ist das nur ein Wunschtraum?

Erinnern Sie sich daran, wie Sie sich im Jahr 2008 fühlten, als die Finanzkrise die Weltwirtschaft verheerte? Erinnern Sie sich an die Angst, die Anspannung und die Ungewissheit, die uns alle erfasste, als die Welt auseinanderzufallen schien? Der Aktienmarkt stürzte ins Bodenlose und drohte unsere Rentenpläne mit in den Abgrund reißen. Der Immobilienmarkt kollabierte und vernichtete den Wert unseres Eigenheims oder des Zuhauses eines geliebten Menschen. Großbanken brachen ein wie Kartenhäuser. Millionen gute, hart arbeitende Menschen verloren ihre Arbeitsstelle.

Ich kann Ihnen hier und jetzt sagen, dass ich das Elend und die panische Angst, die ich überall um mich herum spürte, niemals vergessen werde. Ich sah, wie Menschen die Ersparnisse eines ganzen Lebens verloren, wie sie Opfer von Zwangsräumungen wurden und die Studiengebühren für ihre Kinder nicht mehr bezahlen konnten. Mein Friseur erzählte mir, sein Geschäft liege am Boden, weil seine Kunden selbst an einem Haarschnitt sparten. Sogar einige meiner milliardenschweren Kunden riefen mich voller Panik an, weil ihr gesamtes Bargeld in Investitionen steckte, die plötzlich illiquide waren; weil sich die Kreditmärkte verklemmt hatten und es so aussah, als könnten sie alles verlieren. Die Angst breitete sich aus wie ein Virus, das die Menschen befiel und ihnen das Gefühl totaler Unsicherheit gab.

Wäre es nicht wunderbar, wenn diese Ungewissheit im Jahr 2008 geendet hätte? Sollte man nicht meinen, inzwischen sei die Welt wieder zur Normalität zurückgekehrt und die Weltwirtschaft habe sich vollkommen erholt und ihr dynamisches Wachstum wiedergewonnen? Die Wahrheit lautet jedoch, dass wir *immer noch* in einer verrückten Welt leben. Auch nach so vielen Jahren führen die Zentralbanken *immer noch* einen epischen Kampf, um das Wirtschaftswachstum wieder anzukurbeln. Sie experimentieren *immer noch* mit radikalen Maßnahmen, die wir in der Geschichte der Weltwirtschaft noch nicht erlebt haben.

Sie glauben, ich übertreibe? Denken Sie noch einmal darüber nach. Hochentwickelte Länder wie die Schweiz, Schweden, Deutschland, Dänemark und Japan haben inzwischen »negative« Zinsen. Wissen Sie eigentlich, wie irre das ist? Der gesamte Zweck des Bankensystems besteht darin, dass Sie einen Gewinn daraus ziehen, Ihr Geld der Bank zu leihen, damit diese es ihrerseits an Dritte verleiht. Inzwischen müssen die Sparer dieser Welt den Banken stattdessen *Geld dafür bezahlen*, dass sie den Banken ihr sauer verdientes Geld überlassen. Das *Wall Street Journal* wollte herausfinden, wann die Welt das letzte Mal negative Zinsen erlebt hat, und sprach mit einem Wirtschaftshistoriker. Wissen Sie, was er den Journalisten sagte? Das sei in den 5000 Jahren der Bankengeschichte das erste Mal!

So weit sind wir inzwischen von einem Leben in der Normalität entfernt: Kreditnehmer werden dafür bezahlt, dass sie sich Geld leihen, und Sparer werden fürs Sparen bestraft. In einem solchen Umfeld, in dem alles auf dem Kopf steht, bieten »sichere« Geldanlagen wie Triple-A-Anleihen so miserable Renditen, dass man meinen könnte, irgendjemand würde sich auf Kosten der Anleger einen Scherz erlauben. Vor Kurzem habe ich erfahren, dass Toyotas Finanzsparte eine Dreijahresanleihe begeben hat, die lediglich 0,001 Prozent Rendite abwirft. Bei einer solchen Rendite würde es 69 300 Jahre dauern, bis Sie Ihr Geld verdoppelt hätten!

Wenn Sie Mühe haben zu verstehen, was das alles für die Zukunft der Weltwirtschaft bedeutet, dann heiße ich Sie willkommen. Der legendäre Investor Howard Marks, der Aktiva im Wert von fast 100 000 Milliarden Dollar verwaltet, sagte mir vor Kurzem: »Wenn Sie nicht verwirrt sind, dann verstehen Sie nicht, was los ist.«

Wenn selbst die herausragendsten Finanzexperten ihre Verwirrung zugeben, leben wir in der Tat in merkwürdigen Zeiten. Mir wurde dieser Umstand auf eindrucksvolle Weise klar, als ich letztes Jahr ein Treffen mit meinen Platinum Partners organisierte – einer kleinen Gruppe aus Freunden und Kunden, die sich ein Mal pro Jahr treffen, um die Erkenntnisse der Besten der Besten aus der Finanzindustrie zu hören.

Wir hatten bereits die Meinungen von sieben Selfmade-Milliardären gehört, doch dann war es an der Zeit, die Einschätzung eines Mannes zu hören, der über zwei Jahrzehnte mehr Wirtschaftsmacht besaß als jeder andere Zeitgenosse. Ich saß in einem der beiden Lederschwingsessel auf dem Podium eines Konferenzsaals im Four Seasons Hotel in Whistler, British Columbia. Draußen rieselte leise der Schnee. Der Mann, der mir gegenübersaß, war kein Geringerer als Alan Greenspan, ehemaliger Vorsitzender der amerikanischen Notenbank. Greenspan, der anno 1987 vom damaligen US-Präsidenten Ronald Reagan ernannt worden war, diente unter vier verschiedenen Präsidenten, bevor er im Jahr 2006 in den Ruhestand ging. Wir hätten uns kaum einen erfahreneren Insider wünschen können, um den Nebel zu lichten und über die Zukunftsperspektiven für die Weltwirtschaft zu sprechen.

Als sich unser zweistündiges Gespräch dem Ende zuneigte, stellte ich diesem Mann, der alles erlebt und die amerikanische Wirtschaft 19 Jahre lang durch dick und dünn navigiert hatte, eine letzte Frage. »Alan, Sie sind nun schon 90 Jahre auf der Welt und haben unglaubliche Wandlungen in der Weltwirtschaft miterlebt«, begann ich. »Welches wäre die eine Maßnahme, die Sie angesichts der irrsinnigen Politik, die die Zentralbanken in dieser extrem schwankungsanfälligen Welt rund um den Globus betreiben, ergreifen würden, wenn Sie heute noch Zentralbankchef wären?«

Greenspan schwieg einen kurzen Moment. Schließlich beugte er sich vor und sagte: »Ich würde *zurücktreten*!«

Wie man in ungewissen Zeiten Gewissheit erlangt

Was soll man tun, wenn selbst eine Wirtschaftsikone wie Alan Greenspan versucht ist, in ungläubigem Staunen zu kapitulieren – unfähig, sich zu erklären, was eigentlich los ist oder wie es weitergehen wird? Wenn *er* es nicht weiß, wie um Himmels willen sollen Sie und ich vorhersagen können, was in der Zukunft passieren wird?

Wenn Sie sich gestresst und verwirrt fühlen, kann ich das verstehen. Doch ich kann Ihnen eine gute Nachricht überbringen: **Es gibt einige wenige, die Antworten parat haben – einige wenige brillante Finanzstrategen, die wissen, wie man in guten und in schlechten Zeiten Geld verdient.** Nachdem ich sieben Jahre damit verbracht habe, diese Meister auf dem Gebiet der Geldanlage zu befragen, liefere ich Ihnen hier ihre Antworten, Erkenntnisse und Geheimnisse, damit Sie verstehen können, wie man selbst in diesen überaus ungewissen Zeiten Geld verdienen kann.

Eines kann ich Ihnen jetzt schon verraten: Eine der wichtigsten Lektionen, die ich von diesen Spitzenstrategen gelernt habe, lautet, dass es nicht nötig ist, die Zukunft vorauszubestimmen, um dieses Spiel zu gewinnen. Prägen Sie sich das in Ihr großes, leistungsfähiges Gehirn ein, denn das ist wichtig. Überaus wichtig sogar!

Was Sie tun *müssen*, ist Folgendes: Konzentrieren Sie sich auf das, *was* Sie steuern können, und nicht auf die Dinge, über die Sie keine Kontrolle haben. Sie haben keinen Einfluss darauf, wohin die Wirtschaft steuert und ob der Aktienmarkt steigt oder fällt. Doch das spielt keine Rolle! Die Gewinner auf dem Gebiet der Geldinvestition wissen ebenfalls, dass *sie* die Zukunft nicht steuern können. Sie wissen, dass sie mit ihren Prognosen oft falschliegen werden, weil die Welt viel zu komplex und dynamisch ist, als dass sie sich zuverlässig voraussagen ließe. Wie Sie im Laufe der Lektüre jedoch erfahren werden, konzentrieren sie sich so intensiv auf die Dinge, die sie steuern *können*, dass sie am Ende immer Gewinne erzielen – unabhängig von der Entwicklung der Finanzmärkte oder der Gesamtwirtschaft. Mithilfe ihrer Erkenntnisse wird Ihnen das auch gelingen.

Steuern Sie, was Sie steuern können. Das ist der ganze Trick. Dieses Buch wird Ihnen ganz genau zeigen, wie Sie das tun müssen. Vor allen Dingen werden Sie am Ende einen strategischen Plan besitzen, der Ihnen die Instrumente vermittelt, mit deren Hilfe Sie als Sieger aus diesem Spiel hervorgehen.

Wir wissen alle, dass wir *nicht* unangreifbar werden, indem wir uns dem Wunschdenken hingeben, uns in die eigene Tasche lügen oder einfach positiv denken, und auch nicht, indem wir Fotos exotischer Autos auf unser Vision-Board beziehungsweise unsere Zielcollage kleben. Glaube allein genügt nicht. Sie brauchen handfestes Wissen, Instrumente, Fertigkeiten, Fachwissen und *spezifische Strategien*, die Ihnen die Macht und die Unabhängigkeit verleihen, echten, dauerhaften Wohlstand zu erzielen. **Sie müssen die Regeln der Geldinvestition kennen. Sie müssen lernen, wer die wichtigen Teilnehmer sind und welche Ziele sie verfolgen. Sie müssen Ihre Achillesfersen kennen und wissen, wie Sie gewinnen können. Dieses Wissen ist der Schlüssel zu Ihrer Freiheit.**

Der große Zweck dieses kleinen Buchs ist, Ihnen grundlegendes Wissen über Geldanlagen zu vermitteln. Damit haben Sie einen Leitfaden zu finanziellem Erfolg in der Hand, damit Sie und Ihre Familie nie wieder in Angst und Ungewissheit leben müssen, sondern Ihr Leben mit echtem Seelenfrieden genießen können.

Viele Menschen treffen stümperhafte Finanzentscheidungen und bezahlen dafür einen hohen Preis. Nicht weil es ihnen egal wäre, sondern weil die Belastungen und Ablenkungen ihres Alltags nichts anderes zulassen. Außerdem fehlt ihnen das nötige Finanzwissen, sodass sie von dem Thema Geldanlage eingeschüchtert, verwirrt und überfordert sind. Niemand beschäftigt sich gerne intensiv mit Dingen, die ihm das Gefühl geben, unwissend oder ein Versager zu sein. Wenn Menschen zu einer Finanzentscheidung gezwungen sind, handeln sie oft aus einer Angst heraus. Doch jede Entscheidung, die auf Angst basiert, ist mit hoher Wahrscheinlichkeit eine Fehlentscheidung!

Meine Aufgabe besteht darin, Ihnen als Coach und Orientierungshilfe zu dienen, damit Sie einen Aktionsplan erstellen können, der Sie von Ihrer aktuellen Ausgangslage zu Ihrem *Wunschziel* bringt. Vielleicht sind Sie ein Babyboomer, der sich Sorgen über Altersarmut macht, weil er nicht rechtzeitig vorgesorgt hat. Vielleicht sind Sie ein Millennial, der denkt: »Ich habe so hohe Schulden aus meinem Studium, ich weiß gar nicht, wie ich jemals davon loskommen soll.« Vielleicht sind Sie ein ausgefuchster Anleger, der nach einem weiteren Vorteil sucht, damit er ein Vermächtnis aufbauen kann, von dem Generationen nach ihm noch profitieren können. Wer auch immer Sie sind und in welcher Lebensphase Sie sich auch befinden, ich bin hier, um Ihnen zu zeigen, dass es einen Weg *gibt*.

Wenn Sie sich dazu verpflichten, mich durch dieses Buch zu begleiten, verspreche ich Ihnen, Ihnen das Wissen und die Instrumente an die Hand zu geben, die Sie brauchen, um die richtigen Entscheidungen zu treffen. Wenn Sie diese Informationen verarbeitet und Ihren persönlichen Plan umgesetzt haben, werden Sie wahrscheinlich nur ein bis zwei Stunden pro Jahr opfern müssen, um auf Kurs zu bleiben.

Finanzinvestitionen sind ein Gebiet, das Engagement verlangt. Wenn Sie fest entschlossen sind, die Erkenntnisse, die in diesem Buch vorgestellt werden, anzunehmen, zu verarbeiten und anzuwenden, werden Sie dafür in hohem Maße belohnt. Wie viel stärker und selbstsicherer werden Sie sich fühlen, wenn Sie die Regeln kennen, die die Finanzwelt bestimmen? Wenn Sie dieses *Wissen* besitzen und die Regeln beherrschen, können Sie auf Basis Ihres profunden Verständnisses kluge Finanzentscheidungen treffen. In diesen Entscheidungen liegt die ultimative Macht. **Unsere Entscheidungen bestimmen unser Schicksal.** Diese Entscheidungen, für die Sie nach der Lektüre gerüstet sein werden, können Ihnen ein ganz neues Gefühl der inneren Ruhe, der Erfüllung, der Gewissheit und der finanziellen Freiheit geben, von denen die meisten Menschen nur träumen können. Ich weiß, das klingt nach einer großen Übertreibung, aber Sie werden selbst feststellen, dass es keine Übertreibung ist.

Lernen Sie die Meister der Finanzen kennen

Ich bin davon besessen, Menschen dabei zu helfen, ihren Lebenstraum zu verwirklichen. Mein größter Genuss besteht darin, ihnen zu zeigen, wie sie sich von dem Gefühl des Ausgeliefertseins befreien und zu neuer Kraft gelangen können. Ich kann andere nicht leiden sehen, weil ich am eigenen Leib erfahren habe, wie sich das anfühlt. Ich wuchs in bitterer Armut auf, meine Mutter war Alkoholikerin und im Laufe der Jahre hatte ich diverse Stiefväter. Oft musste ich abends hungrig zu Bett gehen, ohne zu wissen, ob es am nächsten Tag etwas zu essen geben würde. Wir hatten so wenig Geld, dass ich in Sozialkaufhäusern T-Shirts für 25 Cents kaufte und in einer Levis-Cordhose zur Schule gehen musste, die zehn Zentimeter Hochwasser hatte. Um mir meinen Lebensunterhalt zu verdienen, arbeitete ich bis spätnachts in zwei Banken als eine Art Hausmeister. Anschließend fuhr ich mit dem Bus nach Hause, schlief kaum vier oder fünf Stunden und schleppte mich am nächsten Morgen wieder zur Schule.

Heute bin ich mit viel Geld gesegnet, aber ich werde zweifellos niemals vergessen, wie es sich anfühlt, in ständiger Zukunftsangst zu leben. Damals fühlte ich mich in meinen Lebensumständen gefangen und voller Ungewissheit. Als ich miterlebte, was den Menschen in den Jahren 2008 und 2009 passierte, konnte ich einfach nicht anders, als mir einen Weg zu überlegen, um ihnen zu helfen.

Was mich wirklich verrückt machte, war der Umstand, dass der Großteil der Verheerungen von der Rücksichtslosigkeit und Leichtsinnigkeit einer kleinen Minderheit an skrupellosen Wertpapierhändlern der Wall Street ausgelöst worden war. Allerdings schienen die Reichen und Mächtigen, die für das Chaos verantwortlich waren, nicht zur Verantwortung gezogen zu werden. Niemand musste ins Gefängnis, niemand löste die systemischen Probleme, die die Realwirtschaft überhaupt erst so verwundbar gemacht hatten. Niemand schien sich um die breite Schicht der ganz normalen Steuerzahler zu kümmern, die die Hauptlast des Finanzchaos schultern mussten. Ich sah, wie sie tagtäglich missbraucht wurden, und konnte das nicht länger mit ansehen.

Das veranlasste mich zu der Suche nach einem Weg, wie ich ihnen helfen konnte, Kontrolle über ihre Finanzen zu gewinnen, damit sie nie wieder passive Opfer eines Spiels sein würden, dessen Regeln sie nicht kannten. Dabei hatte ich einen entscheidenden Vorteil: den persönlichen Zugang zu zahlreichen Giganten der Finanzwelt. Zudem war hilfreich, dass ich Paul Tudor Jones gecoacht hatte – einen der größten Wertpapierhändler aller Zeiten. Paul ist ein außergewöhnlicher Philanthrop, ein brillanter Denker und ein lieber Freund, der mir viele Türen geöffnet hat.

Sieben Jahre lang interviewte ich mehr als 50 Meister des Finanzuniversums. Ihre Namen werden Ihnen womöglich nichts sagen, aber in der Finanzwelt genießen sie einen Ruhm und eine Macht, die der Bewunderung von Prominenten wie LeBron James, Robert de Niro, Jay Z und Beyoncé Knowles in nichts nachsteht!

Zu den Legenden, die mir ihre Erkenntnisse verrieten, gehören Ray Dalio, der erfolgreichste Hedgefonds-Manager der Geschichte; Jack Bogle, Gründer von Vanguard und vielbewunderter Pionier auf dem Gebiet der Indexfonds; Mary Callahan Erdoes, die bei JPMorgan Chase & Co. für Aktiva im Wert von 2,4 Billionen Dollar verantwortlich ist; T. Boone Pickens, der milliardenschwere Öl-Tycoon; Carl Icahn, Amerikas gefürchtetster Investor-Aktivist; David Swensen, dessen finanzielle Zauberkunst die Eliteuniversität Yale in eine der vermögendsten Universitäten der Welt verwandelt hat; John Paulson, ein Hedgefonds-Manager, der im Jahr 2010 etwa 4,9 Milliarden Dollar an persönlichem Einkommen verdient hat; und Warren Buffett, der berühmteste Investor aller Zeiten.

Wenn Sie diese Namen nicht kennen, sind Sie nicht alleine. Wenn Sie nicht in der Finanzindustrie arbeiten, wissen Sie wahrscheinlich besser über den Inhalt Ihres Zalando-Einkaufswagens oder die Leistung Ihres Fantasy-Footballteams Bescheid. Sie sollten aber auf diese Finanztitanen achten, weil sie buchstäblich Ihr Leben verändern können.

Das Ergebnis dieser Gespräche war mein viele Hundert Seiten langes Buch *Money: Die 7 einfachen Schritte zur finanziellen Freiheit.* Zu meiner großen Freude wurde das englische Original die Nummer eins auf der Bestsellerliste der *New York Times* und hat sich seit seiner Erstveröffentlichung im Jahr 2014 mehr als eine Million Mal verkauft. Außerdem hat es ein außergewöhnlich breitgefächertes Lob der amerikanischen Finanzelite erhalten. Carl Icahn, der nicht so leicht zu überzeugen ist, erklärte: »Jeder Investor wird dieses Buch extrem interessant und erkenntnisreich finden.« Jack Bogle schrieb: »Dieses Buch wird Ihnen wichtige Kenntnisse vermitteln und Ihr Wissen über die Beherrschung der Regeln der Finanzinvestition verbessern, und langfristig wird es Ihnen zur finanziellen Freiheit verhelfen.« Steve Forbes schrieb: »Wenn es einen Pulitzerpreis für Bücher über Geldanlage gäbe, würde dieses ihn auf alle Fälle gewinnen.«

Ich würde das gerne als Lob meiner literarischen Brillanz nehmen, doch der Erfolg des Buchs spiegelt in Wirklichkeit die Großzügigkeit all dieser Finanzgurus wider, die sich die Zeit für stundenlange Gespräche genommen haben, in denen sie mich an ihrem Wissen teilhaben ließen. Jeder, der sich die Zeit nimmt und ihre Lektionen anwendet, sollte sein Leben lang hohe Renditen erzielen können.

Warum also die Mühe auf sich nehmen, ein *zweites* Buch über das Erreichen finanzieller Ambitionen zu schreiben? Immerhin gäbe es zahlreiche einfachere und weniger anstrengende Wege, meine Zeit zu verbringen, als Bücher zu schreiben. Zum Beispiel könnte ich meine Organe auf dem Schwarzmarkt verkaufen. Mein Ziel ist aber, meine Leser in die Lage zu versetzen, informierte Investmententscheidungen zu treffen, und gleichzeitig im Leben vieler Millionen vergessener und abgehängter Menschen, die in verzweifelter Not sind, etwas zu bewirken.

Ich habe alle meine Einnahmen aus dem Verkauf von *Money: Die 7 einfachen Schritte zur finanziellen Freiheit* gespendet und werde dasselbe mit den Einnahmen aus diesem Buch tun, um den Hungrigen mithilfe meiner Partnerschaft mit Feeding America, der effektivsten karitativen Organisation auf dem Gebiet der Armenspeisung, kostenlose Mahlzeiten zu bieten. Bisher haben wir Familien in Not mehr als 250 Millionen kostenlose Mahlzeiten spendiert. In den kommenden acht Jahren plane ich, diese Zahl auf eine Milliarde Mahlzeiten zu steigern. Wenn Sie dieses Buch in den Händen halten, haben Sie Ihren Beitrag zu diesem Anliegen geleistet. Vielen herzlichen Dank! Kaufen Sie gerne weitere Exemplare, etwa für Ihre Freunde und Familienangehörigen!

Abgesehen von dieser Mission gibt es drei dringende Gründe, aus denen ich das vorliegende Buch geschrieben habe. Erstens will ich mit einem kurzen Buch, das man an einigen Abenden oder gar an einem Wochenende durchlesen kann, so viele Menschen wie möglich erreichen. Wenn Sie tiefer in die Materie einsteigen wollen, werden Sie hoffentlich auch *Money: Die 7 einfachen Schritte zur finanziellen Freiheit* lesen, aber ich weiß, dass ein so voluminöses Werk einschüchternd wirkt. ***Unangreifbar*** **ist dagegen ein kurzer, knapper Begleiter, der alle grundlegenden Fakten und Strategien enthält, die Sie benötigen, um eine umfassende Transformation Ihrer Finanzen zu bewirken.**

Mit diesem kurzen, verständlichen Leitfaden möchte ich erstens die Wahrscheinlichkeit erhöhen, dass Sie die Finanzwelt nicht nur verstehen, sondern auch auf Basis Ihres neu gewonnenen Wissens *handeln*. Es heißt immer, Wissen sei Macht. Die Wahrheit ist aber, dass Wissen nur *potenzielle* Macht bedeutet. Natürlich ist Ihnen (ebenso wie mir) bewusst, dass Wissen allein nutzlos ist, wenn man nicht danach handelt. Dieses Buch liefert Ihnen einen eindrucksvollen, hoch effektiven Handlungsplan, den Sie sofort umsetzen können – denn praktische Umsetzung triumphiert immer und ausnahmslos über theoretisches Wissen.

Mein zweiter Grund ist, dass ich um mich herum so große Ängste wahrnehme. Wie können wir kluge, rationale Finanzentscheidungen treffen, wenn wir randvoll mit Ängsten sind? Selbst wenn Sie *wissen*, was Sie tun müssen, werden Ihre Ängste Sie davon abhalten. Ich habe Sorge, dass Sie womöglich die falschen Schritte unternehmen, wenn Sie sich von Ihren Ängsten leiten lassen. Damit fügen Sie sich und Ihrer Familie unnötig Schaden zu. Dieses Buch wird Sie Schritt für Schritt in die Lage versetzen, sich systematisch von diesen Ängsten zu befreien.

Baby, es ist kalt draussen!

Während ich dieses Buch schreibe, währt die Aktienhausse nun bereits seit siebeneinhalb Jahren, womit sie zum zweitlängsten Bullenmarkt in der amerikanischen Geschichte geworden ist. Es herrscht der weit verbreitete Eindruck, dass eine größere Marktkorrektur bevorsteht, denn was aufsteigt, muss auch wieder herunterkommen. Wenn Sie diese Zeilen lesen, könnte diese Korrektur bereits stattgefunden haben. Wie wir jedoch im nächsten Kapitel besprechen werden, kann niemand – und ich wiederhole: *niemand* – mit Sicherheit vorhersagen, wie sich die Finanzmärkte entwickeln werden. Das gilt auch für all die geschmeidigen Börsenexperten aus dem Fernsehen, diese Wall-Street-Ökonomen in ihren Nadelstreifenanzügen, und auch alle anderen hochbezahlten Anpreiser vermeintlicher Lösungen.

Wir alle wissen, dass irgendwann unweigerlich der Winter kommt, der Aktienmarkt also wieder einbrechen wird. Aber niemand weiß, *wann* das geschieht und *wie schwer* der Einbruch sein wird. Heißt das, dass wir machtlos sind? Keineswegs. **Dieses Buch wird Ihnen zeigen, wie sich die**

Besten der Besten vorbereiten – wie sie Gewinne erzielen, indem sie die kommende Börsenkrise strategisch *vorwegnehmen*, anstatt erst darauf zu *reagieren*, wenn sie bereits da ist. In der Folge werden Sie in der Lage sein, von eben jenen Ereignissen zu profitieren, die alle Unvorbereiteten hart treffen. Fragen Sie sich: Wenn ein Eissturm kommt, wollen Sie derjenige sein, der draußen ungeschützt der bitteren Kälte ausgesetzt ist? Oder wollen Sie lieber derjenige sein, der warm eingepackt am Kaminfeuer sitzt und Kastanien röstet?

Ich will Ihnen ein Beispiel aus der unmittelbaren Vergangenheit nennen, damit Sie sehen, dass es sich auszahlt, vorbereitet zu sein. Im Januar 2016 brach der Aktienmarkt ein. In wenigen Tagen lösten sich 2,3 Billionen Dollar in Luft auf. Für Anleger war es der schlimmste Jahresbeginn in der Geschichte. Die Welt flippte aus, in der Überzeugung, dass der »Große Crash« schließlich eingetroffen war! Ray Dalio, der erfolgreichste Hedgefonds-Manager aller Zeiten, hatte uns jedoch bereits in *Money: Die 7 einfachen Schritte zur finanziellen Freiheit* ein einzigartiges Investmentportfolio für jede »Wetterlage« verraten.

Während dieser Marktkorrektur befand sich Ray gerade beim Weltwirtschaftsforum in Davos, wo sich jedes Jahr die internationale wirtschaftspolitische Elite versammelt, um über den Zustand der Welt zu diskutieren. Er trat im Fernsehen auf, wo er vor einer schneebedeckten Bergkulisse erklärte, wie sich die Menschen vor diesen schrecklichen Marktturbulenzen schützen konnten. Sein Rat? Das Buch *Money: Die 7 einfachen Schritte zur finanziellen Freiheit* zu lesen. »Tony Robbins hat eine Version dieses Allwetterportfolios entwickelt, die für jeden Privatanleger geeignet ist«, sagte er. »Das könnte den Leuten helfen.«

Was wäre passiert, wenn Sie Rays Rat gefolgt wären und das Allwetterportfolio angelegt hätten, das ich in meinem Buch beschrieben habe? Während der Aktienindex S&P 500, in dem die 500 amerikanischen Spitzenunternehmen notiert sind, in den ersten Tagen des Jahres 2016 um 10 Prozent einsackte, hätten Sie einen kleinen *Gewinn* (knapp unter 1 Prozent) realisiert. Dieses Portfolio ist kein Einheitsschema und wird auch nicht die maximale Rendite erwirtschaften. Es dient jenen Anlegern, die nicht die Nerven für ein Portfolio besitzen, das zum größten Teil aus Aktien besteht und infolgedessen entsprechend schwankungsanfällig ist (was umgekehrt natürlich auch bedeutet, dass die Renditechancen höher sind), als unspektakuläres Ruhekissen.

Das eigentlich Beeindruckende an diesem Portfolio ist die Tatsache, dass es in den letzten 75 Jahren zu 85 Prozent der Zeit Gewinne erzielt hätte. Das ist die Macht der richtigen Strategie – einer Strategie, die unmittelbar von einem der besten Finanzexperten der Welt stammt.

Meiden Sie das Haifischbecken

Der dritte Grund, aus dem ich dieses Buch schreibe, ist, dass ich Ihnen zeigen möchte, wie Sie vermeiden können, den Haien zum Opfer zu fallen. Wie wir noch besprechen werden, besteht eines der größten Hindernisse für den finanziellen Erfolg in der Schwierigkeit herauszufinden, wem Sie vertrauen *können* und wem *nicht*.

In der Finanzindustrie arbeiten viele fantastische Personen. Menschen, die nie den Geburtstag ihrer Mutter vergessen, nett zu Hunden und immer wie aus dem Ei gepellt sind. Allerdings haben sie nicht immer Ihre besten Interessen im Sinn. Die meisten Experten, von denen Sie annehmen, dass sie Ihnen eine neutrale Finanzberatung erteilen, sind tatsächlich Finanzmakler, auch wenn sie sich nicht so nennen. Sie verdienen ihr Geld mit den saftigen Provisionen, die sie beim Verkauf bestimmter Finanzprodukte verdienen – seien es Aktien, Anleihen, Investmentfonds, Rentenpläne, Versicherungen oder was auch immer ihnen die nächste Reise auf die Bahamas einbringt. Wie Sie in Kürze erfahren werden, ist nur ein winzig kleiner Teil dieser »Berater« *gesetzlich verpflichtet*, die besten Interessen ihrer Kunden ihren Eigeninteressen voranzustellen.

Nachdem ich *Money: Die 7 einfachen Schritte zur finanziellen Freiheit* geschrieben hatte, sah ich erneut, wie leicht man sich von dem Geschehen an der Börse täuschen lassen kann. Peter Mallouk, ein zertifizierter Finanzplaner und Anwalt, den ich sehr respektiere, vereinbarte einen Termin mit mir, um mir – wie er kryptisch beschrieb – »einige zentrale Informationen« mitzuteilen. **Das Anlegermagazin *Barron's* bewertete Peter und sein Unternehmen Creative Planning in den Jahren 2013, 2014 und 2015 als beste unabhängige Finanzberatung der USA. *Forbes* ernannte es zur besten Finanzberatung der USA des Jahres 2016 (auf Basis seines Wachstums über einen Zeitraum von zehn Jahren). CNBC erhob es 2014 und 2015 zur besten Vermögensverwaltung der USA.** Wenn jemand mit

Peters Expertenwissen und seiner Reputation mit mir sprechen will, weiß ich, dass ich etwas sehr Wertvolles erfahren werde.

Peter kam extra aus seiner Heimatstadt in Kansas zu unserem Treffen in Los Angeles angeflogen, wo ich ein Event zu meiner Veranstaltungsreihe »Unleash the Power Within« abhielt. Dort ließ er die Bombe platzen und erklärte, einige »Finanzberater«, die sich als unabhängige neutrale Wissensquellen vermarkteten, würden eine rechtliche Grauzone ausschöpfen, um Produkte zu verkaufen, von denen in erster Linie sie selbst profitierten. Sie behaupteten von sich, das Vermögen ihrer Kunden treuhänderisch zu verwalten – Treuhänder gehören in Amerika zu der kleinen Minderheit an Beratern, die rechtlich verpflichtet sind, die Kundeninteressen ihren Eigeninteressen voranzustellen –, während sie tatsächlich skrupellose Verkäufer seien, die Etikettenschwindel betrieben. Dieses Buch liefert Ihnen alle Informationen, die Sie benötigen, um sich vor diesen Wölfen im Schafspelz zu schützen. Und was gleichermaßen wichtig ist: Sie erhalten hier alle Instrumente und Entscheidungskriterien, die Ihnen dabei helfen, ehrliche Finanzberater ohne Interessenkonflikte zu finden, die *wirklich* die besten Interessen ihrer Kunden verfolgen.

Unser Treffen bildete die Grundlage für eine enge Freundschaft und mündete in Peters Co-Autorenschaft für dieses Buch. Eine kenntnisreichere, ehrlichere Informationsquelle, die Ihnen ohne Umschweife die wichtigsten Dinge mitteilt, kann man sich nicht wünschen. Peter sagt Ihnen die Dinge so, wie Sie sind – und er weiß, wo die Leichen im Keller liegen!

Peters Unternehmen, das Aktiva im Wert von 22 Milliarden Dollar verwaltet, ist einzigartig. Viele Milliardäre unterhalten ein sogenanntes Family Office – dabei handelt es sich um ein kleines, engagiertes Team aus hochkompetenten Finanz- und Steuerberatern, die ihren Kunden erstklassige Beratung zu allen Finanzthemen bieten, von Geldanlage über Versicherung bis zur Steueroptimierung, Vermögens- und Nachfolgeplanung. Peter bietet diese umfassenden Leistungen allen Kunden mit einem Vermögen ab 500 000 Dollar an: Ärzte, Zahnärzte, Rechtsanwälte, Kleinunternehmer et cetera. Sie sind der Herzschlag der amerikanischen Wirtschaft und er ist davon überzeugt, dass sie nicht weniger Aufmerksamkeit und Beratung verdienen als die Steinreichen.

Ich war so von Peters Vision eines Family Office für Otto Normalbürger beeindruckt, dass ich bei Creative Planning Vorstand für Anlegerpsychologie wurde und das Unternehmen für meine eigenen Geldanlagen und meine Finanzplanung engagierte. Dann wandte ich mich mit einer radikalen Idee an Peter: Wäre er bereit, diesen umfassenden Service auch für Kunden zu erbringen, die erst am Anfang ihres Vermögensaufbaus stehen und vielleicht nicht mehr besitzen als 100 000 Dollar? Genau das hat Peter, der mein Engagement teilt, möglichst vielen Menschen helfen zu wollen, getan.

Ich freue mich, Ihnen mitteilen zu können: Wenn Sie als Amerikaner 100 000 Dollar oder mehr an investierbarem Vermögen haben, führt sein Unternehmen eine kostenlose Analyse Ihrer gegenwärtigen Finanzsituation durch und bewertet diese im Bezug auf Ihre gesetzten Ziele. Vielleicht wollen Sie Ihre Finanzen lieber alleine managen. Aber sollten Sie je zu dem Entschluss kommen, eine zweite Meinung von einer der besten Finanzberatungen der USA einzuholen, wenden Sie sich an Creative Planning unter **www.getasecondopinion.com**.

Der Weg, der vor Ihnen liegt

Bevor wir weitermachen, möchte ich Ihnen kurz den Weg skizzieren, der vor Ihnen liegt, damit Sie sehen können, auf welche Weise Ihnen die folgenden Kapitel helfen können. Dieses Buch gliedert sich in folgende Teile. Der erste Teil ist Ihr Regelwerk für Vermögensaufbau und finanziellen Erfolg. Warum beginnen wir mit dem Regelwerk? *Weil Sie kein Spiel gewinnen können, dessen Regeln Sie nicht kennen.*

Was viele von uns zurückhält, ist das Gefühl der Überforderung. Dazu kommt, dass die Finanzwelt überwältigend komplex wirkt. Heute können Sie weltweit aus mehr als 40 000 Aktien auswählen, darunter allein 3700 Aktien, die an den verschiedenen US-Börsen, und etwas mehr als 500, die an deutschen Börsen notiert sind. Ende 2015 gab es allein in den USA mehr als 9500 Investmentfonds, in Deutschland waren es rund 6000. Soll heißen, es gibt wesentlich mehr Fonds als Aktien. Das ist doch absurd! Hinzu kommen fast 1600 ETFs in den USA und 1500 in Deutschland. Schon haben wir so viele verschiedene Anlagemöglichkeiten, dass uns schwindelig werden kann. Das ist so, als stünden Sie am Tresen eines Eiscafés und könnten aus mehr als 50 000 Eissorten wählen!

Wir brauchen also einige solide Regeln, um Ordnung in dieses Durcheinander zu bringen. Wie Sie in Kapitel 3 entdecken werden, lautet die einfachste, aber fast wichtigste Regel: ***Es kommt auf die Gebühren an!***

Die überwältigende Mehrheit der Investmentfonds wird aktiv gemanagt. Das bedeutet, dass sie von Fondsmanagern verwaltet werden, die versuchen, zum günstigsten Zeitpunkt die jeweils beste Aktie für ihren Fonds auszuwählen und weniger erfolgreiche Aktien zu verkaufen, sodass das Portfolio ständig umgeschichtet wird. Ihr Ziel ist es, den Markt zu schlagen. Zum Beispiel versuchen sie, die Ergebnisse eines bestimmten Aktienindex zu übertreffen – etwa des S&P 500, der nur einer der vielen Indizes auf der Welt ist, die bestimmte Märkte abbilden. Fondsgesellschaften, die aktiv gemanagte Fonds verkaufen, verlangen Gebühren für ihre aktive Verwaltung. Das klingt so weit in Ordnung, oder?

Das Problem dabei ist, dass die meisten Fonds zwar hohe Gebühren kassieren, aber nicht die versprochenen Ergebnisse erzielen. Eine Studie hat gezeigt, dass 96 Prozent der Investmentfonds über einen Zeitraum von 15 Jahren nicht in der Lage waren, den Markt zu übertreffen.* Das ist so, als würden Sie im Autohaus für einen Ferrari bezahlen und letzten Endes mit einem abgewrackten, schlammbespritzten Traktor nach Hause fahren.

Hedgefonds versus Investmentfonds versus Indexfonds

Für all diejenigen, die nicht wissen, was ein Hedgefonds ist: Das ist ein privater Fonds, der nur außerordentlich vermögenden Investoren offensteht. Die Hedgefonds-Manager besitzen vollkommene Freiheit, auf steigende oder fallende Kurse zu wetten. Sie verlangen saftige Gebühren (üblicherweise 2 Prozent) und kassieren darüber hinaus einen Anteil an den erzielten Gewinnen (üblicherweise 20 Prozent). Ein Investmentfonds ist ein öffentlich gehandelter Fonds, der jedem Anleger offensteht. Meistens werden Investmentfonds von einem Team aktiv gemanagt, das ein Portfolio aus Aktien, Anlagen oder anderen Vermögenswerten zusammenstellt und ständig kauft oder verkauft,

* Der Branchenexperte Robert Arnott, Gründer von Research Affiliates, verbrachte zwei Jahrzehnte mit dem Studium der 200 besten aktiv gemanagten Investmentfonds, die Aktiva im Wert von mindestens 100 Millionen Dollar verwalteten.

in der Hoffnung, höhere Renditen zu erwirtschaften als der allgemeine Markt. Ein Indexfonds ist ebenfalls ein börsengehandelter Fonds, der allerdings kein aktives Management erfordert. Die Zusammenstellung des Portfolios orientiert sich an einem bestimmten Marktindex, zum Beispiel würde ein Indexfonds, der den S&P 500 nachbildet, alle dort notierten Aktien enthalten.

Was noch schlimmer ist: Die Gebühren summieren sich im Laufe der Zeit. **Wenn Sie auch nur 1 Prozent pro Jahr zu viel bezahlen, kostet Sie das den Gegenwert von zehn Jahren Renteneinkommen.*** Sobald wir Ihnen gezeigt haben, wie Sie einen Bogen um gebührenintensive Fonds machen, die nur schlechte Ergebnisse abliefern, können Sie sich leicht 20 Jahre an Kapitaleinkommen sparen.

Wenn Sie aus dem ersten Teil nichts anderes mitnehmen als diese Lektion, kann das schon Ihre finanzielle Zukunft verändern. Das ist aber noch nicht alles. Wie zuvor erwähnt, werden wir Ihnen auch zeigen, wie Sie einen Bogen um Verkäufer machen, die Ihnen eine »Beratung« andrehen wollen, die von Eigeninteressen bestimmt ist und Ihnen schadet, und wie Sie kompetente Finanzberater finden, die keine Interessenkonflikte haben. Wie heißt es so schön? »Wenn ein Mensch mit Erfahrung auf einen Menschen mit Geld trifft, wird der Mensch mit Erfahrung am Ende das Geld besitzen und der Mensch mit Geld die Erfahrung.« **Wir zeigen Ihnen, was Sie tun müssen, um nie wieder über den Tisch gezogen zu werden.**

Der zweite Teil ist eine Art Übungsbuch. Dort erfahren Sie, was Sie tun müssen, um Ihren Aktionsplan *hier und jetzt* in die Praxis umzusetzen. Vor allem werden Sie die »zentralen Vier« kennenlernen: einen Katalog von einfachen, aber überaus mächtigen Prinzipien, die aus meinen Interviews mit mehr als 50 der herausragendsten Investoren der Welt gewonnen wurden. Zwar verfolgen diese Experten ganz unterschiedliche Ansätze, ich habe aber beobachtet, dass sie bei ihren Entscheidungen alle

* Ausgehend von zwei Anlegern, die jeweils eine Einmalinvestition von 100 000 Dollar tätigen, über 30 Jahre eine durchschnittliche Rendite von 8 Prozent erzielen, von denen einer 1 Prozent Gebühren bezahlt und der andere 2 Prozent. Wenn beide mit Eintritt in den Ruhestand die gleiche Summe von ihrem Stammkapital entnehmen, geht dem Anleger, der während der Vermögensaufbauphase 2 Prozent Gebühren gezahlt hat, 10 Jahre früher das Geld aus!

dieselben grundlegenden Prinzipien anwenden. Außerdem habe ich festgestellt, dass die zentralen Vier meine eigenen Finanzen vollkommen verändert haben, und ich freue mich sehr, dass ich Ihnen dieses Wissen nun zur Verfügung stellen kann.

Als Nächstes lernen Sie, wie Sie »den Bären erlegen«. Mit anderen Worten, wie Sie ein diversifiziertes Portfolio anlegen, sodass Ihr Vermögen nicht vernichtet wird, wenn schließlich ein Bärenmarkt eintritt. ***Sie werden sogar erfahren, wie Sie von den Chancen profitieren können, die Angst und Aufruhr erzeugen.*** Die meisten Menschen erkennen nicht, dass Anlageerfolg zum großen Teil das Ergebnis einer intelligenten Vermögensallokation ist – das heißt zu wissen, wie viel Geld Sie in jede Assetklasse (Aktien, Anleihen, Immobilien, Gold und Bargeld) investieren. Das Großartige daran ist, dass Sie das von Finanzmagiern wie Ray Dalio, David Swensen und nicht zuletzt Peter Mallouk lernen werden.

Wenn Sie schon einiges von Geldanlage verstehen, fragen Sie sich vielleicht – wie es ein Finanzjournalist vor Kurzem tat –: »Geht es dabei im Grunde nicht lediglich um das Kaufen und Halten von Indexfonds?« Dalio, Swensen, Warren Buffett und Jack Bogle sagten mir übereinstimmend, dass dieses »am Index orientieren« für Otto Normalbürger die beste Strategie sei.* Ein Grund dafür ist, dass Indexfonds darauf ausgerichtet sind, die gleiche Rendite wie der abgebildete Aktienindex zu erzielen. Wenn Sie kein Superstar vom Kaliber eines Warren Buffett oder Ray Dalio sind, sind Sie mit der Marktrendite besser bedient, als wenn Sie versuchen – und wahrscheinlich scheitern – würden, den Markt zu schlagen. Außerdem verlangen Indexfonds nur minimale Gebühren, was Ihnen langfristig ein Vermögen einsparen kann.

Ich wünschte allerdings, es wäre so einfach. Als lebenslanger Student des menschlichen Verhaltens kann ich Ihnen Folgendes sagen: Den meisten Menschen fällt es sehr schwer, sich in Marktturbulenzen passiv zu verhalten und die Ruhe zu bewahren. Die Buy-and-hold-Strategie kann eine große Herausforderung bedeuten. Wenn Sie Nerven aus Stahl haben wie Buffett oder Bogle, ist das eine tolle Sache. Aber wenn

* Auf der Finanzwebsite Investopedia heißt es: »Aktive Manager stützen ihre Entscheidungen über die Aktien, die sie kaufen, halten oder verkaufen, auf analytische Recherchen, Prognosen sowie ihre eigene Urteilsfähigkeit und Erfahrung. Das Gegenteil von aktivem Management ist das passive Management, besser bekannt unter dem Begriff ›Indexing‹.«

Sie wissen wollen, wie sich die meisten Menschen unter Stress verhalten, werfen Sie einen Blick auf eine Studie von Dalbar, einem der führenden Marktforschungsinstitute der Finanzindustrie.

Sie enthüllte die gewaltige Diskrepanz zwischen der *Marktrendite* und der Rendite, die die Anleger *tatsächlich* erzielen. Zwischen 1985 und 2015 erzielte der S&P 500 zum Beispiel eine Jahresrendite von durchschnittlich 10,28 Prozent. Bei diesem Tempo verdoppelt sich Ihr Vermögen alle sieben Jahre. Dank Zinseszins haben Sie ein Vermögen verdient, allein weil Sie in einen Indexfonds investiert haben, der den S&P 500 im Laufe dieser 30 Jahre abgebildet hat. Nehmen wir an, Sie hätten im Jahr 1985 eine Summe von 50 000 Dollar investiert. Wie groß wäre Ihr Vermögen im Jahr 2015 gewesen? Die Antwort: 941 613,61 Dollar. Genau, fast 1 Million Dollar!

Doch während die Marktrendite in diesen 30 Jahren 10,28 Prozent pro Jahr betrug, erzielte der durchschnittliche Anleger im gleichen Zeitraum lediglich 3,66 Prozent, stellte Dalbar fest. Bei dieser Rendite verdoppelt sich Ihr Vermögen nur alle 20 Jahre. Das Ergebnis? Anstatt einer Million Dollar kommen Sie am Ende nur auf magere 146 996 Dollar.

Wie erklärt sich diese massive Ergebnislücke? Zum Teil ist sie der verheerende Effekt überzogener Fondsgebühren, übertriebener Maklerprovisionen und anderer versteckter Kosten, über die wir in Kapitel 3 sprechen werden. Diese Kosten zehren ständig an Ihrer Rendite. Das ist so, als würde ein unersättlicher Vampir Ihnen jede Nacht, während Sie schlafen, das Blut aussaugen.

Es gibt aber noch einen weiteren Schuldigen: die menschliche Natur. Wir alle sind emotionale Wesen mit dem Talent, unter Einfluss unserer Gefühle, wie zum Beispiel Angst oder Gier, völlig verrückte Dinge zu tun. Der legendäre Ökonom der Universität Princeton, Burton Malkiel, sagte mir: »Wir werden leicht zum Opfer unserer eigenen Emotionen. Als Anleger treffen wir dann sehr dumme Entscheidungen.« Zum Beispiel »neigen wir dazu, exakt zum falschen Zeitpunkt zu investieren und zu verkaufen«. Sie kennen wahrscheinlich selbst Leute, die sich während einer Hausse leichtsinnig zum Kauf von Aktien haben verleiten lassen, und zwar mit geliehenem Geld. Möglicherweise kennen Sie auch Leute, die es im Jahr 2008 mit der Angst zu tun bekamen und alle ihre Aktien verkauft haben, nur um anschließend die massiven Gewinne zu vergeben, als die Märkte im Jahr 2009 wieder anzogen.

Ich habe fast vier Jahrzehnte damit verbracht, die Psychologie des Reichtums zu lehren. Im dritten Teil dieses Buchs zeige ich Ihnen daher, wie Sie Ihr Verhalten anpassen und die häufigsten Fehler vermeiden, die Anleger begehen, die sich von ihren Emotionen leiten lassen. Warum ist das so wichtig? Weil Sie die Siegerstrategien, die in diesem Buch vorgestellt werden, nicht anwenden können, wenn es Ihnen nicht gelingt, Ihren »inneren Feind« zu besiegen.

Anschließend werden wir gemeinsam die vielleicht wichtigsten Fragen beantworten: Was *suchen* Sie eigentlich im Leben? Wie erreichen Sie die höchste Ebene des Glücks, die Sie sich wünschen? **Ist es wirklich das *Geld*, das Sie suchen, oder sind es die *Gefühle*, die Geld Ihrer Meinung nach erzeugen kann?** Viele von uns glauben oder fantasieren, dass Geld ihnen letzten Endes die ersehnte Freiheit, Sicherheit, Aufregung, Macht, Lebendigkeit oder Lebensfreude bringen wird. Die Wahrheit ist aber, dass Sie diesen wunderbaren Zustand *jetzt schon* erreichen können, und zwar unabhängig von Ihrem materiellen Wohlstand. Warum wollen Sie also damit warten, sich glücklich zu fühlen?

Im Anhang bieten wir Ihnen schließlich einen wertvollen Wegweiser, den Sie mit Ihrem Anwalt und Finanzberater verwenden können. Er besteht aus vier Checklisten, die Ihnen als Leitfaden für den Schutz Ihres Vermögens, den Aufbau eines finanziellen Vermächtnisses und Ihre Absicherung gegen unbekannte Risiken dienen kann.

Die Schlange und das Seil

Zunächst will ich Ihnen aber etwas über die folgenden Kapitel verraten, weil ich davon überzeugt bin, dass sie Ihre finanzielle Zukunft verändern werden. Selbst wenn Sie *ausschließlich* Kapitel 2 lesen und alles andere auslassen, begeben Sie sich schon auf einen finanziellen Erfolgskurs.

Wie zuvor erwähnt, leben wir aktuell in einer Zeit großer Ungewissheit. Die Weltwirtschaft schleppt sich dahin, die Löhne und Gehälter der Mittelschicht stagnieren seit Jahrzehnten. Der technologische Fortschritt mischt so viele Industrien auf, dass wir nicht wissen, welche und wie viele Arbeitsstellen es in Zukunft noch geben wird. Und dann ist da das nagende Gefühl, dass nach Jahren hoher Renditen eine größere Marktkorrektur droht. Ich weiß nicht, wie es Ihnen geht, aber diese Ungewissheit verunsichert viele Menschen zutiefst und hält sie davon ab, mithilfe von Investitionen in die Finanzmärkte ihr Vermögen aufzubauen und langfristige Teilhaber an der Wirtschaft zu werden, anstatt sich auf die Rolle als Verbraucher zu beschränken.

»Der Aktienmarkt ist weniger schwankungsanfällig als die meisten meiner Beziehungen.«

Das nächste Kapitel ist das Gegenmittel gegen diese Ängste. Wir begleiten Sie durch sieben spezifische Fakten, die Ihr Verständnis für die Funktionsweise der Märkte sowie der ökonomischen und emotionalen Muster, die diese antreiben, verändern wird. Sie werden erfahren, dass die Marktkorrekturen und -einbrüche mit erstaunlicher Regelmäßigkeit eintreten, aber nie von langer Dauer sind. Die besten Investoren bereiten sich auf diese Volatilität, das heißt auf die dramatischen Auf- und Abbewegungen, die mit Marktkorrekturen verbunden sind, vor und nutzen sie zu ihrem Vorteil. **Wenn Sie diese Muster verstehen, können Sie angstfrei handeln, aber nicht weil Sie die Marktdynamiken leugnen, sondern weil Sie das Wissen und den klaren Verstand besitzen, um die richtigen Entscheidungen zu treffen.**

Das erinnert mich an eine alte Geschichte über einen buddhistischen Mönch, der eines Nachts auf einem ländlichen Pfad nach Hause läuft:

Plötzlich entdeckt er, dass eine Giftschlange ihm den Weg versperrt. Er gerät in Panik und rennt in die entgegengesetzte Richtung um sein Leben. Am nächsten Morgen kehrt er an den Ort dieser furchterregenden Begegnung zurück. Im hellen Tageslicht entpuppt sich das, was er für eine zusammengerollte Giftschlange gehalten hat, als harmloses Seil.

Kapitel 2 wird Ihnen zeigen, dass Ihre Ängste und Befürchtungen unbegründet sind und die vermeintliche Gefahr gar nicht existiert. Warum das so wichtig ist? **Weil Sie das Spiel nicht gewinnen können, wenn Sie nicht die emotionale Stärke besitzen, zu investieren und *langfristig* investiert zu bleiben**. Erst wenn Sie erkennen, dass es keine Giftschlange gibt, die Ihnen den Weg versperrt, können Sie ruhig und voller Selbstvertrauen Ihren Weg zur finanziellen Freiheit fortsetzen.

Sind Sie bereit? Dann lassen Sie uns beginnen!

App und Podcast

Es gibt eine Reihe zusätzlicher Ressourcen, die Ihren Weg beschleunigen können. Erstens haben wir eine App namens Tony Robbins Money entwickelt, die Videos, Planungsinstrumente und einen personalisierten Rechner enthält. Diese Tools helfen Ihnen dabei zu bestimmen, wie viel Vermögen Sie für die unterschiedlichen Finanzziele – Sicherheit, Unabhängigkeit, Freiheit – benötigen. Zweitens gibt es den Podcast *Unshakeable*. Dafür haben Peter Mallouk und ich eine Reihe kurzer Gespräche über die Kernprinzipien der finanziellen Unangreifbarkeit aufgenommen. **Beide sind derzeit nur auf Englisch erhältlich. Mehr dazu unter www.unshakeable.com.**

Kapitel 2: Der Winter kommt ... aber wann? Sieben Fakten, die Ihnen die Angst vor Marktkorrekturen und Börsencrashs nehmen

»Der Schlüssel zum Erfolg mit Wertpapieren liegt darin, dass Sie sich nicht von ihnen abschrecken lassen.«

- Peter Lynch, der als berühmter Fondsmanager von Fidelity Investments eine Jahresrendite von 29 Prozent erzielte

Macht – die Fähigkeit, Lebensumstände zu beeinflussen und zu formen. Der Treibstoff, um außerordentliche Ergebnisse zu erzielen. Woher stammt sie? Was macht einen Menschen einflussreich und mächtig? Was erzeugt in Ihrem eigenen Leben Macht?

Als wir Menschen noch Jäger und Sammler waren, hatten wir keine Macht. Wir waren der Natur hilflos ausgeliefert. Jederzeit konnten wir auf unseren Streifzügen von wilden Raubtieren angegriffen oder von brutalen Wetterbedingungen niedergestreckt werden. Im Laufe der Jahrtausende haben wir jedoch eine Fähigkeit von unschätzbarem Wert entwickelt: **Wir haben gelernt, Muster zu erkennen und zu unserem Vorteil zu *nutzen*.**

Vor allem beobachteten wir die veränderlichen Muster der Jahreszeiten. Wir lernten sie zu nutzen, indem wir zum *richtigen* Zeitpunkt säten und pflanzten. Mithilfe dieser Fähigkeit gelang es uns, die Nahrungsverknappung zu überwinden und Überfluss zu produzieren. Nun waren die Grundlagen für die Entwicklung von festen Siedlungen und später Städten und ganzen Zivilisationen gegeben. Unsere Gabe zur Mustererkennung veränderte buchstäblich den Verlauf der Menschheitsgeschichte. Auf diesem Weg lernten wir zudem eine lebenswichtige Lektion:

Wenn wir das Richtige zum falschen Zeitpunkt tun, werden wir *nicht* belohnt. Wenn Sie im Winter säen, werden Sie nie eine Ernte einfahren, egal wie hart Sie arbeiten. Um zu überleben und uns gut zu entwickeln, müssen wir das Richtige zum richtigen Zeitpunkt tun.

Unsere Fähigkeit zur Mustererkennung ist zudem die wichtigste Fähigkeit, die uns finanziellen Wohlstand verschaffen kann. Wenn Sie die Muster an den Finanzmärkten einmal erkennen, können Sie sie nutzen und von ihnen profitieren.

»Die Mehrheit der Anleger versäumt es, die unglaubliche Macht des Zinseszinses voll auszuschöpfen – das heißt die Multiplikationskraft der Formel Wachstum mal Wachstum.«

- Burton Malkiel

Bevor wir zum Kern dieses Kapitels kommen, wollen wir uns zwei Minuten nehmen, um über ein grundlegendes Konzept zu sprechen, das Sie bestimmt schon kennen, aber das wir anwenden und dessen Nutzen wir maximieren müssen, um dauerhaften Wohlstand zu erzielen.

Das erste Grundmuster besagt, dass es eine überaus wirksame Methode gibt, um Vermögen aufzubauen, die uns allen offensteht – eine Methode, die Warren Buffett eingesetzt hat, um ein Vermögen anzuhäufen, das heute 65 Milliarden Dollar beträgt. Wie lautet sein Geheimnis? Es sei ganz einfach, so Buffett: **»Mein Reichtum ist das Ergebnis einer Kombination aus einem Leben in Amerika, einigen guten Genen und Zinseszins.«**

Ich weiß nichts über Ihre Gene, aber ich gehe davon aus, dass sie ziemlich gut sind. Was ich *mit Sicherheit* weiß, ist, dass der Zinseszins eine Wirkung besitzt, die Ihnen ein Leben in vollkommener finanzieller Freiheit bescheren kann. Wir haben natürlich alle schon einmal vom Zinseszins gehört, aber es lohnt sich, sich an seine unglaubliche Wirkung zu erinnern – vorausgesetzt, man erkennt, dass die Macht der Zinseszinsen das lebensverändernde Äquivalent zur Entdeckung unserer Vorfahren ist, dass sie eine reiche Ernte einfahren konnten, wenn sie zum richtigen Zeitpunkt säten und pflanzten!

Lassen Sie uns die gewaltigen Auswirkungen des Zinseszinses an einem einzigen, aber überwältigenden Beispiel verdeutlichen. Zwei Freunde, nennen wir sie Joe und Bob, beschließen, jeden Monat 300 Dollar anzulegen. Joe beginnt mit 19 Jahren, investiert acht Jahre lang jeden Monat und hört mit 27 Jahren auf einzuzahlen. Insgesamt hat er bisher 28 800 Dollar angespart.

Von diesem Zeitpunkt an profitiert er von einem Zinseszinseffekt in Höhe von 10 Prozent jährlich (das entspricht ungefähr der historischen Rendite des US-Aktienmarkts im Laufe des vergangenen Jahrhunderts). **Wie viel Geld hat er, wenn er mit 65 Jahren in den Ruhestand tritt? Die Antwort: 1 863 287 Dollar. Seine bescheidene Investition von 28 800 Dollar ist also auf fast 2 Millionen Dollar angewachsen. Ziemlich beeindruckend, oder?**

Sein Freund Bob lässt es langsamer angehen. Zwar beginnt auch er mit einer monatlichen Investition von 300 Dollar, aber er beginnt erst mit 27 Jahren und spart jeden Monat, bis er 65 Jahre alt ist – also insgesamt 39 Jahre. Auch sein Geld zinst mit 10 Prozent jährlich auf. Das Ergebnis? Wenn er mit 65 in den Ruhestand geht, beträgt sein Vermögen 1 589 733 Dollar.

Lassen Sie das einen Moment auf sich wirken. Bob hat insgesamt 140 000 Dollar investiert, also fast das Fünffache dessen, was Joe investiert hat. Dennoch besitzt Joe am Ende 273 554 Dollar mehr als Bob. Ja, es ist wahr: Joe ist am Ende reicher als Bob, trotz des Umstands, dass er nach seinem 28. Lebensjahr nie wieder einen Cent investiert hat!

Wie lautet die Erklärung für Joes unglaublichen Erfolg? Ganz einfach. *Weil Joe früher angefangen hat zu investieren, profitiert er in einem Maße vom Zinseszins, wie er es durch eigene Anstrengung nicht hätte tun können.* Zu dem Zeitpunkt, da er das Alter von 53 Jahren erreicht hat, beträgt die Summe, die allein durch den Zinseszins zusammengekommen ist, mehr als 60 000 Dollar pro Jahr. Zu seinem 60. Geburtstag wächst sein Kontostand bereits um mehr als 100 000 Dollar pro Jahr – ohne dass er auch nur einen Cent hinzufügen muss. Bobs Gesamtrendite auf sein investiertes Geld beträgt 1,032 Prozent; Joes Rendite beträgt dagegen spektakuläre 6,370 Prozent.

Stellen wir uns für einen Moment vor, Joe hätte *nicht* mit 27 Jahren aufgehört zu investieren, sondern genau wie Bob bis zu seinem 65. Geburtstag weiterhin jeden Monat 300 Dollar angelegt. Das Ergebnis: Sein Vermögen hätte 3 453 020 Dollar betragen! Er hätte 1,86 Millionen Dollar mehr besessen als Bob, weil er acht Jahre früher begonnen hat zu investieren.

Das ist die beeindruckende Macht des Zinseszinses. Im Laufe der Zeit kann diese Kraft eine bescheidene Summe in ein *großes* Vermögen verwandeln.

Wissen Sie aber, was wirklich erstaunlich ist? Die meisten Menschen schöpfen den Vorteil dieses vermögensbildenden Geheimnisses, das direkt vor ihren Augen liegt, nicht voll aus. Stattdessen glauben sie immer noch, sie könnten sich ihren Weg zu Reichtum mit Arbeit verdienen. Das ist eine weit verbreitete Fehlannahme – der Glaube, wenn Ihr *Arbeitseinkommen* nur hoch genug sei, könnten Sie finanzielle Freiheit erlangen.

In Wahrheit ist das leider nicht so einfach. Wir kennen alle die Geschichten von Filmstars, Musikern und Spitzensportlern, die sich eine goldene Nase verdient haben, aber am Ende trotzdem bankrott waren, weil sie nicht wussten, wie sie ihr Geld richtig *anlegen* sollten. Nach einer Reihe lausiger Investments erklärte der Rapper 50 Cent vor Kurzem seinen Bankrott, und das, obwohl sein Nettovermögen auf 155 Millionen Dollar geschätzt wurde. Die Schauspielerin Kim Basinger, die auf dem Höhepunkt ihrer Karriere mehr als 10 Millionen Dollar pro Film verdiente, ist ebenfalls pleite. Selbst Michael Jackson, einstiger King of Pop, der dem Vernehmen nach Plattenverträge im Wert von fast 1 Milliarde Dollar unterschrieben und mehr als 750 Millionen Alben verkauft hat, hatte zum Zeitpunkt seines Todes im Jahr 2009 angeblich über 300 Millionen Dollar Schulden.

300 Dollar pro Monat (3600 Dollar jährlich) bei einer Rendite von 10 Prozent				
Alter	**Joe**	**Summe**	**Bob**	**Summe**
19	3600	3960	–	–
20	3600	8316	–	–
21	3600	13 108	–	–
22	3600	18 378	–	–
23	3600	24 176	–	–
24	3600	30 554	–	–
25	3600	37 569	–	–
26	3600	45 286	–	–
27	–	49 815	3600	3960
28	–	54 796	3600	8316
29	–	60 276	3600	13 108
30	–	66 303	3600	18 378
31	–	72 934	3600	24 176
32	–	80 227	3600	30 554
33	–	88 250	3600	37 569
34	–	97 075	3600	45 286
35	–	106 782	3600	53 775
36	–	117 461	3600	63 112
37	–	129 207	3600	73 383
38	–	142 127	3600	84 682
39	–	156 340	3600	97 110
40	–	171 974	3600	110 781
41	–	189 171	3600	125 819
42	–	208 088	3600	142 361

43	–	228 897	3600	160 557
44	–	251 787	3600	180 573
45	–	276 966	3600	202 590
46	–	304 662	3600	226 809
47	–	335 129	3600	253 450
48	–	368 641	3600	282 755
49	–	405 506	3600	314 990
50	–	446 056	3600	350 449
51	–	490 662	3600	389 454
52	–	539 728	3600	432 360
53	–	593 701	3600	479 556
54	–	653 071	3600	531 471
55	–	718 378	3600	588 578
56	–	790 216	3600	651 396
57	–	869 237	3600	720 496
58	–	956 161	3600	796 506
59	–	1 051 777	3600	880 116
60	–	1 156 955	3600	972 088
61	–	1 272 650	3600	1 073 256
62	–	1 399 915	3600	1 184 542
63	–	1 539 907	3600	1 306 956
64	–	1 693 897	3600	1 441 612
65	–	**1 863 287**	**3600**	**1 589 733**
Vorteil einer frühzeitigen Investition		**273 554**		

Oder ein aktuelles Beispiel: Johnny Depp, einer der höchstbezahlten Hollywood-Schauspieler, der mit Kassenschlagern wie *Fluch der Karibik* und als Gesicht von Luxusmarken wie Dior in den letzten 30 Jahren mehr als 650 Millionen Dollar verdient hat und nun angeblich in ernsthaften finanziellen Schwierigkeiten steckt. Er behauptet zwar, daran seien die Leute schuld, die seine Finanzen managen; diese weisen das aber von sich und sagen, er verschwende einfach zu viel Geld. Ihren Aussagen zufolge gibt Depp allein für Wein 30 000 Dollar im Monat aus und soll sogar 3 Millionen Dollar bezahlt haben, um die Asche von Hunter S. Thompson aus einer eigens zu diesem Zweck angefertigten Kanone in die Luft zu schießen. So etwas erfindet man normalerweise nicht!

Die Lektion? Sie werden sich Ihren Weg zu finanzieller Freiheit niemals mit Arbeit verdienen können. Der wahre Weg zu Reichtum besteht darin, dass Sie regelmäßig eine bestimmte Summe Ihres Einkommens investieren, damit über viele Jahre der Zinseszinseffekt greifen kann. So werden Sie im Schlaf reich. Auf diese Weise lassen Sie das Geld für Sie arbeiten, anstatt dass Sie für Geld arbeiten. Nur so erreichen Sie finanzielle Freiheit!

Jetzt denken Sie wahrscheinlich: »Ja, aber wie viel Geld muss ich jeden Monat investieren, damit ich meine finanziellen Ziele erreichen kann?« Das ist eine großartige Frage! Wie bereits erwähnt, haben wir eine App entwickelt, um Ihnen bei der Beantwortung dieser Frage zu helfen. Mit ihrer Hilfe können Sie genau berechnen, wie viel Geld Sie jeden Monat sparen und investieren müssen. Sie finden sie – aktuell nur auf Englisch – unter www.unshakeable.com.

Jede Situation ist einzigartig, daher empfehle ich Ihnen, dass Sie sich mit einem Finanzberater zusammensetzen und Ihre spezifischen Ziele besprechen und überlegen, wie Sie sie erreichen können. Ich möchte Sie aber warnen, weil die meisten Berater die Summe, die Sie wahrscheinlich für finanzielle Sicherheit, finanzielle Unabhängigkeit oder sogar finanzielle Freiheit benötigen, grob unterschätzen. Einige sagen, Ihr Vermögen sollte ungefähr das Zehnfache Ihres derzeitigen Einkommens betragen. Andere, die ein wenig realistischer sind, meinen, Sie benötigen das Fünfzehnfache. Mit anderen Worten, wenn Sie aktuell ein Jahreseinkommen von 100 000 Dollar haben, brauchen Sie 1,5 Millionen Dollar. Wenn Sie 200 000 Dollar verdienen, brauchen Sie 3 Millionen Dollar. Sie verstehen, was ich meine.

In Wahrheit sollte die Summe, die Sie *anstreben*, das *Zwanzigfache* Ihres derzeitigen Einkommens betragen. Wenn Sie also aktuell 100 000

Dollar verdienen, brauchen Sie ein Vermögen von 2 Millionen Dollar. Das mag viel erscheinen, aber denken Sie daran, dass unser Freund Joe diese Summe mit einer Investition von gerade einmal 28 800 Dollar erreicht hat. Und ich wette, dass Sie im Laufe der kommenden Jahre viel mehr als diese Summe investieren können.

Über dieses Thema können Sie sich ausführlicher in *Money: Die 7 einfachen Schritte zur finanziellen Freiheit* informieren, das dem Zinseszins ein ganzes Kapitel widmet. Dort lege ich dar, dass man sich von einer so großen Summe leicht einschüchtern lassen kann. Sie wirkt aber schon wesentlich weniger furchterregend, wenn man mit einem überschaubaren Ziel anfängt. Ihr erstes Ziel könnte zum Beispiel finanzielle Sicherheit lauten, und nicht gleich vollkommene Unabhängigkeit. **Wie würde es sich anfühlen, wenn Sie Ihre monatlichen Fixkosten bezahlen könnten, ohne je noch einmal arbeiten zu müssen? Großartig, oder nicht? Die gute Nachricht ist, dass Sie für dieses Ziel, mit dem Sie alle Ihre notwendigen Ausgaben decken können, üblicherweise 40 Prozent weniger Vermögen benötigen als für das ultimative Ziel der finanziellen Freiheit. Es lässt sich also schneller erreichen. Wenn Sie *dieses* Ziel erreicht haben, haben Sie eine Dynamik in Gang gesetzt, die jede höhere Summe nicht mehr so anspruchsvoll erscheinen lässt.**

Doch wie kommen Sie dahin? Erstens müssen Sie sparen und investieren – das heißt, Sie müssen Eigentümer werden und nicht nur Verbraucher sein. Bezahlen Sie sich zuerst, indem Sie jeden Monat einen bestimmten Prozentsatz von Ihrem Einkommen automatisch von Ihrer Bank abzweigen lassen. **Mit diesen Beträgen bauen Sie Ihren »Freiheitsfonds« auf: die Quelle für ein lebenslanges Einkommen, das Ihnen erlauben wird, nie wieder arbeiten zu müssen.** Ich bin ziemlich sicher, dass Sie das bereits tun. Doch vielleicht ist es Zeit, sich eine kleine Erhöhung zu gestatten: Steigern Sie Ihre Sparquote von 10 auf 15 Prozent oder von 15 auf 20 Prozent.

Einigen Menschen mögen 10 Prozent derzeit unmöglich erscheinen. Vielleicht befinden Sie sich in einer Phase Ihres Lebens, in der Sie einen Studienkredit abzahlen oder größere familiäre oder geschäftliche finanzielle Verpflichtungen haben. Unabhängig von Ihrer persönlichen Situation müssen Sie den ersten Schritt machen. Dafür gibt es eine erprobte Methode, die sich »Save More Tomorrow« nennt. Ich habe sie in Kapitel 3 von *Money: Die 7 einfachen Schritte zur finanziellen Freiheit* ausführlich beschrieben. Sie beginnen, indem Sie zunächst lediglich 3 Prozent mehr sparen, und dann steigern Sie den Betrag im Laufe der Zeit schrittweise auf 15 bis 20 Prozent.

Was machen Sie nun mit dem gesparten Geld? Wie investieren Sie es, um eine maximale Rendite zu erzielen und Ihre Ziele in kürzerer Zeit zu erreichen?

Der beste Ort, um über viele Jahre vom Zinseszinseffekt zu profitieren, ist der Aktienmarkt. In Kapitel 5 werden wir über die Bedeutung eines diversifizierten Portfolios sprechen, das sich aus unterschiedlichen Vermögenswerten zusammensetzt. Einstweilen wollen wir uns auf den Aktienmarkt konzentrieren. Warum? Weil er ein unglaublich fruchtbarer Boden ist! Wie unsere Vorfahren müssen wir unsere Saat dort aussäen, wo wir die reichhaltigste Ernte einfahren können.

Wie soll ich mein Geld investieren?

Es ist allgemein bekannt, dass der Aktienmarkt Millionen von Menschen reich gemacht hat. Trotz aller Auf- und Abschwünge ist der Aktienmarkt im Laufe der letzten zwei Jahrhunderte der *beste* Ort gewesen, an dem langfristig orientierte Anleger ein Vermögen aufbauen konnten.* Sie müssen allerdings die Marktmuster kennen, sie müssen also ihre Jahreszeiten verstehen. Genau davon handelt dieses Kapitel.

Wie lautet die größte Finanzfrage, die uns heute alle beschäftigt? Nach meiner Erfahrung suchen wir alle nach der Antwort auf die immergleiche Frage: **»Wie soll ich bloß mein Geld investieren?«**

Diese Frage hat in jüngster Zeit eine besondere Dringlichkeit erhalten, weil alle verfügbaren Antworten unattraktiv erscheinen. In einer Zeit der Niedrigstzinsen, wenn nicht sogar der Negativzinsen, verdienen Sie *nichts*, wenn Ihr Geld auf einem Sparkonto herumliegt. Wenn Sie eine erstklassig bewertete Anleihe kaufen (das heißt, wenn Sie der japanischen oder der schweizerischen Regierung Geld leihen), werden Sie sogar *weniger* als nichts verdienen! Derzeit macht ein Witz die Runde, dass tradi-

* Weiterführende Informationen finden Sie in der Grafik des mit dem Nobelpreis ausgezeichneten Ökonomen Robert Schiller auf S. 341 in *Money: Die 7 einfachen Schritte zur finanziellen Freiheit.*

tionell sichere Geldanlagen wie diese inzwischen »renditefreie Risiken« bieten statt »risikofreie Renditen«.

Wie sieht es mit Aktien aus? Viele Hundert Milliarden Dollar aus allen Teilen der Welt sind in den US-Aktienmarkt geflossen, den viele Menschen als relativ sicheren Hafen in einer ungewissen Welt betrachten. Das hat aber eine noch größere Ungewissheit ausgelöst, weil die Kurse und Bewertungen der US-Aktien in den vergangenen siebeneinhalb Jahren in die Höhe geschossen sind. Dieser anhaltende Aufwärtstrend hat die Befürchtung genährt, dass der Markt unweigerlich einbrechen wird. Selbst Leute, die im Bullenmarkt erfolgreich gewesen sind, machen sich nun Sorgen, dass das Ganze zusammenbrechen könnte wie ein Kartenhaus, und dass der Börsenboom von nichts anderem genährt wird als den Zentralbanken und ihrer verrückten Geldpolitik.

Was sollten Sie also tun? Sich auf einen Börsencrash vorbereiten, indem Sie alles verkaufen und horten? Ihr gesamtes Geld in bar vorhalten (und nichts verdienen) und warten, bis die große Marktkorrektur eintritt, damit Sie anschließend zu niedrigen Preisen einsteigen können? Doch wie lange können Sie warten? Was ist mit all den unglücklichen Seelen, die bereits seit Jahren warten und den gesamten Bullenmarkt verpasst haben? Oder sollten Sie besser im Markt investiert bleiben, ausharren, die Augen schließen und die Sicherheitsposition einnehmen, während Sie sich auf den kommenden Schlag vorbereiten? Wie schon gesagt: Keine dieser Optionen klingt attraktiv!

Wie Sie wissen, können wir Menschen schlecht mit Ungewissheit umgehen. Wie sollen wir in einer solchen Situation intelligente Entscheidungen treffen, wenn *alles* ungewiss erscheint? Was können wir tun, wenn wir keinen blassen Schimmer haben, wann der Markteinbruch kommen und wie schwer er sein wird, das heißt, wann der finanzielle »Winter« eintreffen wird?

Ich habe aber auch gute Nachrichten für Sie: Wir *wissen*, wann der Winter beginnen wird. Wie? Weil wir bei einem Blick zurück auf ein Jahrhundert des Aktienmarkts die folgende außerordentliche Tatsache feststellen: Der finanzielle Winter kommt im Schnitt *jedes* Jahr.

Wenn Sie langfristige Muster wie dieses erkennen, können Sie sie zu Ihrem Vorteil nutzen. Noch besser: Ihre Angst vor Ungewissheit verschwindet, weil Sie erkennen, dass die wichtigen Aspekte der Finanzmärkte weitaus vorhersagbarer sind, als Sie dachten.

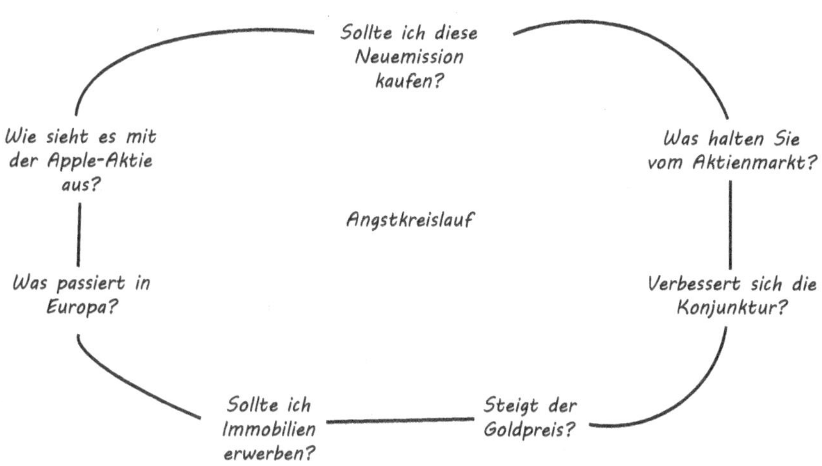

Wir werden Sie mit sieben Fakten vertraut machen, die Ihnen die Funktionsweise der Märkte verdeutlichen. Sie werden erfahren, dass sich bestimmte Muster ständig wiederholen, und Sie werden lernen, Ihre Entscheidungen auf das Verständnis dieser erprobten Muster zu gründen – so wie unsere Vorfahren merkten, dass die Erfolgsstrategie in der Landwirtschaft darin bestand, im Frühling zu säen und anzubauen. Natürlich gibt es weder in der Landwirtschaft noch an den Finanzmärkten oder in irgendeinem anderen Lebensbereich absolute Gewissheit. Manchmal bricht der Winter früher herein als erwartet, manchmal später; einige Winter sind streng, andere mild. Doch wenn Sie über viele Jahre an einem effektiven Ansatz festhalten, steigt Ihre Erfolgswahrscheinlichkeit massiv. Die Fähigkeit, eine Erfolgsstrategie zu entwickeln und sie unbeirrt und konsequent zu verfolgen, damit die Chancen stets zu ihren Gunsten stehen, unterscheidet die wahren Finanzexperten von der unbedarften Masse.

Wenn Sie diese sieben unumstößlichen Fakten, die wir im Folgenden erklären werden, verstehen, werden Sie wissen, wie der »Jahreszeitenwechsel« an den Finanzmärkten funktioniert. Sie werden die Spielregeln und die Prinzipien kennen, auf denen sie beruhen, und das wird Ihnen einen enormen Vorteil verschaffen. Wenn Sie dieses Wissen besitzen, können Sie sich am Spiel beteiligen und gewinnen. **Das Beste daran ist, dass diese Fakten Ihnen all die Befürchtungen und Ängste nehmen werden, unter denen die meisten Menschen in Bezug auf ihre**

Finanzsituation leiden. Aus diesem Grund nennen wir sie »Freiheitsfakten«.

Die Fähigkeit, angstfrei zu investieren, ist von zentraler Bedeutung. Warum? Weil viele Menschen so von ihren Ängsten gelähmt sind, dass sie sich kaum trauen, ihre Zehen ins Wasser zu tauchen. Sie haben fürchterliche Angst vor einem Börsencrash, der ihre sauer verdienten Ersparnisse vernichten könnte. Sie haben fürchterliche Angst davor, dass der Kurs ihrer soeben erworbenen Aktien gleich im Anschluss auf Talfahrt gehen könnte. Sie haben Angst, dass sie schlechte Erfahrungen machen, weil sie im Grunde nicht wissen, was sie tun. Doch wie Sie schon bald feststellen werden, lösen sich alle diese Ängste in Wohlgefallen auf, sobald Sie die Muster, die die sieben Freiheitsfakten bestimmen, erkennen und verstehen.

Bevor wir jedoch beginnen, diese Fakten zu erklären, will ich kurz einige Börsenbegriffe erläutern. **Wenn ein Markt mindestens 10 Prozent von seinem Höchststand einbüßt, nennt man das eine Marktkorrektur. Das ist eine neutrale Bezeichnung und gewissermaßen ein Euphemismus für eine Erfahrung, die für die meisten Menschen so schlimm ist wie eine Kieferoperation. Wenn der Markt um mehr als 20 Prozent einbricht, nennt man das einen Bärenmarkt.**

Wir werden mit der Offenbarung einiger überraschender Fakten über Marktkorrekturen beginnen, und anschließend widmen wir uns den Bärenmärkten. **Abschließend erklären wir den wichtigsten Fakt von allen: Die größte Gefahr liegt nicht in der Marktkorrektur oder dem Bärenmarkt, sondern darin, *gar nicht* im Markt investiert zu sein.**

Freiheitsfakt 1: Seit dem Jahr 1900 hat durchschnittlich einmal pro Jahr eine Marktkorrektur stattgefunden

Haben Sie jemals die Experten im Fernsehen über den Aktienmarkt sprechen hören? Ist es nicht erstaunlich, welch dramatische Wirkung sie erzeugen können? Sie lieben es, über Volatilitäten und Turbulenzen zu sprechen, weil die Angst, die diese Begriffe auslösen, die Aufmerksamkeit der Zuschauer auf ihre Sendung lenkt. Ständig analysieren sie Minikrisen, die nach Aussagen irgendwelcher Börsenpropheten in einem Börsencrash enden könnten. Bei den sogenannten Krisen kann es sich um Unruhen im Nahen Osten, sinkende Ölpreise, eine Verschlechterung des

Bonitäts-Ratings der USA, eine »Fiskalklippe«, Etatschwierigkeiten, den Brexit oder eine Verlangsamung des chinesischen Wirtschaftswachstums handeln – oder was immer sich sonst noch zum Schüren von Ängsten eignet. Falls Sie von all diesen Dingen nichts verstehen, machen Sie sich keine Sorgen, denn den meisten Experten geht es nicht anders!

Ich mache den Finanzexperten der einschlägigen Fernsehsendungen keinen Vorwurf, dass sie Dramen inszenieren. Das ist schließlich ihr Job. Aber mal unter uns: Nichts davon ist *wirklich* ein Aufreger. Ein Großteil dieser Nachrichten ist schlichtweg aufgebauscht und soll verhindern, dass Sie wegzappen. Das Problem ist, dass dieses ganze Geschwätz, diese Dramen und die hochkochenden Emotionen uns erschweren, klar zu denken. Wenn wir hören, wie »Experten« mit Grabesstimme über das bevorstehende Risiko einer Marktkorrektur, einer Krise oder eines Zusammenbruchs sprechen, werden wir leicht ängstlich, weil es sich so anhört, als würde der Himmel über uns zusammenbrechen. Das mag eine gute Fernsehsendung ausmachen, aber das Letzte, was Sie tun sollten, ist, Angst zur Grundlage Ihrer Finanzentscheidungen zu machen. Sie müssen also möglichst alle Emotionen aus diesem Spiel nehmen.

Anstatt sich von all diesem Lärm ablenken zu lassen, sollten Sie sich auf die wichtigsten Fakten konzentrieren. **Zum Beispiel die Tatsache, *dass sich seit dem Jahr 1900 im Schnitt jedes Jahr eine Marktkorrektur ereignet hat*.** Als ich das zum ersten Mal hörte, war ich sehr ernüchtert. **Denken Sie mal darüber nach: Wenn Sie heute 50 Jahre alt sind und eine Lebenserwartung von 85 Jahren haben, können Sie davon ausgehen, weitere 35 Marktkorrekturen zu erleben. Um es anders auszudrücken, die Zahl an Marktkorrekturen entspricht der Zahl Ihrer Lebensjahre!**

Warum ist das wichtig? Weil es zeigt, dass diese Korrekturen eine routinemäßige Erscheinung sind. Anstatt sich vor ihnen zu fürchten, sollten Sie sie als natürliche, regelmäßig auftretende Phänomene betrachten – so wie den Frühling, Sommer, Herbst und Winter. Und wissen Sie was? **Historisch betrachtet hat jede Marktkorrektur im Schnitt *nur 54 Tage* gedauert, also keine zwei Monate!** Die meisten Marktkorrekturen sind also schon wieder vorbei, bevor Sie es überhaupt merken. Ist das etwa furchterregend?

Wenn Sie natürlich mitten in einer Marktkorrektur stecken, stellen Sie womöglich fest, dass Sie emotional reagieren und den Drang verspüren, alles zu verkaufen, weil Sie weitere Verluste vermeiden wollen. Damit sind Sie nicht alleine. Diese weit verbreiteten Emotionen erzeugen eine Krisenmentalität. **Es ist aber wichtig festzuhalten, dass die Märkte im Verlauf der Korrekturen über die letzten hundert Jahre durchschnittlich um lediglich 13,5 Prozent nachgegeben haben. Von 1985 bis Ende 2015 betrugen die Einbußen durchschnittlich 14,2 Prozent.**

Ja, es kann sehr unangenehm sein, wenn Ihre Vermögenswerte einen solchen Wertverlust erleben. Die Verunsicherung, die das auslöst, verführt viele Anleger zu großen Fehlern. Sie müssen jedoch Folgendes bedenken: Wenn Sie sich gut festhalten, werden Sie den Sturm höchstwahrscheinlich unbeschadet überstehen.

Freiheitsfakt 2: Weniger als 20 Prozent aller Marktkorrekturen münden in einen Bärenmarkt

Wenn der Markt in Turbulenzen gerät – vor allem wenn diese einen Wertverlust von mehr als 10 Prozent bedeuten –, geraten viele Anleger in Panik und beginnen zu verkaufen, weil sie Angst haben, dass sich daraus eine Abwärtsspirale entwickelt. Ist das nicht vernünftig und vorausschauend? Nein, ganz im Gegenteil! **Wie sich herausstellt, eskaliert *weniger als jede fünfte Marktkorrektur bis zu dem Punkt, an dem sie sich in einen Bärenmarkt verwandelt.* Anders ausgedrückt: 80 Prozent aller Marktkorrekturen werden *keine* Bärenmärkte.**

Wenn Sie in Panik geraten und während einer Marktkorrektur alle Geldanlagen versilbern, verkaufen Sie womöglich genau in dem Moment, in dem sich der Markt zu wenden beginnt und wieder anzieht. Wenn Sie verstehen, dass die überwältigende Mehrheit der Marktkorrekturen nicht so schlimm ist, können Sie leichter die Ruhe bewahren und der Versuchung widerstehen, schon beim ersten Anzeichen von Turbulenzen die Flucht zu ergreifen.

Freiheitsfakt 3: Niemand kann mit Sicherheit vorhersagen, wann der Markt steigt oder fällt

Die Medien wiederholen gebetsmühlenartig den Mythos, dass sich die Marktbewegungen vorhersagen lassen und man ihre Abwärtsbewegungen vermeiden kann, wenn man nur schlau genug ist. Die Finanzindustrie verkauft diese Fantasie ebenfalls: Ökonomen und »Marktstrategen«

großer Investmentbanken prognostizieren, wo der S&P 500 Ende des Jahres stehen wird, als besäßen sie eine magische Kristallkugel oder (genauso unwahrscheinlich) überlegenes Wissen.

Auch die Herausgeber von Börsen-Newslettern geben sich gerne als Nostradamus und warnen vor dem »kommenden Crash«, in der Hoffnung, dass Sie den Newsletter abonnieren, um sich zu informieren, wie Sie Ihrem fatalen Schicksal entgehen können. Viele von ihnen treffen jedes Jahr die gleichen düsteren Prognosen, bis sie irgendwann Recht haben, weil das statistisch gesehen einfach so ist. Selbst jemand mit einer kaputten Uhr kann Ihnen durchaus zweimal am Tag die korrekte Uhrzeit nennen. Diese selbst ernannten Seher nutzen ihre »korrekten« Vorhersagen, um sich als herausragende »Market-Timer« zu verkaufen. Wer diesen Trick nicht kennt, fällt leicht darauf herein.

Einige dieser Leute glauben vielleicht sogar wirklich an ihre prophetischen Gaben; andere sind einfach nur gerissene Verkäufer. Was glauben Sie: Sind es Lügner oder Idioten? Ich könnte es nicht sagen. Doch eines kann ich Ihnen sagen: Wenn Sie sich je versucht fühlen, sie ernst zu nehmen, dann erinnern Sie sich an den klassischen Aphorismus des Physikers Niels Bohr: »Prognosen sind immer schwierig, besonders wenn sie die Zukunft betreffen.«

Ich weiß nicht, ob Sie an den Weihnachtsmann oder an den Osterhasen glauben. Doch was unsere Finanzen betrifft, sollten wir uns besser an die Fakten halten. Und Fakt ist, dass *niemand* mit Sicherheit vorhersagen kann, ob die Märkte steigen oder fallen werden. Es ist eine komplette Selbsttäuschung zu glauben, Sie oder ich könnten erfolgreich den richtigen Zeitpunkt für einen Ein- oder Ausstieg aus dem Markt bestimmen – was als *Markt-Timing* bezeichnet wird.

Wenn Sie nicht überzeugt sind, will ich Ihnen hier präsentieren, was zwei der weisesten Finanzmagier über Markt-Timing und die Herausforderung, Marktbewegungen zu prognostizieren, zu sagen haben. Jack Bogle, Gründer von Vanguard, einer Investmentgesellschaft, die Aktiva im Wert von mehr als 3 Billionen Dollar verwaltet, sagte: »Sicher wäre es großartig, auf dem Höchststand zu verkaufen und auf dem niedrigsten Stand wieder einzusteigen, aber in den 65 Jahren, die ich in diesem Geschäft tätig bin, habe ich niemanden kennengelernt, der wüsste, wie das geht. Ich habe auch niemanden kennengelernt, der seinerseits jemanden kennen würde, dem das gelungen ist.« **Und Warren Buffett sagte dazu:**

»Der einzige Wert eines Börsenpropheten liegt darin, dass er Hellseher dagegen gut aussehen lässt.«

Ich muss allerdings zugeben, dass es Spaß macht, all diese Marktexperten, Kommentatoren und Ökonomen dabei zu beobachten, wie sie einen Narren aus sich machen, indem sie versuchen, *den exakten Zeitpunkt* einer Marktkorrektur zu bestimmen. Werfen Sie einen Blick auf die folgenden Abbildung und dann sehen Sie selbst, was ich meine. Eines meiner bevorzugten Beispiele ist der Ökonom Dr. Nouriel Roubini, der die (falsche) Prognose traf, im Jahr 2013 würde eine »signifikante« Marktkorrektur stattfinden. Roubini, einer der bekanntesten Börsenpropheten unserer Zeit, erhielt wegen seiner zahlreichen Vorhersagen hinsichtlich kommender Katastrophen den Spitznamen Dr. Doom. Zu seinen Fehlprognosen gehörte die wiederholte Warnung vor einer Rezession in den Jahren 2004, 2005, 2006 und 2007. Sie waren alle falsch.

Meiner Erfahrung nach sind Marktpropheten wie Roubini clever und wortgewandt und ihre Argumente wirken oft überzeugend. Sie leben davon, dass sie ihre Leser in Angst und Schrecken versetzen, dabei haben sich ihre Vorhersagen immer wieder als falsch erwiesen. Nur gelegentlich landen sie einen Treffer. Doch wenn Sie ihren furchterregenden Warnungen Gehör schenken, verkriechen Sie sich irgendwann unter dem Bett und klammern sich an Ihrer Spardose fest, in der Sie die gesamten Ersparnisse Ihres Lebens aufbewahren. Lassen Sie mich Ihnen ein Geheimnis verraten: Historisch betrachtet ist das keine Erfolgsstrategie für langfristigen Finanzerfolg.

Berufsmäßige Kassandras

Werfen Sie einen Blick auf die folgenden 33 Fehlprognosen selbst ernannter Marktpropheten. Die jeweilige Nummerierung gibt in der nachfolgenden Abbildung das Datum der Fehlprognose wieder. Gemeinsam ist ihnen durch die Bank weg: Sie alle sagten voraus, dass der Markt einbrechen wird. Doch in Wirklichkeit ging er jedes Mal nach oben.

1. »Marktkorrektur im Anzug«, Bert Dohmen, Dohmen Capital
2. Research Group, 7. März 2012.
3. »Aktien flirten mit Korrektur«, Ben Rooney, CNN Money, 1. Juni 2012.

4. »Marktkorrektur in Höhe von 10 Prozent lauert: nachkaufen oder türmen?«, Matt Krantz, *USA Today*, 5. Juni 2012.
5. »Eine signifikante Kurskorrektur könnte in der Tat die Kraft sein, welche die US-Wirtschaft 2013 in eine echte Kontraktion stürzt«, Nouriel Roubini, Roubini Global Economics, 20. Juli 2012.
6. »Bereiten Sie sich auf den Börsencrash 2013 vor«, Jonathan Yates, Moneymorning.com, 23. Juni 2012.
7. »Dr. Dooms Prognose: Laut Roubini kommen in der Weltwirtschaft größere Turbulenzen auf uns zu; fünf Faktoren sind dafür verantwortlich«, Kukil Bora, *International Business Times*, 24. Juli 2012.
8. »Vorsicht vor Marktkorrektur – oder Schlimmerem«, Mark Hulbert, MarketWatch, 8. August 2012.
9. »Wir glauben, wir werden im September eine Korrektur zwischen 8 und 10 Prozent erleben«, MaryAnn Bartels, Bank of America Merrill Lynch, 22. August 2012.
10. »Es ist so weit: Ein Profi sieht in zehn Tagen eine Welle von Aktienverkäufen kommen«, John Melloy, CNBC, 4. September 2012.
11. »Warnung: Kurskorrektur könnte bevorstehen«, Hibah Yousuf, CNN Money, 4. Oktober 2012.
12. »Ich sage all meinen Hedgefonds-Kunden, dass die US-Wirtschaft auf eine Rezession zusteuert«, Michael Belkin, Belkin Limited, 5. Oktober 2012.
13. »Der Blues über eine Fiskalklippe könnte eine Marktkorrektur auslösen«, Caroline Valetkevitch und Ryan Vlastelica, Reuters, 9. November 2012.
14. »Warum eine umfassende Marktkorrektur kurz bevorsteht«, Mitchell Clark, Lombardi Financial, 14. November 2012.
15. »Im Sommer werden wir einen erneuten Börsencrash erleben«, Harry Dent, Dent Research, 8. Januar 2013.
16. »Eine Marktkorrektur könnte begonnen haben«, Rick Newman, *U. S. News & World Report*, 21. Februar 2013.
17. »Schleppende Wirtschaft könnte das Signal für eine Korrektur sein«, Maureen Farrell, CNN Money, 8. Februar 2013.
18. »Ich glaube, es bahnt sich eine Korrektur an«, Byron Wein, Black-
19. stone, 4. April 2013.
20. »Die seit Langem überfällige Marktkorrektur scheint ihren Anfang zu nehmen«, Jonathan Castle, Paragon Wealth Strategies, 8. April 2013.

21. »Fünf Warnsignale für eine kommende Marktkorrektur«, Dawn Bennett, Bennett Group Financial Services, 16. April 2013.
22. »Warnsignale des Aktienmarkts werden ominös«, Sy Harding, StreetSmartReport.com, 22. April 2013.
23. »Kaufen Sie nicht – verkaufen Sie riskante Vermögenswerte«, Bill Gross, Pimco, 2. Mai 2013.
24. »Vielleicht ist das nicht der Zeitpunkt, um panisch vor dem Risiko zu fliehen, aber es ist Zeit, sich auf Distanz zu begeben«, Mohamed El-Erian, Pimco, 22. Mai 2013.
25. »Wir stehen kurz vor einer Korrektur«, Byron Wein, Blackstone,
26. 3. Juni 2013.
27. »Meinungsumfrage über kommende Finanzkrise: Risiko eines Börsencrashs gegen Ende des Jahres beträgt 87 Prozent«, Paul Farrell, MarketWatch, 5. Juni 2013.
28. »Aktienkurse: Der Markt steuert auf eine umfassende Korrektur zu«, Adam Shell, *USA Today*, 1. Juni 2013.
29. »Vorsicht vor Selbstgefälligkeit – eine Marktkorrektur bahnt sich an«, Sasha Cekerevac, Investment Contrarians, 12. Juli 2013.
30. »Seit zwei Monaten sagen mir meine Modelle, dass der 19. Juli der Beginn eines großen Börsenausverkaufs sein wird«, Jeff Saut, Raymond James, 18. Juli 2013.
31. »Die Zeichen für eine Marktkorrektur mehren sich«, John Kimelman, *Barron's*, 13. August 2013.
32. »Marktkorrektur im Anzug: Wie schnell kommt sie? Wie schlimm wird sie? Wie bereiten Sie sich vor?«, Kevin Cook, Zacks.com, 23. August 2013.
33. »Ich glaube, es besteht eine gute Chance auf einen Kurseinbruch«, Henry Blodget, *Business Insider*, 26. September 2013.
34. »Fünf Gründe, um eine Korrektur zu erwarten«, Jeff Reeves, MarketWatch, 18. November 2013.
35. »Es ist Zeit, sich auf eine 20-prozentige Korrektur einzustellen«, Richard Rescigno, *Barron's*, 14. Dezember 2013.
36. »Blackstones Byron Wien: Der Aktienmarkt steuert auf eine Korrektur in Höhe von 10 Prozent zu«, Dan Weil, Moneynews.com, 16. Januar 2014.

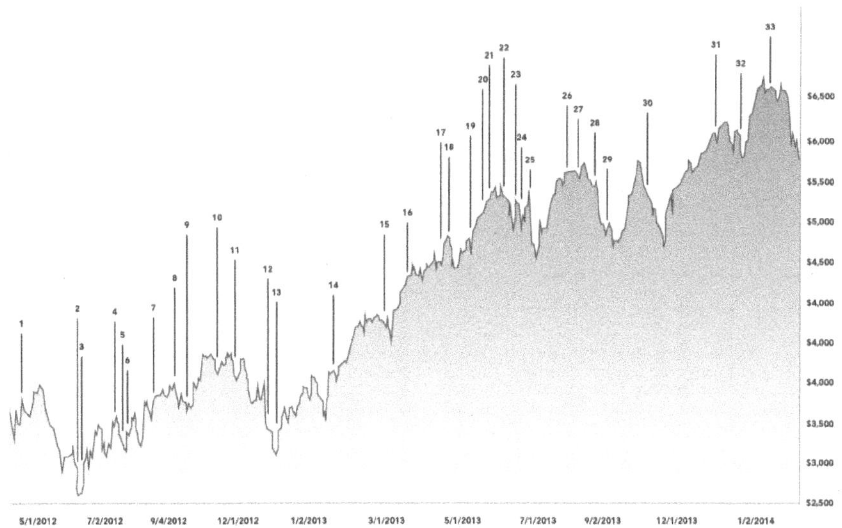

Freiheitsfakt 4: Langfristig steigt der Aktienmarkt, auch wenn er kurzfristig oft nachgibt

Der S&P 500 erlebte im Zeitraum zwischen 1980 und Ende des Jahres 2015 einen durchschnittlichen unterjährigen Einbruch in Höhe von 14,2 Prozent. Mit anderen Worten: Markteinbrüche waren über 36 Jahren hinweg bemerkenswert regelmäßige Erscheinungen. Also nichts, wovor man sich fürchten müsste, sondern lediglich ein »Börsenwinter«, der seine übliche saisonale Aufwartung macht. Wissen Sie jedoch, was mich *wirklich* umhaut? **Wie Sie in der folgenden Abbildung sehen können, erzielte der Markt in 27 von 36 Jahren eine positive Rendite. Das heißt 75 Prozent der Zeit!**

Ende gut, alles gut – immer wieder

Trotz eines durchschnittlichen unterjährigen Markteinbruchs von 14,2 Prozent schloss der US-Markt in 27 von 36 Jahren mit einer positiven Rendite.

Warum ist das so wichtig? Weil es uns daran erinnert, dass der Markt im Allgemeinen langfristig steigt, selbst wenn wir unterwegs auf einige

Schlaglöcher treffen. Sie wissen genauso gut wie ich, dass die Welt in diesen 36 Jahren eine Menge Probleme hatte, darunter zwei Golfkriege, die Anschläge vom 11. September, die Konflikte im Irak und in Afghanistan und die schlimmste Finanzkrise seit der Großen Depression. Nichtsdestotrotz stieg der Markt überwiegend, abgesehen von neun Jahren.

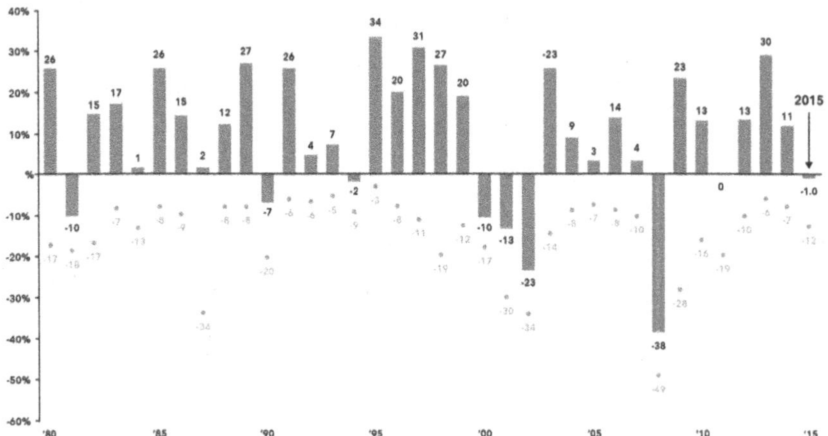

Was bedeutet das auf die Praxis bezogen? Es bedeutet, dass wir immer daran denken sollten, dass die langfristige Entwicklung wahrscheinlich positiv verläuft, selbst wenn der kurzfristige Trend negativ ist und der Markt einen Einbruch erlebt. Wir müssen uns hier nicht in Wirtschaftstheorien vertiefen, aber es lohnt sich anzumerken, dass der US-Aktienmarkt üblicherweise langfristig steigt, weil die Wirtschaft boomt, wenn die Profitabilität amerikanischer Unternehmen zunimmt, die amerikanischen Arbeitnehmer effizienter und produktiver werden, die Bevölkerung wächst und die Technologie die Innovation vorantreibt.

Damit sage ich nicht, dass sich jedes Unternehmen oder jede Aktie positiv entwickelt. Wir alle wissen, dass die Unternehmenswelt ein darwinistischer Dschungel ist! Einige Unternehmen gehen unter und einige Aktien sinken auf Schrottniveau. Einer der großen Vorteile, Anteile an einem Indexfonds zu besitzen, der einen Aktienkorb wie den S&P 500 abbildet, besteht darin, dass die schwächeren Unternehmen regelmäßig ausgefiltert und durch starke Unternehmen ersetzt werden. Das ist das darwinistische Prinzip in Aktion! Das Großartige ist, dass Sie von dieser ständigen Qualitätssicherung der Unternehmen in diesem Index profitieren. Wie das? Ganz einfach, als Anteilseigner an einem Indexfonds gehört Ihnen ein Teil der zukünftigen Cashflows der Unternehmen, die in diesem Index repräsentiert sind. Das bedeutet, dass die amerikanische Wirtschaft selbst dann Geld verdient, während Sie schlafen!

Aber was, wenn die Zukunft der amerikanischen und internationalen Wirtschaft lausig ist? Das ist eine berechtigte Frage. Wir wissen alle, dass es ernste Herausforderungen gibt, ob es die Bedrohung durch Terrorismus ist, die globale Klimaerwärmung oder die zunehmenden Lasten der Sozialversicherung. Dennoch ist die amerikanische Wirtschaft unglaublich widerstandsfähig und dynamisch und weist einige wichtige Trends auf, die das zukünftige Wachstum antreiben. **In seinem Jahresbericht von 2015 äußerte sich Warren Buffett ausführlich zu diesem Thema und erklärte, wie das Bevölkerungswachstum und außerordentliche Produktivitätszuwächse einen enormen Wohlstandsanstieg für die nächste Generation amerikanischer Bürger erzeugen würden. »Dieser mächtige Trend wird auf jeden Fall anhalten: Amerikas Wirtschaftsmagie bleibt gesund und lebendig«, schrieb er. »240 Jahre lang war es ein schrecklicher Fehler, gegen Amerika zu wetten, und jetzt ist nicht der richtige Zeitpunkt, um damit anzufangen.«**

Freiheitsfakt 5: Historisch betrachtet haben sich alle drei bis fünf Jahre Bärenmärkte ereignet

Ich hoffe, Sie erkennen allmählich, warum es eine gute Idee ist, langfristig in den Aktienmarkt zu investieren und nicht zu versuchen, kurzfristige Aktienspekulation zu betreiben. Darüber hinaus hoffe ich, dass Sie erkannt haben, dass es keinen Grund gibt, sich vor Marktkorrekturen zu fürchten. Lassen Sie uns kurz rekapitulieren: Sie wissen nun, dass Korrekturen regelmäßig stattfinden, dass niemand exakt vorhersagen kann, *wann* sie geschehen, und dass sich der Markt anschließend üblicherweise schnell erholt und seinen allgemeinen Aufwärtstrend fortsetzt. Jede Befürchtung, die Sie zuvor verspürt haben, sollte sich jetzt in Kraft verwandeln. Glauben Sie mir, dass mich diese Fakten getroffen haben wie ein Blitz der Erleuchtung. Sobald ich sie verstand, lösten sich alle meine

Sorgen über Marktkorrekturen in Wohlgefallen auf. **Dies war der faktische Beweis dafür, dass die gefürchtete Schlange nichts weiter war als ein harmloses Seil.**

Was ist mit den Bärenmärkten? Sollten wir uns nicht vor *ihnen* fürchten? Nein. Auch hier müssen wir einige wenige wichtige Fakten verstehen, damit wir auf Basis von Wissen und nicht auf Basis unserer wechselhaften Emotionen handeln.

Der erste Fakt, den Sie kennen müssen, ist, dass es in den 115 Jahren zwischen 1900 und 2015 Bärenmärkte gegeben hat, und zwar 34 Mal. Im Schnitt ereignete sich also fast jedes dritte Jahr ein Bärenmarkt. Wenn man die jüngere Vergangenheit betrachtet, das heißt den Zeitraum zwischen 1946 und 2015, ist die Häufigkeit von Bärenmärkten leicht gesunken: Insgesamt gab es 14. **Das entspricht statistisch gesehen einem Bärenmarkt alle fünf Jahre.** Abhängig vom Betrachtungszeitraum kann man demnach mit Fug und Recht behaupten, dass es alle drei bis fünf Jahre einen Bärenmarkt gibt. Wenn Sie heute 50 Jahre alt sind, werden Sie vermutlich weitere acht bis zehn Bärenmärkte erleben.

Wir alle wissen, dass die Zukunft *keine* genaue Wiederholung der Vergangenheit ist. Dennoch ist es nützlich, die Vergangenheit zu studieren, um ein Verständnis für wiederkehrende Muster zu entwickeln. Wie heißt es doch so schön: »Die Geschichte wiederholt sich nicht, aber sie reimt sich.« Was lernen wir also aus mehr als einem Jahrhundert Finanzgeschichte? Wir lernen, dass Bärenmärkte ein wiederkehrendes Phänomen sind, das sich wahrscheinlich alle drei bis fünf Jahre ereignet, ob es uns gefällt oder nicht. Wie ich zuvor schon sagte: Der Winter steht vor der Tür. Also bereiten wir uns besser auf seine Ankunft vor.

Wie schlimm wird es, wenn der Markt *wirklich* zusammenbricht? Historisch betrachtet hat der S&P 500 während der Bärenmärkte durchschnittlich 33 Prozent seines Werts verloren. **In mehr als einem Drittel der Bärenmärkte ist der Index um mehr als 40 Prozent eingebrochen.** Das will ich gar nicht beschönigen. Wenn Sie zu Panik neigen und der Typ Anleger sind, der mitten im Chaos Panikverkäufe tätigt und damit Verluste von 40 Prozent und mehr hinnimmt, dann fühlen Sie sich *mit Recht* so, als ob Ihnen ein Grizzlybär einen Hieb mit der Tatze verpasst hätte. Selbst wenn Sie das Wissen und die innere Stärke besitzen, um *nicht* zu verkaufen, werden Sie vermutlich feststellen, dass Bärenmärkte eine nervenzerreißende Erfahrung sind.

Selbst ein so erfahrenes Schlachtross wie mein Freund Jack Bogle gesteht ein, dass sie alles andere als ein Spaziergang sind. »Wie ich mich fühle, wenn der Markt um 50 Prozent einbricht?«, so seine rhetorische Frage. »Ehrlich gesagt, miserabel. Ich habe das Gefühl, ich hätte einen Knoten im Bauch. Was ich dann mache? Ich hole einige Bücher über Widerstandskraft aus dem Regal und lese sie noch einmal!«

Traurigerweise fallen viele Berater dieser Angst zum Opfer und verstecken sich in turbulenten Zeiten unter dem Schreibtisch. Peter Mallouk erzählte mir, was Creative Planning von anderen Beratungen unterscheide, sei die beständige Kommunikation. Sein Unternehmen ist der sprichwörtliche Leuchtturm, der ständig die Botschaft sendet: »Bleiben Sie auf Ihrem Kurs!«

Sie müssen wissen: Bärenmärkte dauern nicht lange. Die folgende Abbildung zeigt, was in den 14 Bärenmärkten geschehen ist, die die USA in den letzten 70 Jahren erlebt haben. **Ihre jeweilige Dauer war ganz unterschiedlich, sie reichte von eineinhalb Monaten (45 Tage) bis hin zu fast zwei Jahren (694 Tage). Im Schnitt dauerten sie rund ein Jahr.**

Wenn Sie sich inmitten eines Bärenmarkts befinden, werden Sie feststellen, dass die meisten Menschen in Ihrer Umgebung zutiefst pessimistisch gestimmt sind. Sie glauben, der Markt würde sich nie mehr erholen, sie würden nur noch weitere Verluste erleiden und der Winter würde ewig dauern. Denken Sie immer daran: Der Winter dauert *nie* ewig. Auf jeden Winter folgt unweigerlich ein Frühling!

Die erfolgreichsten Investoren machen sich die Angst und Panik der Masse der Anleger zunutze und kaufen in diesen turbulenten Zeiten Aktien zu Schleuderpreisen nach. Sir John Templeton, einer der herausragendsten Investoren des 20. Jahrhunderts, äußerte sich in mehreren Interviews, die ich mit ihm führte, bevor er im Jahr 2008 verschied, ausführlich zu diesem Thema. Templeton, der ein Vermögen damit verdient hat, mitten im Zweiten Weltkrieg Aktien zu kaufen, erklärte: **»Die besten Chancen bieten sich in Zeiten des größten Pessimismus.«**

Ein Rückblick auf die Bärenmärkte		
Zeitraum	**Dauer in Tagen**	**Wertverlust des S&P 500 in %**
1946–1947	353	-23,2
1956–1957	564	-19,4
1961–1962	195	-27,1
1966	240	-25,2
1968–1970	543	-35,9
1973–1974	694	-45,1
1976–1978	525	-26,9
1981–1982	472	-24,1
1987	101	-33,5
1990	87	-21,2
1998	45	-19,3
2000–2001	546	-36,8
2002	200	-32,0
2007–2009	515	-57,6

Freiheitsfakt 6: Bärenmärkte werden zu Bullenmärkten und aus Pessimismus wird Optimismus

Erinnern Sie sich, wie zerbrechlich die Welt im Jahr 2008 wirkte, als die Banken reihenweise zusammenbrachen wie Kartenhäuser und sich der Aktienmarkt im freien Fall befand? Erschien Ihnen die Zukunft damals finster und gefährlich? Oder schien es eher so, als seien die guten Zeiten nur einen Katzensprung entfernt, so als würde die Party schon bald beginnen?

Wie Sie an der nachstehenden Abbildung ablesen können, erreichte der Markt am 9. März 2009 schließlich seinen Tiefststand. Wissen Sie, was als Nächstes passierte? **Der S&P 500 kletterte im Laufe der folgenden zwölf Monate um 69,5 Prozent in die Höhe.** Das nenne ich mal eine spektakuläre Erholung! In einem Moment befand sich der Markt im Abwärtstaumel, und im nächsten begann einer der größten Bullenmärkte in der Geschichte. **Während ich diese Zeilen Ende 2016 schreibe, hat der S&P 500 seit seinem Tiefststand im März um erstaunliche 266 Prozent zugelegt.**

Man könnte meinen, dabei habe es sich um ein völlig anomales Phänomen gehandelt. Doch wie Sie gleich sehen werden, hat sich das Muster, dass Bärenmärkte sich ganz plötzlich in Bullenmärkte verwandeln, in den vergangenen 75 Jahren in den USA regelmäßig wiederholt.

Vom Bären- zum Bullenmarkt	
Tiefststand	**Anstieg in den folgenden zwölf Monaten in % (S&P 500)**
13. Juni 1949	42,07
22. Oktober 1957	31,02
26. Juni 1962	32,66
26. Mai 1970	43,73
3. Oktober 1974	37,96
12. August 1982	59,40
4. Dezember 1987	22,40
21. September 2001	33,73
23. Juli 2002	17,94
9. März 2009	69,49

Verstehen Sie jetzt, warum Warren Buffett sagt, er sei gerne gierig, wenn andere furchtsam sind? Er weiß eben, wie schnell die Stimmung von Angst und Trübsinn in überschwänglichen Optimismus umschlagen kann. Wenn die Börsenstimmung am finstersten ist, neigen Börsengurus wie Buffett dazu, das als *positives* Signal zu werten, dass bessere Zeiten dämmern.

Das Verbrauchervertrauen, das als Maßstab für den Optimismus oder Pessimismus gilt, mit dem die Verbraucher in die Zukunft blicken, weist ein ähnliches Muster auf. Während eines Bärenmarkts erwähnen Kommentatoren oft, dass die Konsumausgaben gesunken sind, weil die Menschen verunsichert in die Zukunft blicken. Das ist ein Teufelskreis: Wenn die Verbraucher weniger konsumieren, *verdienen* die Unternehmen weniger Geld. Heißt das nicht, dass sich der Aktienmarkt nicht erholen kann, solange die Unternehmen weniger verdienen? Könnte man meinen. Diese Perioden des Verbraucherpessimismus sind aber oft die besten Zeiten, um in Aktien zu investieren. Die folgende Abbildung zeigt, dass viele Bullenmärkte genau in dem Moment begannen, als das Verbrauchervertrauen seinen Tiefpunkt erreicht hatte.

Warum? Weil der Aktienmarkt sich nicht an der *Gegenwart* orientiert, sondern immer an der *Zukunft*. Was für den Aktienmarkt zählt, ist nicht die aktuelle Konjunkturlage, sondern *die Richtung, die die Konjunktur nehmen wird*. Immer dann, wenn es nicht mehr schlimmer kommen kann, schwingt das Pendel in die Gegenrichtung. In der Tat folgte in der amerikanischen Börsengeschichte auf jeden einzelnen Bärenmarkt ausnahmslos ein Bullenmarkt.

Diese unglaubliche Resilienz hat es den langfristigen Investoren in den US-Markt relativ leicht gemacht. Auf alle schlechten Zeiten folgten immer und immer wieder gute Zeiten. Wie sieht es jedoch mit anderen Ländern aus? Weisen sie ähnliche Muster auf?

Im Großen und Ganzen, ja. Japan hat es jedoch nicht so leicht gehabt. Erinnern Sie sich an die 1980er-Jahre, als es so aussah, als würden japanische Unternehmen die Welt beherrschen? Der japanische Nikkei 225 stieg in diesen Jahren des berauschten Optimismus um das Sechsfache und erreichte im Jahr 1989 mit 38 957 Punkten ein Rekordhoch. Doch dann brach er ein und fiel ins Bodenlose. Im März 2009 hatte der Nikkei mit 7055 Punkten seinen Tiefststand erreicht. Das sind 82 Prozent Verlust in 20 Jahren! In den letzten Jahren hat er jedoch ein kräftiges Comeback erlebt und sich auf den Stand von 17 079 Punkten erholt. Dennoch befindet sich der japanische Markt immer noch weit unter seinem Höchststand vor fast drei Jahrzehnten.

Wie wir an späterer Stelle besprechen werden, können Sie sich mit einem breit (weltweit und nach Assetklassen) diversifizierten Portfolio gegen diese Art von Katastrophen schützen.

Wer braucht Vertrauen?	
Verbrauchervertrauen < 60 %	Die nächsten zwölf Monate (S&P 500)
1974	+37 %
1980	+32 %
1990	+30 %
2008	+60 %
2011	+15 %

»Der Aktienmarkt ist ein Vehikel, um Geld von den Ungeduldigen auf die Geduldigen zu übertragen.«

- Warren Buffett

Haben Sie jemals Nachrichten gehört und den Sprecher verkünden hören, der Aktienmarkt habe soeben ein Allzeithoch erreicht? Vermutlich hatten Sie dann das unbehagliche Gefühl, wir würden aus Übermut der Sonne zu nahe kommen und die Schwerkraft würde bald ihre Wirkung ausüben und den Markt unweigerlich wieder zu Boden zwingen.

Während ich diese Zeilen schreibe, steht der S&P 500 knapp unter seinem Allzeithoch. In den vergangenen Wochen hat er mehrmals neue Höchststände erreicht. Wie Sie wissen, dauert der Bullenmarkt bereits sieben Jahre an. Die Möglichkeit, dass eine größere Korrektur anstehen könnte, ist Ihnen wahrscheinlich genauso wie mir durch den Kopf gegangen. Es ist auf jeden Fall sinnvoll, keine leichtsinnigen Risiken einzugehen, wenn die Aktienkurse mehrere Jahre in Folge gestiegen sind. Wenn es eine Lektion gibt, die sich aus der japanischen Erfahrung ziehen lässt, dann ist es die, dass wir Menschen die natürliche Neigung haben, uns von der allgemeinen Euphorie steigender Aktienkurse anstecken zu lassen und dadurch den Blick für die Gefahren zu verlieren.

Der Umstand, dass ein Markt knapp unter seinem Allzeithoch notiert, bedeutet aber nicht zwangsläufig, dass hier Probleme lauern. Wie zuvor besprochen, tendiert der US-Markt generell aufwärts. Langfristig steigt er, weil die Wirtschaft wächst. **In der Tat erreicht der US-Markt an ungefähr 5 Prozent aller Handelstage ein Allzeithoch. Das ist durchschnittlich ein Mal pro Monat.*[*]**

Dank der Inflation bewegen sich die Preise nahezu aller Waren und Dienstleistungen fast immer auf einem Allzeithoch. Wenn Sie mir nicht glauben, werfen Sie einen Blick auf den Preis Ihres Big Macs, Ihres Milchkaffees, Ihres Schokoriegels, Ihres Thanksgiving-Truthahns oder Ihres neuen Autos. Die Chancen stehen gut, dass sie alle ihren aktuellen Höchstpreis erreicht haben.

Freiheitsfakt 7: Die größte Gefahr besteht darin, nicht im Markt investiert zu sein

Ich hoffe, Sie stimmen mir inzwischen zu, dass man nicht erfolgreich den richtigen Zeitpunkt für den Kauf und Verkauf von Aktien bestimmen kann. Für Normalsterbliche ist es viel zu schwierig, die Marktbewegungen zutreffend vorherzusagen. Jack Bogle sagte einst: »Die Vorstellung, es würde eine Glocke läuten, um den Anlegern anzuzeigen, wann sie in den Markt einsteigen oder aussteigen sollen, ist einfach nicht glaubhaft.« Der Umstand, dass sich der Markt in der Nähe seines Allzeithochs bewegt, könnte Sie aber trotzdem dazu verführen, auf Nummer sicher zu gehen und abzuwarten, bis die Aktienkurse wieder fallen.

Das Problem ist, dass Untätigkeit, selbst über kurze Zeiträume, möglicherweise der teuerste Fehler von allen ist. Ich weiß, das klingt widersprüchlich, aber wie die folgende Abbildung zeigt, hat diese Haltung eine verheerende Wirkung auf Ihre Renditen, selbst wenn Sie nur einige der besten Handelstage des Markts verpassen.

> *»Mit jedem Schuss, den Sie nicht wagen, verfehlen Sie Ihr Ziel um 100 Prozent.«*
>
> \- Wayne Gretzky, Hockey Hall of Fame

---

[*] Denken Sie immer daran: Das reale Leben bewegt sich nicht in absoluten Durchschnittswerten. Sie werden positive, aber auch negative Tage erleben. Es ist aber hilfreich, den Durchschnitt zu kennen.

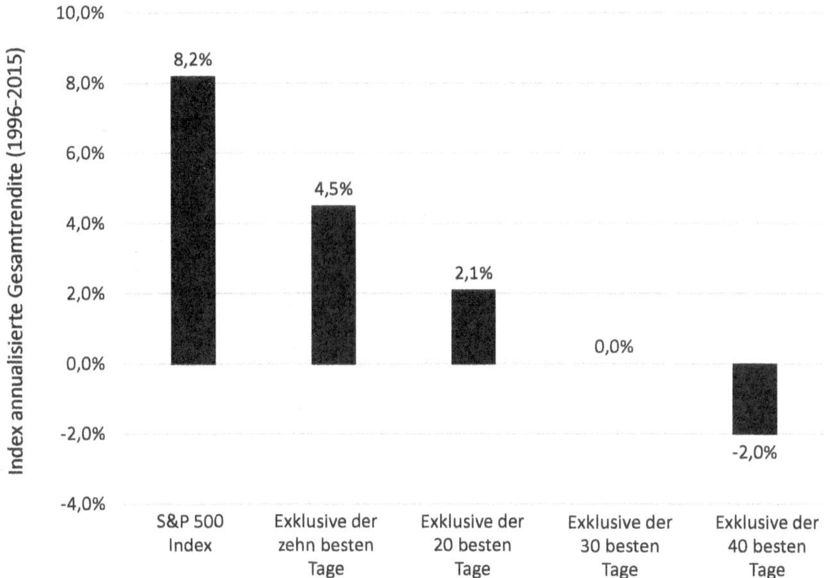

Quelle: Schwab Center for Financial Research mit bereitgestellten Daten von Standard and Poor's

Von 1996 bis 2015 erzielte der S&P 500 eine durchschnittliche Jahresrendite von 8,2 Prozent. Wenn Sie jedoch die Top-Ten-Handelstage in diesen 20 Jahren verpasst hätten, wäre Ihre Rendite auf 4,5 Prozent gesunken. Können Sie sich das vorstellen? Ihre Rendite wäre also fast um die Hälfte geschrumpft!

Und es kommt noch schlimmer: Wenn Sie in diesem Zeitraum die 20 besten Handelstage verpasst hätten, wäre Ihre Rendite auf magere 2,1 Prozent gefallen. Wenn Sie die 30 besten Handelstage verpasst hätten – tja, dann hätten Sie überhaupt keine Rendite erzielt.

Eine Studie von JPMorgan hat ergeben, dass sechs der zehn *besten* Handelstage in den vergangenen 20 Jahren unmittelbar innerhalb der zwei Wochen im Anschluss an die zehn *schlechtesten* Handelstage stattfanden. Die Moral von der Geschicht': Falls Sie sich einschüchtern lassen und zur falschen Zeit verkaufen, verpassen Sie die anschließenden großartigen Handelstage, an denen die geduldigen Anleger den *richtig großen* Reibach machen. **Anders ausgedrückt: Marktturbulenzen muss man**

nicht fürchten. Sie bieten großartige Chancen für einen Quantensprung auf Ihrem Weg in die finanzielle Freiheit. Wenn Sie untätig und zögerlich auf Ihrem Bargeld sitzen bleiben, können Sie nicht gewinnen. Sie *müssen* am Spiel teilnehmen. Mut wird belohnt, Angst nicht!

Die Botschaft könnte klarer nicht sein: Die größte Gefahr für Ihre finanzielle Gesundheit ist nicht ein möglicher Börsencrash, *sondern nicht investiert zu sein*. Eine der absoluten Grundregeln für langfristigen Finanzerfolg lautet, dass Sie investieren und investiert *bleiben* müssen, damit Sie sämtliche Marktgewinne mitnehmen können. Jack Bogle hat das perfekt auf den Punkt gebracht: »Machen Sie nichts – halten Sie einfach an Ihren Aktien fest!«

»Die Hölle ist Wahrheit, die zu spät erkannt wurde.«

- Thomas Hobbes, englischer Philosoph des 17. Jahrhunderts

Was, wenn Sie genau zum falschen Zeitpunkt in den Markt einsteigen? Was, wenn Sie Pech haben und von einer Marktkorrektur oder einem Börsencrash erwischt werden, kaum dass Sie investiert haben? Wie Sie anhand der folgenden Abbildung sehen können, untersuchte das Schwab Center for Financial Research die Wirkung des Markt-Timings auf die Rendite anhand von fünf hypothetischen Anlegern, die ab 1993 über einen Zeitraum von 20 Jahren ein Mal pro Jahr 2000 Dollar investierten.

Die erfolgreichste Anlegerin – wir wollen sie Frau Perfekt nennen – investierte ihr Geld jeweils am *bestmöglichen* Handelstag des Jahres: Das war der Tag, an dem der Markt seinen Jahrestiefststand erreicht hatte. Diese hypothetische Anlegerin, die den Einstiegspunkt in 20 aufeinanderfolgenden Jahren **perfekt** bestimmte, besaß am Ende 87 004 Dollar. Der Anleger, der am meisten Pech mit der Bestimmung des richtigen Zeitpunkts für einen Aktienkauf hatte – nennen wir ihn Herr Glücklos –, investierte sein gesamtes Geld am jeweils *schlechtestmöglichen* Handelstag des Jahres: Das war der Tag, an dem der Markt sein Jahreshoch erreichte. Das Ergebnis? Er hatte am Ende 72 487 Dollar.

Was daran vor allen Dingen auffällt, ist, dass Herr Glücklos selbst nach einer 20-jährigen spektakulären Pechsträhne **immer noch** einen substanziellen Gewinn erzielte. Das bedeutet: **Wenn Sie lange genug investiert bleiben, entfaltet der Zinseszins seine magische Wirkung und Sie er-**

zielen immer noch eine satte Rendite, selbst wenn Sie kein glückliches Händchen mit dem hatten. Wissen Sie, was noch? **Der Anleger mit dem schlechtesten Ergebnis war kein Pechvogel, sondern jemand, der über lange Zeiten gar nicht investierte; er hatte am Ende nur 51 291 Dollar.**

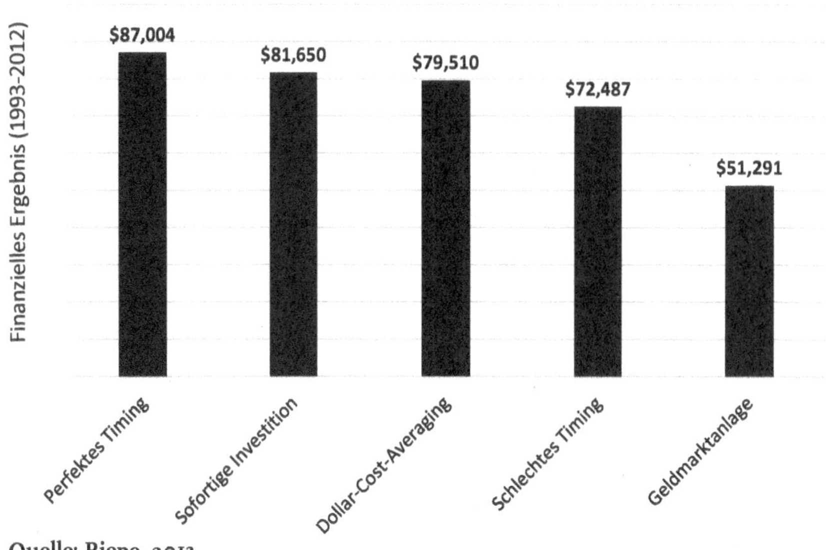

Quelle: Riepe, 2013

Endlich frei!

In diesem Kapitel haben Sie sieben Fakten kennengelernt, die Ihnen die Funktionsweise des Finanzmarkts erklären. Auf der Grundlage von mehr als einem Jahrhundert Finanzgeschichte verstehen Sie nun, dass Marktkorrekturen, Bärenmärkte und Markterholungen immer wieder ähnlichen Mustern folgen. Jetzt, da Sie die diese langfristigen Muster *erkennen*, besitzen Sie die Macht, sie zu Ihrem Vorteil zu *nutzen*.

An späterer Stelle werden wir Ihnen ausführlich die spezifischen Strategien erklären, die Sie anwenden können, um sich diese saisonalen Muster zunutze zu machen. Wir zeigen Ihnen zum Beispiel, worauf Sie achten müssen, wenn Sie Ihre ideale Allocation-Strategie erarbeiten, damit Sie in Bärenmärkten Ihre Verluste minimieren und bei anziehenden Märkten

Ihre Gewinne maximieren können. Einstweilen sollte sich einfach ein Lächeln auf Ihrem Gesicht breitmachen! Sie kennen die Fakten. Sie kennen die Spielregeln. Sie wissen, dass Marktkorrekturen und Bärenmärkte erwartungsgemäße wiederkehrende Phänomene sind, und in Kürze werden Sie erfahren, wie Sie sie für sich nutzen können. Sie sind schon jetzt einen Schritt weiter auf Ihrem Weg zu finanzieller *Unangreifbarkeit*!

Das Beste daran ist, dass Sie die Kontrolle über Ihre Finanzen übernehmen. Sie haben die Verantwortung. Denn wissen Sie was? Die meisten Menschen übernehmen nie Verantwortung. Sie ziehen es vor, den Markt an allen Geschehnissen die Schuld zu geben. *Der Markt hat ihnen aber nie auch nur einen Cent weggenommen!* Wenn Sie am Markt Geld verlieren, liegt das daran, dass *Sie* eine Fehlentscheidung getroffen haben. Wenn Sie am Markt Geld verdient haben, dann liegt das auch an *Ihrer* Entscheidung. Der Markt macht, was er will, aber *Sie* entscheiden, ob Sie gewinnen oder verlieren. *Sie allein* haben es in der Hand!

Dieses Kapitel hat Ihnen gezeigt, dass auf einen finanziellen Winter stets ein Frühling folgt – eine Lektion, die es Ihnen erlaubt, angstfrei zu handeln, oder zumindest wesentlich angstfreier als zuvor. Wissen fördert Verständnis und Verständnis fördert Entscheidungen. Sie werden ab sofort kein Anleger mehr sein, der Panikverkäufe tätigt, sobald die Aktienkurse einsacken. Sie werden der Anleger sein, der langfristig investiert bleibt, weil er die richtige Saat gesät hat, seine Pflanzen aufmerksam und geduldig gepflegt hat und anschließend eine reiche Ernte einfährt.

Im nächsten Kapitel werden Sie feststellen, dass es doch eine Sache gibt, vor der Sie sich *fürchten* sollten: Finanzgesellschaften, die von ihren Kunden überzogene Gebühren für miserable Ergebnisse kassieren. Wie Sie sehen werden, gibt es keinen besseren Weg, die Kontrolle über Ihre Finanzen zu übernehmen, als diese übertriebenen und oft versteckten Gebühren zu kappen. Wie kommt Ihnen das zugute? Sie werden mindestens den Gegenwert von zehn Jahren Einkommen sparen! Lohnt es sich etwa nicht, die Kontrolle zu übernehmen?

Lesen Sie weiter und lassen Sie uns die versteckten Gebühren und Halbwahrheiten aufdecken!

Kapitel 3: Versteckte Gebühren und Halbwahrheiten

Wie die Wall Street Sie mit überzogenen Gebühren für eine miese Performance zum Narren hält

»Wie das Spiel heißt? Wie man das Geld seiner Kunden in die eigene Tasche umlenkt.«

- Matthew McConaughey zu Leonardo DiCaprio in *The Wolf of Wall Street*

Oft will ich von den Leuten wissen, warum sie investieren. Darauf bekomme ich ganz unterschiedliche Antworten, sie reichen von »hohe Renditen erzielen« und »finanzielle Sicherheit erreichen« über »Ruhestand sichern« bis zum »Strandhaus auf Hawaii«. Allerdings dauert es nicht lange, und alle Antworten passen zueinander. **Denn was die meisten Menschen wirklich wollen – unabhängig davon, wie viel Geld sie heute besitzen –, ist Freiheit. Die Freiheit, das zu tun, was sie wollen, wann sie wollen und mit wem sie wollen.** Das ist ein schöner und erreichbarer Traum. Doch wie können Sie beruhigt in den Sonnenuntergang segeln, wenn Ihr Boot ein Leck hat? Was, wenn es langsam, aber sicher voll Wasser läuft und untergeht, lange bevor Sie Ihr Ziel erreicht haben?

Ich sage es wirklich ungern, aber die meisten Menschen befinden sich in *exakt* dieser Situation. Sie erkennen nicht, dass sie wegen der graduellen, aber am Ende verheerenden Wirkung überzogener Gebühren, die ihren finanziellen Wohlstand auffressen, zur Enttäuschung verurteilt sind. Was mich wirklich wahnsinnig macht, ist die Tatsache, dass sie sich dessen nicht einmal bewusst sind. Sie haben *keinen blassen Schimmer*, dass sie die Opfer einer Finanzindustrie sind, die ihnen hinterrücks, aber *systematisch* das Geld aus der Tasche zieht.

Und das sage nicht nur ich. Nur einmal als Beispiel: Die Non-Profit-Gesellschaft American Association of Retired Persons (AARP) veröffentlichte einen Bericht, demzufolge 71 Prozent der Amerikaner glauben, sie würden für ihren 401(k)-Rentenplan keine Gebühren bezahlen. Sie lesen richtig: Sieben von zehn Menschen sind sich *überhaupt nicht bewusst*, dass sie überhaupt eine Gebühr bezahlen! Das ist so, als würde man glauben, Fastfood habe keine Kalorien. Mittlerweile geben 92 Prozent zu, dass sie keine Ahnung haben, *wie viel* sie tatsächlich zahlen.* Mit anderen Worten, sie vertrauen blind darauf, dass die Finanzindustrie ihre besten Interessen vertritt. Ja, dieselbe Industrie, die die globale Finanzkrise auf dem Gewissen hat! Da könnten sie dem Finanzberater genauso gut einfach ihre Brieftasche und die PIN ihrer Kreditkarte aushändigen.

Sie kennen sicher das alte Sprichwort: »Was ich nicht weiß, macht mich nicht heiß.« Lassen Sie mich Ihnen Folgendes sagen: Wenn es um Ihre Finanzen geht, sollte es Sie *brandheiß* machen. Unwissen bedeutet Schmerz und Armut. Unwissenheit ist eine Katastrophe für Sie und Ihre Familie – und ein Segen für die Finanzgesellschaften, die Ihr Desinteresse ausnutzen!

Dieses Kapitel wird ein helles Licht auf das Thema Gebühren werfen, damit Sie *genau* wissen, was Sie bezahlen. Die gute Nachricht: Sobald Sie genau wissen, was vor sich geht, können Sie der Abzocke für immer ein Ende setzen. **Warum das so wichtig ist? Weil überzogene Gebühren *zwei Drittel* Ihres Vermögens auffressen können!** Jack Bogle hat das in einfache Worte gepackt.

»Nehmen wir an, der Aktienmarkt würde über 50 Jahre eine Rendite von 7 Prozent abwerfen«, begann er. Bei dieser Rendite, wegen des mächtigen Zinseszinses, »werden aus jedem investierten Dollar 30 Dollar«. Der durchschnittliche Investmentfonds kassiert aber rund 2 Prozent Gebühren pro Jahr, was ihre Rendite auf 5 Prozent reduziert. Das bedeutet, dass aus einem Dollar nur 10 Dollar werden. **»Sie haben 100 Prozent Ihres Kapitals investiert, 100 Prozent Risiko getragen, bekommen aber nur eine Rendite von 33 Prozent!«**

Haben Sie verstanden? Sie haben zwei Drittel *Ihres* Vermögens dafür aufgewendet, die Taschen von Fondsmanagern zu füllen, die *keinerlei Risiko* übernommen und *keinen müden Cent Kapital* investiert, aber oft nur mittelmäßige Ergebnisse erzielt haben. Was glauben Sie, wer am Ende ein Strandhaus auf Hawaii hat?

---

* »Neun von zehn Amerikanern machen diesen Fehler in Bezug auf ihren 401(k)-Rentenplan: Rente auf dem Prüfstand«; https://www.financial-planning.com/news/nine-in-10-americans-make-this-401-k-mistake-retirement-scan

Nach der Lektüre dieses Kapitels werden Sie wissen, wie Sie die Kontrolle wiedererlangen: Indem Sie Ihre Gebühren reduzieren, werden Sie Jahre – um nicht zu sagen *Jahrzehnte* – an Renteneinkommen sparen. Dieser eine Schritt wird Ihren Weg in die finanzielle Freiheit dramatisch beschleunigen. Was glauben Sie, wie Sie sich fühlen werden, wenn Sie diesen Feind nicht nur identifiziert, sondern auch besiegt haben? Sie werden sich wahrhaft unangreifbar fühlen!

Die Wölfe der Wall Street

Wenn Sie nach finanzieller Sicherheit streben, sind Investmentfonds der offensichtliche Weg zu diesem Ziel. Vielleicht hatte Ihr Schwager das große Glück, Aktien von Amazon, Google und Apple zu kaufen, bevor deren Aktienkurse astronomische Höhen erreichten. Für alle anderen von uns ist Stock-Picking – also die gezielte Auswahl von Einzelaktien – eine Verliererstrategie. Es gibt einfach zu viele Dinge, die wir nicht wissen; zu viele Variablen und zu viel, das schiefgehen kann. Investmentfonds bieten hierzu eine einfache und logische Alternative. Zum Beispiel bieten sie den Vorteil einer breiten Diversifizierung, die zu einer Reduzierung des Gesamtrisikos beiträgt.

Doch wie wählt man die richtigen Fonds aus, bei der riesigen Auswahl? Wie bereits erwähnt, gibt es alleine in den USA rund 9500 Investmentfonds – mehr als *doppelt* so viele wie börsennotierte US-Unternehmen. In Deutschland sind es rund 6000 und damit zehnmal so viele wie börsennotierte Unternehmen! Man kann daher mit einiger Sicherheit sagen, dass der Markt für Investmentfonds übersättigt ist. Warum wollen trotzdem so viele Unternehmen in diesem Geschäft aktiv sein? Ja, genau: weil es unglaublich lukrativ ist!

Das Problem ist allerdings, dass es viel lukrativer für die Wall Street ist als für die Anleger. Verstehen Sie mich nicht falsch. Ich will damit nicht sagen, dass die Vertreter der Finanzindustrie uns bewusst übers Ohr hauen. Ich will damit auch nicht sagen, dass diese Branche mit Scharlatanen und Betrügern angefüllt ist. Im Gegenteil, die Mehrheit der Finanzprofis sind intelligente, hart arbeitende und besonnen handelnde Menschen. Doch die Wall Street hat ein Ökosystem entwickelt, dessen Hauptzweck darin besteht, in die eigene Tasche zu wirtschaften. Das ist keine böse Industrie, in der nur böse Menschen arbeiten. Vielmehr besteht sie aus Unternehmen, deren Zweck darin besteht, die Gewinne für ihre Aktionäre zu maximieren. Das ist ihr Job.

Selbst die Mitarbeiter mit den besten Absichten arbeiten innerhalb der Grenzen, die ihnen das System setzt. Sie stehen unter dem immensen Druck, die Gewinne steigern zu müssen, und genau dafür werden sie belohnt. Wenn Sie als Kunde dabei zufällig auch einen Gewinn erzielen, umso besser. Aber machen Sie sich nichts vor, Sie genießen keine Priorität!

In meinem Gespräch mit David Swensen, dem Investmentvorstand der Yale University, half er mir zu verstehen, welch einen Bärendienst die Investmentfondsbranche der Mehrheit ihrer Kunden erweist. Swensen ist der Rockstar der institutionellen Investoren in den USA. Er ist berühmt geworden, weil er ein Portfolio im Wert von 1 Milliarde Dollar in 25,4 Milliarden Dollar verwandelt hat. Er ist aber auch einer der aufmerksamsten und aufrichtigsten Menschen, die ich je kennengelernt habe. Er könnte ohne Weiteres Yale den Rücken kehren und Milliardär werden, indem er seinen eigenen Hedgefonds managt, aber er wird von einem tiefen Pflicht- und Dienstgefühl gegenüber seiner Alma Mater geleitet. Daher war ich nicht überrascht zu hören, wie sehr ihn der schlechte Umgang vieler Investmentfonds mit ihren Kunden befremdete.

David sagte: **»Die überwältigende Mehrheit der Investmentfonds zieht den Anlegern im Gegenzug für einen schockierend schlechten Service enorme Summen aus der Tasche.«**

Welcher Service wird von einem Investmentfonds *erwartet*? Wenn Sie Anteile an einem aktiv gemanagten Investmentfonds kaufen, bezahlen Sie den Fondsmanager dafür, dass er Renditen erzielt, die über der Marktrendite liegen. Ansonsten wären Sie mit einem kostengünstigen Indexfonds, der *versucht, diese exakt nachzubilden*, besser bedient.

Wie Sie sich vorstellen können, sind die Leute, die aktiv gemanagte Fonds leiten, keine Dummköpfe. Sie haben schon in der Highschool herausragende Mathenoten gehabt, haben Volkswirtschaftslehre und Wirtschaftsprüfung studiert und an den besten Business-Schools ihren Abschluss gemacht. Viele von ihnen tragen sogar Anzug und Krawatte! Und sie recherchieren und selektieren von Berufs wegen die besten Aktien für die von ihnen gemanagten Fonds.

Was könnte also überhaupt schieflaufen? Ehrlich gesagt: So ziemlich alles ...

Der menschliche Faktor

Fondsmanager versuchen Wert zu generieren, indem sie vorhersagen, welche Unternehmen in den kommenden Wochen, Monaten oder Jahren am besten abschneiden werden. Sie können bestimmte Wirtschaftssektoren (oder Länder) meiden oder in ihrem Portfolio »untergewichten«, deren Aussichten sie für unattraktiv halten. Sie können Bargeldbestände vorhalten, wenn sie keine lohnenswerten Aktien finden. Oder sie können aggressiv nachkaufen, wenn sie sich »bullish« fühlen. **Wie sich jedoch herausstellt, verfügen diese Profis über keine besseren Prognosefähigkeiten als der Rest von uns.** Die Wahrheit ist, dass Menschen generell keine besonders guten Propheten sind. Vermutlich ist das auch der Grund, warum Sie in der Zeitung nie die Schlagzeile lesen: »Hellseher knackt Lotto-Jackpot!«

Bei der ständigen Umschichtung der Portfolios können aktive Fondsmanager viele Fehler machen. Zum Beispiel müssen sie nicht nur entscheiden, *welche* Aktien sie kaufen oder verkaufen wollen, sondern auch den *Zeitpunkt* der jeweiligen Transaktion bestimmen. Jede Entscheidung zwingt sie zu einer weiteren Entscheidung – und je mehr Entscheidungen sie treffen müssen, desto größer ist das Risiko, dass sie einen Fehler machen.

Das aktive Fondsmanagement ist zudem teuer, denn jedes Mal, wenn ein Fonds eine Aktie kauft oder verkauft, kassiert eine Maklergesellschaft Gebühren für die Ausführung dieser Transaktion. Das ist wie beim Glücksspiel im Kasino: Das Haus macht *immer* seinen Schnitt. In diesem Fall ist das Haus die Maklergesellschaft (zum Beispiel Merrill Lynch, die Schweizer Bank UBS oder die Sparte Vermögensverwaltung der Bank of America), die bei jeder Entscheidung des Fondsmanagers abkassiert. Im Laufe der Zeit addieren sich diese Gebühren zu einer stattlichen Summe.

Zufälligerweise befinde ich mich, während ich dieses Kapitel schreibe, gerade in einem Hotel in Las Vegas, das meinem Freund Steve Wynn gehört, der mit der Errichtung eines der beliebtesten Kasinos der Welt zum Milliardär geworden ist. Wie Steve bestätigen kann, ist es viel besser, derjenige zu sein, der die Gebühren *einsammelt*, als derjenige, der sie zahlen muss.

Wie Poker ist auch die Geldanlage ein Nullsummenspiel: Es liegt nur eine bestimmte Anzahl an Chips auf dem Tisch. Wenn zwei Leute mit

einer Aktie handeln, muss zwangsläufig einer gewinnen und einer verlieren. Wenn der Aktienkurs steigt, nachdem Sie die Aktie gekauft haben, gewinnen Sie. Ihr Gewinn muss aber so hoch ausfallen, dass er die Transaktionskosten des Aktienkaufs deckt und Ihnen anschließend immer noch Geld bleibt.

Es kommt sogar noch schlimmer! Wenn Ihre Aktie an Wert gewinnt, müssen Sie Ihre Gewinne außerdem versteuern, wenn Sie die Aktie wieder verkaufen. Für Anleger eines aktiv gemanagten Fonds ist die Kombination aus hohen Transaktionskosten und Steuern Gift, das heimlich still und leise die Rendite abtötet. Damit *nach* Gebühren und Steuern noch Gewinn übrig bleibt, muss der Fondsmanager *wirklich* hohe Renditen erzielen. In Kürze werden Sie sehen, dass das alles andere als einfach ist.

Trübt sich Ihr Blick, wenn wir über Steuern sprechen? Ich weiß, ich weiß. Das Thema ist nicht sexy. *Sollte* es aber sein! **Weil die höchsten Ausgaben in Ihrem Leben die Steuern sind, die Sie zahlen müssen. Mehr zu zahlen als nötig, ist vollkommener Irrsinn – vor allem wenn es vermeidbar ist.** Wenn Sie nicht aufpassen, können die Steuern Ihre Renditen auffressen. Hier ein extremes, aber überraschenderweise weit verbreitetes Beispiel:

Nehmen wir an, Sie hätten in einen thesaurierenden Fonds investiert, also in einen Fonds, bei dem die Zinsen und Dividenden nicht an die Anteilseigner ausgeschüttet, sondern gleich wieder ins Fondsvermögen investiert werden. Obwohl Sie von diesen »Ausschüttungen« *keinen müden Cent* sehen, müssen Sie diese bereits versteuern, und zwar Jahr für Jahr – in Deutschland mit dem Abgeltungsteuersatz von 25 Prozent. Mitsamt Solidaritätszuschlag und eventuell Kirchensteuer ergibt sich dadurch ein Abzug von schlimmstenfalls fast 30 Prozent auf diese Art von Gewinnen.

Könnte Ihnen das nicht egal sein? Nein, weil Ihr Gewinn dadurch um fast 30 Prozent geschmälert würde, es sei denn, Sie halten Ihre Fondsanteile im Rahmen eines Kontos, das einer *nachgelagerten Besteuerung* unterliegt, wie zum Beispiel einem IRA (individuelles Rentenkonto) oder einem 401(k)-Rentenplan. (In Deutschland erfahren z.B. Riester-Verträge eine Art nachgelagerte Besteuerung, da der Förderung in der Ansparphase eine nachgelagerte Besteuerung in der Auszahlungsphase gegenübersteht. Diese ist aber eher als »Steuerstundung« bis zum Rentenalter zu verstehen, denn hier entscheidet sich abhängig

vom dann aktuellen Steuersatz und der bis 2040 steigenden Besteuerung der Rente und abhängig davon, ob auch ein geeignetes Riester-Produkt gewählt wurde, ob eine nachgelagerte Besteuerung von Vorteil ist.) Es ist daher keine Überraschung, dass US-Fondsgesellschaften sich gerne über das Steuerthema ausschweigen und lieber mit den Renditen *vor* Steuern werben.

Stellen Sie sich vor, zwei Drittel Ihres potenziellen Vermögens würden im Laufe der Jahre von Gebühren aufgefressen und weitere 30 Prozent würden vermeidbaren Steuern zum Opfer fallen. Wie viel bliebe Ihnen dann anschließend wirklich, um die Zukunft Ihrer Familie abzusichern?

Das Gegenmittel?

Indexfonds verfolgen einen passiven Ansatz: Anstatt das Portfolio ständig umzuschichten, kauft der Fonds einfach alle Aktien, die in dem entsprechenden Referenzindex vertreten sind, zum Beispiel dem S&P 500. Dazu gehören Unternehmen wie Apple, Alphabet A, Microsoft, Amazon und ExxonMobil – das sind derzeit die fünf wertvollsten Aktien des S&P 500 (Stand: August 2017). Indexfonds sind auf eine Art »Autopilot« programmiert; sie schichten kaum um, sodass die Transaktionskosten und die fälligen Steuern sehr gering sind. Auch bei anderen Ausgaben sparen sie ein Vermögen. Zum Beispiel müssen sie keine exorbitanten Gehälter an aktive Fondsmanager und deren Wertpapieranalysten zahlen, die allesamt an Eliteuniversitäten studiert haben.

Wenn Sie Anteile an einem Indexfonds besitzen, sind Sie zudem gegen alle dummen, fehlgeleiteten und schlichtweg unglücklichen Entscheidungen gefeit, die ein aktiver Fondsmanager möglicherweise trifft. Zum Beispiel wird ein aktiver Fondsmanager wahrscheinlich einen Teil der verwalteten Aktiva in Bargeld vorhalten, um die nötigen Mittel zu haben, falls sich eine vielversprechende Investmentchance bietet – oder um Rücknahmeanträge erfüllen zu können, falls viele Anleger gleichzeitig ihre Anteile zurückgeben. Eine bestimmte Summe Bargeld vorzuhalten, ist keine schlechte Idee, vor allem wenn der Markt fällt. Bargeld erwirtschaftet jedoch keine Rendite, daher beeinträchtigen hohe Bargeldbestände die Gesamtrendite, vorausgesetzt, der Markt setzt seinen allgemeinen Aufwärtstrend fort.

Wie sieht es bei Indexfonds aus? Anstatt Bargeld vorzuhalten, sind sie fast immer voll investiert.

Der Versuch, den Markt zu timen: »Viel Glück damit!«

Warum ist es so schwierig, die Marktbewegungen dauerhaft erfolgreich vorherzusagen und immer im richtigen Moment zu kaufen und zu verkaufen, sodass Sie gleichermaßen von den Aufwärts- und Abwärtsbewegungen profitieren können? Viele Menschen gehen fälschlicherweise davon aus, dass man nur etwas mehr als 50 Prozent der Zeit richtigliegen muss, um mit dieser Strategie Gewinne zu erzielen. Eine umfassende Studie, die der Nobelpreisträger William Sharpe durchgeführt hat, zeigt jedoch, dass ein Markt-Timer zwischen *69 und 91 Prozent der Zeit* die richtige Prognose treffen muss – eine schier unüberwindbare Hürde.

In einer weiteren bahnbrechenden Studie untersuchten die Forscher Richard Bauer und Julie Dahlquist mehr als eine Million Markt-Timing-Sequenzen zwischen 1926 und 1999. *Ihre Schlussfolgerung: In mehr als 80 Prozent der Zeit erzielte der passive Ansatz (Abbildung eines Referenzindex ohne aktives Management) bessere Ergebnisse als jede Markt-Timing-Strategie.*

Wenn Sie jetzt richtig sauer sind, verstehe ich Sie sehr gut. Wahrscheinlich fragen Sie sich: »Was zur Hölle bekomme ich eigentlich, wenn ich in einen aktiv gemanagten Fonds investiere?« Höchstwahrscheinlich erhalten Sie eine toxische Mischung aus menschlichen Fehlern, hohen Gebühren und unangenehmen Steuerzahlungen. Kein Wunder, dass David Swensen so skeptisch ist, was Ihre Chancen angeht, mit einem aktiven Fonds finanzielle Freiheit zu erlangen. **Seine Warnung: »Wenn Sie die langfristigen Ergebnisse nach Gebühren und Steuern betrachten, werden Sie feststellen, dass Sie praktisch keine Chance haben, einen Indexfonds zu schlagen.«**

Sie erhalten, wofür Sie bezahlen – nur dass Sie nichts erhalten

»Die Investmentfondsindustrie ist inzwischen die größte Wertabschöpfungsmaschinerie der Welt – eine 7 Billion Dollar schwere Geldwanne, von der die Fondsmanager, Makler und andere Insider beständig einen überproportionalen Anteil des Vermögens der amerikanischen Haushalte, Universitäten und Rentensparpläne abschöpfen.«

- Senator Peter Fitzgerald von Illinois, Mitbegründer des Investmentfonds-Reformgesetzes von 2004 (das vom Bankenausschuss des US-Senats begraben wurde)

Als Teenager lud ich bei einem Rendezvous gelegentlich ein Mädchen zum Essen ein. Ich hatte so wenig Geld, dass ich mir einen Eistee bestellte und vorgab, ich hätte schon gegessen. In Wahrheit konnte ich mir kein Essen für zwei Personen leisten. Die Erfahrung, in Armut aufzuwachsen, hat mein Gespür für *gerechtfertigte* Preise im Gegensatz zu den *tatsächlichen* Preisen geschärft. Wenn Sie in ein exklusives Restaurant gehen und ein opulentes Mahl einnehmen wollen, wissen Sie, dass es teuer wird. Das ist auch in Ordnung. Aber würden Sie auch 20 Dollar für einen mexikanischen Taco zahlen, der nur 2 Dollar wert ist? Auf gar keinen Fall! Doch genau das tun die meisten Menschen, wenn sie in aktiv gemanagte Investmentfonds investieren.

Haben Sie jemals versucht herauszufinden, welche Gebühren Sie *tatsächlich* für Ihre Fondsanteile zahlen? Wenn ja, haben Sie sich wahrscheinlich auf die Gesamtkostenquote (*Total Expense Ratio, TER*) konzentriert, die die »Beratungsgebühren«, die Verwaltungskosten für Leistungen wie Bilanzerstellung, Porto, Versand und wichtige Büroausgaben, etwa kostenlose Erfrischungsgetränke und Cappuccinos für die Fondsmitarbeiter, beinhalten. Ein typischer Aktienfonds hat eine Total Expense Ratio von 1,0 bis 1,5 Prozent. Was Sie wahrscheinlich *nicht* wissen, ist, dass das nur ein Bruchteil der gesamten Gebührenstruktur darstellt.

Vor einigen Jahren veröffentlichte das Magazin *Forbes* einen auch heute noch faszinierenden Artikel mit dem Titel »Die wahren Kosten von Investmentfondsanteilen« (*The Real Cost of Owning a Mutual Fund*), der enthüllte, wie teuer diese Fonds sein können. Wie der Verfasser des Artikels deutlich machte, zahlen Sie nicht nur die Gesamtkostenquote, die der Autor konservativ auf 0,9 Prozent pro Jahr schätzte. Sie müssen außerdem die Transaktionsgebühren (also die Provisionen, die bei jedem Aktienkauf oder -verkauf fällig werden) zahlen, die sich laut *Forbes* auf 1,44 Prozent pro Jahr belaufen. Dann ist da noch der sogenannte Cash-Drag (die Kosten des Bargeldbestands), der geschätzte 0,83 Prozent beträgt. Schließlich kommen noch die Steuern hinzu, die auf rund 1 Prozent pro Jahr geschätzt wurden, falls der Fonds über ein normal zu versteuerndes Konto läuft.

Wie hoch sind die Gesamtkosten? **Falls Sie Ihre Fondsanteile in einem Konto halten, das der nachgelagerten Besteuerung unterliegt, betragen sie 3,17 Prozent pro Jahr. Wenn Sie die Fondsanteile in einem normal zu versteuernden Konto halten, belaufen sich die Gesamtkosten auf 4,17 Prozent!** Im Vergleich dazu wirkt ein Taco für 20 Dollar wie ein echtes Schnäppchen!

> *»Sie müssen das Kleingedruckte sehr genau lesen. Ich mag übrigens keine Dinge, die nicht ohne Kleingedrucktes auskommen.«*
>
> \- Jack Bogle

Ich hoffe, Sie lesen diese Zeilen mit größter Aufmerksamkeit, weil das Wissen über die versteckten Gebühren Ihnen ein Vermögen einsparen kann! Doch was geschieht, wenn Sie das hier lesen und denken: »Ach ja, aber wir sprechen hier doch nur über 3 bis 4 Prozent pro Jahr. Das sind doch Peanuts, oder nicht?«

ADD 'EM UP*

Nachgelagert besteuertes Konto	Nochmal zu versteuerndes Konto
Expense Ratio 0,90 %	Expense Ratio 0,90 %
Transaktionskosten 1,44 %	Transaktionskosten 1,44 %
Cash drag 0,83 %	Cash drag 0,83 %
	Steuern 1,00 %
Gesamtkosten 3,17 %	Gesamtkosten 4,17 %

*»The Real Cost of Owning a Mutual Fund«, Forbes, 4. April 2011

Es stimmt zwar, dass die Zahlen auf den ersten Blick unwesentlich wirken, aber wenn Sie berechnen, wie sich all diese Kosten im Laufe der Jahre multiplizieren und welche Auswirkungen das auf Ihre Vermögensbildung hat, wird Ihnen der Atem stocken.

So wird das Ganze noch transparenter: Ein aktiv gemanagter Fonds, für den Sie 3 Prozent Gebühren pro Jahr bezahlen, ist *60 Mal* so teuer wie ein Indexfonds, der Sie nur 0,5 Prozent kostet. Stellen Sie sich vor, Sie würden mit einer Freundin zu Starbucks gehen. Sie bestellt einen Milchkaffee und zahlt 4,15 Dollar. Sie dagegen beschließen, dass Sie lieber das 60-Fache bezahlen. Ihr Preis: 249 Dollar! Ich nehme an, das überlegen Sie sich noch mal.

Falls Sie glauben, dass ich übertreibe, lassen Sie uns ein anderes Beispiel betrachten: Zwei Nachbarn, nennen wir sie Joe und David. Beide sind 35 Jahre alt und beide haben 100 000 Dollar gespart, die sie investieren wollen. Im Laufe der folgenden 30 Jahre ist ihnen das Glück hold und beide erzielen eine Bruttorendite von 8 Prozent pro Jahr. Joe hat in ein Portfolio aus Indexfonds investiert, das ihn 0,5 Prozent Gebühren pro Jahr kostet. David dagegen hat in aktiv gemanagte Fonds investiert, für die er 2 Prozent Gebühren pro Jahr bezahlt. (Ich bin hier großzügig, weil ich davon ausgehe, dass die aktiv gemanagten Fonds die gleiche Rendite erzielen wie die Indexfonds).

Die folgende Abbildung zeigt die Ergebnisse: Im Alter von 65 Jahren hat Joe aus seiner Anfangsinvestition von 100 000 Dollar rund 865 000 Dollar gemacht. Aus Davids anfänglichen 100 000 Dollar sind dagegen nur 548 000 Dollar geworden. Beide haben die gleiche Rendite erzielt, aber sie haben unterschiedlich hohe Gebühren bezahlt. Das Ergebnis: Joe besitzt am Ende 58 Prozent mehr Geld – zusätzliche 317 000 Dollar für seine Rente.

Die Abbildung zeigt außerdem, dass die beiden Nachbarn ab dem Renteneintritt jeweils 60 000 Dollar pro Jahr an Renteneinkommen entnehmen. David geht noch vor seinem 70. Geburtstag das Geld aus. Joe macht eine ganz andere Erfahrung: **Er kann sogar 80 000 Dollar pro Jahr entnehmen – das sind 33 Prozent mehr – und sein Geld reicht, bis er 88 Jahre alt ist!** Hoffentlich lässt Joe David in seinem Keller wohnen. Kostenlos.

Erkennen Sie nun, warum Sie akribisch auf die Gebühren achten müssen? Allein dieser Faktor könnte den Unterschied zwischen Altersarmut und Komfort, zwischen Elend und einem freudvollen Lebensabend ausmachen.

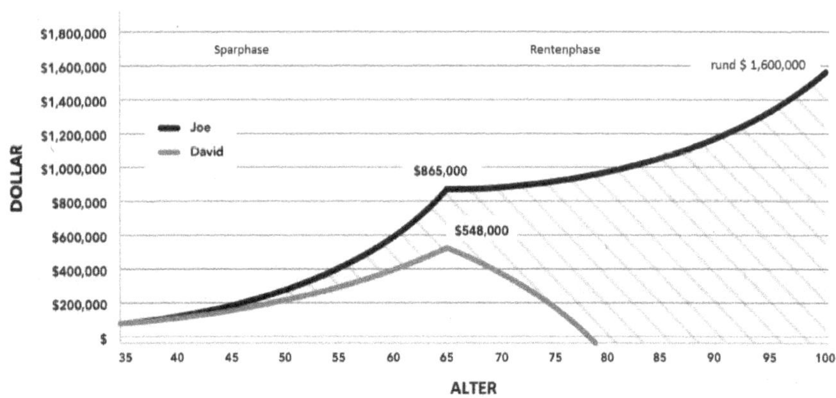

Wenn Sie viel Geld für eine schlechte Performance bezahlen: Die Fünf-Sterne-Falle

Eine Frage, die Ihnen wahrscheinlich nie in den Sinn käme, lautet: Wie findet man einen aktiven Fondsmanager, der nicht nur überzogene Gebühren kassiert, sondern obendrein auch noch äußerst mittelmäßige Renditen erzielt? Keine Sorge, hier schafft die Finanzindustrie Abhilfe. Wenn es an irgendetwas keinen Mangel gibt, dann an aktiven Fondsmanagern, die Ihnen für schlechte Ergebnisse viel Geld abknöpfen wollen.

Aktiv gemanagte Fonds verlangen aber nicht nur übertrieben hohe Gebühren, auch ihre langfristige Performance ist ein Hohn. Das ist geradezu eine doppelte Beleidigung. Stellen Sie sich vor, Sie hätten soeben Ihren Milchkaffee für 249 Dollar gekauft und würden beim ersten Schluck feststellen, dass obendrein die Milch sauer ist.

Eine der schockierendsten Studien, die ich in diesem Zusammenhang gesehen habe, wurde von einem Branchenexperten namens Robert Arnott, Gründer von Research Affiliates, durchgeführt. Er untersuchte alle 203 aktiv gemanagten Investmentfonds, die Aktiva im Wert von mindestens 100 Millionen Dollar verwalten, und verfolgte ihre Renditen über einen Zeitraum von 15 Jahren – konkret von 1984 bis 1998. Wissen Sie, was er festgestellt hat? ***Nur 8 dieser 203 Fonds ist es gelungen, den S&P 500 zu übertreffen.*** **Das sind weniger als 4 Prozent! Anders ausgedrückt: 96**

Prozent dieser aktiv gemanagten Fonds haben in einem Zeitraum von 15 Jahren keinerlei Mehrwert generiert.

Wenn Sie unbedingt in einen aktiv gemanagten Fonds investieren wollen, wetten Sie damit auf Ihre Fähigkeit, einen dieser 4 Prozent zu finden, die den Markt übertreffen. Das erinnert mich an eine Analogie aus dem Glücksspiel, die in einem Artikel mit dem Titel »Der Mythos von Investmentfonds« des Magazins *Fast Company* erschienen ist. Die Autoren, Chip und Dan Heath, heben darin die Absurdität der Erwartung hervor, einen Fonds zu finden, der zu diesen 4 Prozent der Outperformer gehört: »Wenn Sie im Vergleich dazu beim Blackjack zwei Bildkarten erhalten [jede Bildkarte besitzt den Wert 10, sodass Sie insgesamt 20 in der Hand halten] und Ihr innerer Dummkopf schreit: ›Noch eine!‹, dann haben Sie eine Gewinnchance von 8 Prozent.«

Ich weiß nicht, wie es Ihnen geht, aber ich ziehe es vor, die Entscheidung nicht meinem inneren Dummkopf zu überlassen. Warum sollte ich auf meine Fähigkeit setzen, diese *winzige* Minderheit an Fondsmanagern ausfindig zu machen, die langfristig den Markt schlagen können?

Vielleicht sind Sie ein Hardcore-Researcher, der gerne das *Wall Street Journal* und Morningstar liest und stets nach den illustren Fünf-Sterne-Fonds Ausschau hält – das sind die Fonds mit den besten Ergebnissen. **Doch es gibt noch ein anderes Problem, das viele nicht sehen: Die Gewinner von heute sind fast immer die Verlierer von morgen.** Das *Wall Street Journal* schrieb über eine Studie, die aus dem Jahr 1999 datiert und untersuchte, was in den *folgenden* zehn Jahren mit all den Spitzenfonds geschah, die von Morningstar mit fünf Sternen ausgezeichnet worden waren. Was entdeckten die Autoren? »Von den 248 Investmentfonds, die zu Beginn des Untersuchungszeitraums mit fünf Sternen bewertet worden waren, hatten nur vier am Ende des Betrachtungszeitraums immer noch dieselbe Bewertung.« Der Fachausdruck für dieses Phänomen lautet »Rückkehr zum Mittelwert«. Das ist eine höfliche Umschreibung für die Tatsache, dass all diese Überflieger irgendwann wieder in Mittelmäßigkeit versinken.

Leider investieren viele Anleger in Fonds mit Spitzenbewertungen, ohne zu erkennen, dass sie in die Falle geraten, in eine Modeerscheinung zu investieren – üblicherweise kurz bevor diese aus der Mode gerät. David Swensen erklärt das so: **»Niemand möchte sagen: ›Ich habe in eine Reihe**

von Fonds mit einem oder zwei Sternen investiert.‹ Alle wollen Vier- oder Fünf-Sterne-Fonds und prahlen damit im Büro. Diese Ratings bedeuten, dass die ausgezeichneten Fonds in der *Vergangenheit* gute Renditen erzielt haben, was aber nicht heißt, dass sie auch in *Zukunft* so erfolgreich sein werden. Wenn Sie systematisch in die Fonds investieren, die in der Vergangenheit gute Ergebnisse erzielt haben, und die Anteile an Fonds verkaufen, die in der Vergangenheit schlecht abgeschnitten haben, werden Sie am Ende keine nennenswerte Rendite erzielen.«

Kann es überhaupt noch schlimmer werden?

Fondsgesellschaften sind dafür bekannt, dass sie viele neue Fonds auflegen, in der Hoffnung, einige mögen herausragende Renditen erzielen. Sie können heimlich, still und leise all diejenigen Fonds schließen, die sich als Rohrkrepierer erwiesen haben, und die wenigen Fonds vermarkten, die sich bewährt haben. Schließlich lassen sich auch mit noch so beeindruckenden Hochglanzbroschüren keine schlechten Ergebnisse verkaufen. Jack Bogle erklärt dazu: »Eine Fondsgesellschaft legt fünf Inkubationsfonds auf und versucht, mit allen einen Treffer zu landen. Natürlich werden sich vier der fünf Fonds nicht bewähren, aber einer wird zum Erfolg. Die anderen vier werden geschlossen und um den einen erfolgreichen Fonds wird dann ein großer Wirbel gemacht und seine Erfolgsbilanz entsprechend vermarktet.«

Bogle fügt hinzu, statistisch betrachtet lande eine Fondsgesellschaft immer einige Treffer, wenn sie genügend neue Fonds auflege: **»Tony, wenn Sie 1024 Gorillas in eine Sporthalle verfrachten und ihnen beibringen, Münzen zu werfen, wird einer darunter sein, der zehnmal hintereinander Kopf wirft. Die meisten würden das Glück nennen; im Investmentgeschäft heißt es dagegen: ›So ein Genie!‹«**

Soll das heißen, dass es *unmöglich* ist, den Markt langfristig zu übertreffen? Nein, keineswegs. Es ist unglaublich schwierig, aber es gibt einige Ausnahmeinvestoren, denen das über mehrere Jahrzehnte gelungen ist. Das sind Superstars vom Kaliber eines Warren Buffett, Ray Dalio, Carl Icahn und Paul Tudor Jones, die nicht nur brillant sind, sondern zudem das ideale Temperament besitzen, sodass sie selbst bei implodierenden Märkten noch kühl und gelassen bleiben, während alle anderen den Verstand verlieren. Einer der Gründe, warum sie so erfolgreich sind, ist, dass sie jede ihrer Investmententscheidungen auf das profunde Verständnis der Wahrscheinlichkeiten basieren, und nicht auf Emotionen, Wünsche oder Glück.

Die meisten dieser Ausnahmeinvestoren verwalten milliardenschwere Hedgefonds, die keine neuen Investoren annehmen. Ray Dalio zum Beispiel nahm zuvor Geld von Investoren entgegen, deren Nettovermögen mindestens 5 Milliarden Dollar betrug und die ihm mindestens 100 Millionen Dollar an Investmentgeldern anvertrauten. Heute nimmt er keine neuen Investoren mehr an, egal wie viele Milliarden Sie unter Ihrer Matratze versteckt haben!

Als ich Ray fragte, wie schwierig es sei, den Markt langfristig zu schlagen, antwortete er lapidar: »Sie werden den Markt nicht schlagen.« Und er fügte hinzu: »Sich im Markt zu behaupten ist schwieriger, als eine Goldmedaille bei der Olympiade zu gewinnen. Bei diesem Wettbewerb gibt es mehr Teilnehmer und die Belohnung, die dem Sieger winkt, ist höher. Genau wie bei den Olympischen Spielen hat nur ein winziger Prozentsatz Erfolg, aber anders als bei der Olympiade glauben im Investmentgeschäft die meisten Menschen, sie würden zu den Gewinnern gehören. Bevor Sie versuchen den Markt zu schlagen, sollten Sie sich darüber im Klaren sein, dass die Erfolgswahrscheinlichkeit verschwindend gering ist, und Sie sollten sich fragen, ob Sie die nötige Zeit investiert haben, um das entsprechende Wissen und die Erfahrung zu erwerben und sich darauf vorzubereiten, einer der wenigen Sieger zu sein.«

Wenn einer der Giganten, der zu diesen *Ausnahmeinvestoren* gehört, davon abrät, es überhaupt zu versuchen, und stattdessen empfiehlt, lieber in Indexfonds zu investieren, sollte man das wohl nicht ignorieren.

Auch Warren Buffett, der den Markt immer wieder weit übertroffen hat, rät dem normalen Privatanleger zu Indexfonds, um übermäßige Gebühren zu vermeiden. Um die Richtigkeit seines Arguments zu beweisen, dass fast alle aktiven Fondsmanager langfristig schlechtere Ergebnisse erzielen als passive Indexfonds, schloss er 2008 mit der in New York ansässigen Fondsgesellschaft Protégé Partners eine Wette über 1 Million Dollar ab. Die Fondsgesellschaft sollte die fünf besten Hedgefonds-Manager auswählen und diese sollten den S&P 500 über einen Zeitraum von zehn Jahren gemeinsam übertreffen.

Was geschah? Nach acht Jahren berichtete das Magazin *Fortune*, die Hedgefonds-Manager hätten eine Rendite von lediglich 21,87 Prozent erzielt, verglichen mit 65,67 Prozent, die der S&P 500 im gleichen Zeitraum erzielt hatte. Das Rennen ist noch nicht zu Ende – allerdings wirken die aktiven Fondsmanager derzeit wie einsame Herausforderer bei einem Dreibein-Wettlauf gegen Usain Bolt.

Buffett sagt, er habe entsprechende Verfügungen getroffen, dass sein Trustvermögen, das für seine Frau bestimmt ist, nach seinem Tod in kostengünstige Indexfonds investiert wird. Seine Erklärung: »Ich glaube, die langfristigen Ergebnisse der Indexfonds werden die Renditen der meisten anderen Investoren übertreffen – egal ob es sich dabei um Pensionsfonds, andere institutionelle Anleger oder Einzelanleger handelt –, die hochbezahlte Manager unterhalten.«

Selbst nach seinem Tod ist Buffett noch fest entschlossen, den vermögensvernichtenden Effekt hoher Gebühren zu vermeiden.

In seinem Aktionärsbrief von 2016 fand Buffett harsche Worte, was vermögende und »sophisticated« Anleger und ihre Suche nach »Überfliegern« angeht. Seinen Schätzungen zufolge »hat die Suche der Elite nach Finanzberatung, die ihr exorbitante Renditen beschert, dazu geführt, dass sie im vergangenen Jahrzehnt insgesamt mehr als 100 Milliarden Dollar verschwendet hat«. Seine Tirade ist damit aber noch nicht zu Ende: »Die Reichen sind daran gewöhnt, es für ihr Naturrecht zu halten, dass ihnen nur das beste Essen, die beste Schulbildung, die beste Unterhaltung, die besten Häuser, die besten Schönheitsoperationen, die besten Plätze in Sportstadien und was weiß ich noch alles zusteht. Sie glauben, ihr Geld müsse ihnen Besseres bescheren als dem Rest der Bevölkerung. Sie tun sich unglaublich schwer damit, einfach ein Finanzprodukt (Indexfonds) oder eine Finanzdienstleistung zu kaufen, das auch Anlegern offensteht, die nur wenige Tausend Dollar investieren können.« Einfache, aber brillante Orientierungssätze des Orakels von Omaha höchstpersönlich.

Erinnern Sie sich, dass ich Ihnen zuvor gesagt habe, Wissen sei lediglich *potenzielle* Macht? Nur wenn Sie dieses Wissen auch *einsetzen*, besitzen Sie echte Macht. In diesem Kapitel haben Sie erfahren, welch erstaunliche Auswirkungen Gebühren auf Ihre finanzielle Zukunft haben können. Was werden Sie mit diesem Wissen *anfangen*? Werden Sie es zur Grundlage Ihres Handelns machen und davon profitieren?

Stellen Sie sich vor, Sie würden aufhören, in aktiv gemanagte Fonds zu investieren, die Ihnen überzogene Gebühren abknöpfen, und von jetzt an stattdessen ausschließlich in kostengünstige Indexfonds investieren. Was wäre das Ergebnis? Das Mindestergebnis wäre, dass Sie Ihre Kosten um 1 Prozent pro Jahr senken können. Doch wie Sie bereits wissen, ist das nicht der einzige Vorteil eines Wechsels zu Indexfonds. **Nehmen wir an, Ihr Indexfonds erzielt eine Rendite, die um 1 Prozent über der Rendite aktiv gemanagter Fonds liegt. Damit haben Sie Ihre jährliche Rendite bereits um 2 Prozent gesteigert. Das alleine kann Ihnen 20 Jahre zusätzliches Renteneinkommen bescheren.***

Sehen Sie nun, wie viel Macht Sie besitzen, wenn Sie Ihre finanzielle Zukunft selbst in die Hand nehmen? Nutzen Sie diese Macht zu einer drastischen Kostensenkung. Das wird auf unschätzbare Weise zu Ihrer finanziellen Unangreifbarkeit beitragen.

Nun wollen wir kurz Luft holen und uns anschließend der Frage widmen, wem Sie Ihre Finanzplanung anvertrauen können.

---

* Ausgehend von zwei Anlegern im gleichen Alter mit einem Anfangskapital von jeweils 100 000 Dollar und einer Rendite von 8 Prozent jährlich über einen Zeitraum von 30 Jahren, wobei ein Anleger 1 Prozent Gebühren bezahlt, und der andere Anleger 2 Prozent. Unter der Annahme, dass beide Anleger ab Renteneintritt die gleiche Summe jährlich entnehmen, hat der Anleger, der 2 Prozent Gebühren bezahlt, sein Kapital 10 Jahre früher aufgebraucht als der Anleger, der nur 1 Prozent bezahlt.

Kapitel 4: Wem können Sie vertrauen? Ein Blick hinter die Branchentricks

»Es ist schwierig, jemanden dazu zu bringen, etwas zu verstehen, wenn sein Gehalt davon abhängt, dass er es nicht versteht.«

- Upton Sinclair

Wenn ich die Leute frage, wie es ihnen geht, dann antworten sie meist: »Bin schwer beschäftigt.« Wir laufen heute alle auf hoher Umdrehungszahl. Daher ist es keine Überraschung, dass sich immer mehr Menschen auf der Suche nach Orientierung auf dem komplizierten Weg zu finanzieller Freiheit an einen Finanzberater wenden. Zwischen 2010 und 2015 hat sich der Prozentsatz der Amerikaner, die einen Finanzberater engagiert haben, verdoppelt. **Tatsächlich lassen sich inzwischen mehr als 40 Prozent der Amerikaner von einem Finanzberater betreuen. Je mehr Geld sie haben, desto wahrscheinlicher ist es, dass sie Rat bei einem Experten suchen: 81 Prozent der Menschen, deren Vermögen mehr als 5 Millionen Dollar beträgt, arbeiten mit einem Finanzberater.**

Doch wie finden Sie einen vertrauenswürdigen Berater, der Ihr Vertrauen auch wirklich *verdient*? Es ist verblüffend, wie viele Menschen ihrem Finanzberater *nicht* vertrauen: **Eine Studie, die im Jahr 2016 vom Certified Financial Planner Board of Standards durchgeführt wurde, ergab, dass *60 Prozent* der Befragten »glauben, dass ihre Finanzberater im Interesse ihres Unternehmens handeln statt im Interesse ihrer Kunden«.** Im Jahr 2010 waren es noch 25 Prozent.* **Um das in die richtige Perspektive zu rücken: Der US-Kongress hatte zur Zeit der Buchentstehung eine kümmerliche Zustimmungsrate von 20 Prozent**, aber nur *10 Prozent* der befragten Amerikaner trauten Finanzinstituten.** Man kann sich kaum ei-

* »Participant Trust and Engagement Study«, National Association of Retirement Plan Participants (2016), www.ireachcontent.com/news-releases/consumer-trust-in-financial-institutions-hits-an-all-time-low-575677131.html.

** »Congressional Job Approval Ratings Trend (1974–heute)«, Gallup

ne andere Branche vorstellen, in der die Kunden so misstrauisch sind, mit Ausnahme vielleicht der Gebrauchtwagenbranche.

Werfen Sie einen Blick auf die »Hall of Shame« in der folgenden Abbildung und Sie werden sehen, dass zehn der größten Finanzgesellschaften der Welt in den sieben Jahren zwischen 2009 und 2015 rund 179,5 Milliarden Dollar für die Beilegung von Rechtsstreitigkeiten aufbringen mussten. Davon entfielen allein auf die vier größten amerikanischen Banken – Bank of America, JPMorgan Chase, Citigroup und Wells Fargo – *88 Prozent* aller Vergleiche mit einer Gesamtsumme von *145,84 Milliarden Dollar*!

Hall of Shame

Übersicht über den Wert der von Finanzgesellschaften geschlossenen Vergleiche

Unternehmen	Anzahl der geschlossenen Vergleiche	Bezahlte Summen (in Mrd. Dollar)
Bank of America	34	77,09
JPMorgan Chase	26	40,12
Citigroup	18	18,39
Wells Fargo	10	10,24
BNP Paribas	1	8,90
UBS	8	6,54
Deutsche Bank	4	5,53
Morgan Stanley	7	4,78
Barclays	7	4,23
Credit Suisse	4	3,74

Quelle: Keefe, Bruyette & Woods

Einige der Geschichten hinter diesen Vergleichen sind so unglaublich, dass man nur den Kopf schütteln kann.

- »Bank of America muss 415 Millionen zahlen, um Streit mit SEC beizulegen«: Das *Wall Street Journal* berichtet, dass die Maklersparte von Merrill Lynch »Kundengelder und Wertpapiere veruntreut hat, um Gewinne in die eigene Tasche zu wirtschaften«, womit sie bis zu 58 Milliarden Dollar an Kundenvermögen riskierte!
- »Citigroup zahlt Geldstrafe nach Ermittlungen über Zinsmanipulation, kann aber Strafverfahren vermeiden«: Die *New York Times* berichtet, dass die Bank wegen der Manipulation des Referenzzinssatzes von 2007 bis 2012 zu einer Geldstrafe von 425 Millionen Dollar verurteilt wurde. Citigroups Motive: »zulasten der Positionen seiner Handelspartner und Kunden von seinen eigenen Handelspositionen zu profitieren«.
- »Ehemalige Barclays-Mitarbeiter wegen Manipulation des LIBOR-Satzes verurteilt«: *USA Today* berichtet, dass drei ehemalige Mitarbeiter von Barclays konspirierten, »um einen globalen Zinssatz zu manipulieren, der zur Bestimmung der Zinssätze von vielen Billionen Dollar an Hypotheken und anderen Darlehen verwendet wird«. Haben Sie das gelesen? Das sind *Billionen* mit einem großen *B*!
- »Wells Fargo wegen betrügerischer Kontoneröffnungen zu 185 Millionen Dollar Geldstrafe verurteilt«: Die *New York Times* berichtet, dass Mitarbeiter der Bank *ohne Zustimmung der betroffenen Kunden* »ungefähr 1,5 Millionen Bankkonten eröffnet und 565 000 Kreditkarten beantragt hatten«. Die Bank feuerte mindestens 3500 Mitarbeiter, die in diesen Skandal verwickelt waren.

Wie können Sie Ihre finanzielle Zukunft in die Hände von Leuten legen, die in einer Industrie arbeiten, die in Bezug auf die Priorität ihrer *Eigeninteressen* eine derartige Bilanz aufweist? Wie können Sie erwarten, von diesen Leuten nicht getäuscht, ausgebeutet und missbraucht zu werden?

Immerhin sind diese Unternehmen keine Winkeladvokaten mit fragwürdiger Reputation. Vielmehr handelt oder handelte es sich um einige der angesehensten und wertvollsten Branchengiganten! Wells Fargo wurde zum Beispiel lange Zeit als eine der bestgeführten Banken der Welt gehandelt. Dennoch war ihr CEO aus Scham über die getürkten Kontoeröffnungen zum Rücktritt gezwungen, wodurch er 41 Millionen Dollar an Aktienoptionen einbüßte, die er als Belohnung für seine Leistungen erhalten hatte.

»Verstehe ich das richtig ... Sie wollen UNS Finanzberatung anbieten?«

Ich will hier aber Klartext reden. Ich kritisiere keine individuellen Personen, die in dieser Branche oder für eines dieser Unternehmen arbeiten. Ich wäre überrascht, wenn der CEO von Wells Fargo wirklich über die weit verbreiteten betrügerischen Praktiken in seinem riesigen Unternehmen mit seinen mehr als eine Viertelmillion Mitarbeitern Bescheid gewusst hätte. Unternehmen von dieser Größe zu führen, ist für einige zu einer schier nicht zu bewältigenden Herausforderung geworden. Ich habe viele Freunde und Kunden in der Finanzindustrie, daher spreche ich mit dem Wissen aus erster Hand, wenn ich Ihnen sage, dass sie und die überwältigende Mehrheit ihrer Kollegen absolut integre Personen sind. Sie haben ein gutes Herz und lautere Absichten.

Das Problem ist, dass sie in einem System arbeiten, auf das sie keinen Einfluss haben – ein System, das überaus mächtige finanzielle Anreize bietet, sich in erster Linie auf die Gewinnmaximierung zu konzentrieren. Dabei handelt es sich um ein System, das jene Mitarbeiter reich belohnt, die die Interessen ihres Arbeitgebers über alles andere stellen, ihre eigenen Interessen an zweiter Stelle verfolgen – und erst mit großem Abstand folgen an dritter Stelle die Interessen ihrer Kunden. Für Leute wie Sie und mich ist das ein Rezept für ein Desaster, es sei denn, wir würden vorsorgen und uns darüber informieren, wie das System gegen uns arbeitet und wie wir ihm entrinnen können.

»Sie können mir vertrauen« … dass ich Sie ausnutzen werde!

Bevor wir weitermachen, muss klargestellt werden, wie Finanzberater in dieses profitgierige System passen und was sie genau tun. Sie arbeiten in einem Bereich, in dem nichts ganz so ist, wie es scheint. Daher passt es auch, dass es so viele unterschiedliche Bezeichnungen für sie gibt, die oft völlig irreführend wirken.

Laut dem *Wall Street Journal* existieren in den USA mehr als 200 verschiedene Bezeichnungen für Finanzberater, unter anderem »Finanzberater«, »Vermögensberater«, Vermögensmanager«, »Vermögensoptimierer«, »Investmentberater«, »Anlageberater« und (falls das alles noch nicht exklusiv genug klingt) »Privatvermögensberater.« Das sind einfach verschiedene Wege, um auszudrücken: »Ich bin respektabel! Ich bin professionell! *Selbstverständlich* können Sie mir vertrauen!«

Unabhängig von der Bezeichnung ist das Einzige, was Sie wirklich wissen müssen, die Tatsache, dass 90 Prozent der rund 310 000 Finanzberater in Amerika nichts anderes sind als Finanzmakler. (In Deutschland waren zum 1. Juli 2017 insgesamt 37 554 Finanzanlagenvermittler mit Erlaubnis nach § 34f GewO im Finanzanlagenvermittlerregister eingetragen.) **Mit anderen Worten: Sie werden von ihrem Arbeitgeber dafür bezahlt, dass sie bestimmte Finanzprodukte gegen eine Gebühr an ihre Kunden verkaufen.**

Warum ist das wichtig? Weil Makler ein Eigeninteresse daran haben, ihren Kunden teure Produkte anzudrehen, zu denen auch aktiv gemanagte Investmentfonds, Lebensversicherungen, variabel verzinste Annuitäten und SMA-Konten gehören. Der Verkauf dieser Produkte beschert ihnen üblicherweise eine einmalige Verkaufsprovision oder – noch besser – dauerhafte jährliche Gebühreneinnahmen. Die Makler einer großen Finanzgesellschaft müssen womöglich das Jahresziel von mindestens 500 000 Dollar an Gebühreneinnahmen erfüllen. Es spielt also keine Rolle, wie hochtrabend ihre Berufsbezeichnung klingt. Sie sind nichts anderes als Verkäufer, die unter einem immensen Verkaufsdruck stehen. Wenn es ihnen hilft, sich als Finanzberater oder Privatvermögensberater zu bezeichnen, dann sei's drum. Und wenn es ihnen mehr hilft, wenn sie sich Zauberer, Magier, Fee oder Kobold nennen, ist das auch in Ordnung.

Soll das heißen, dass sie unehrlich sind? Keineswegs. Es bedeutet *jedoch*, dass sie für das Haus arbeiten. Und vergessen Sie nicht: Das Haus gewinnt immer. Es besteht eine gute Chance, dass Ihr Makler eine ehrliche Person mit einer ausgeprägten Integrität ist, aber er verkauft das, worauf er geschult wurde. Sie sollten immer davon ausgehen, dass von den Produkten, die er verkauft, in erster Linie sein Arbeitgeber profitiert. **Informierte Kunden wissen, dass dies das Standardvorgehen ist: Eine Umfrage ergab, dass 42 Prozent der extrem vermögenden Kunden glauben, ihr Finanzberater sei mehr daran interessiert, Finanzprodukte zu verkaufen, als ihnen zu helfen.**

Warren Buffett pflegt zu scherzen, man solle niemals einen Friseur fragen, ob man einen Haarschnitt brauche. Finanzmakler sind die Friseure der Finanzwelt: Sie sind darauf geschult und erhalten finanzielle Anreize, damit sie verkaufen, egal ob der Kunde ihre Produkte braucht oder nicht. Das ist keine Kritik, sondern schlichtweg die Feststellung einer Tatsache.

Ich möchte auch klarstellen, dass es nicht meine Absicht ist, Finanzgesellschaften zu kritisieren oder zu dämonisieren, die diese Makler einstellen. Haben diese Unternehmen ihren satten Anteil an dummen, ethisch fragwürdigen und illegalen Dingen getan? Darauf können Sie wetten. Aber sie sind nicht böse oder niederträchtig. **Es war nie ihre Absicht, die Weltwirtschaft zu sabotieren! Sie tun einfach, wofür sie Anreize erhalten, und das ist die Erfüllung der Bedürfnisse ihrer Aktionäre. Und was möchten Aktionäre? Höhere Gewinne. Und wie lassen sich die Gewinne steigern? Mit höheren Gebühren. Wenn es eine rechtliche Grauzone gibt, die die Unternehmen ausschöpfen können, um zusätzliche Gebühren zu generieren, dann werden sie das tun, weil sie genau dafür finanzielle *Anreize* erhalten.**

Man könnte erwarten, dass all diese teuren Prozessvergleiche eine abschreckende Wirkung haben und die betroffenen Finanzinstitute dazu ermuntern, ihr Verhalten zu ändern. **Für die gigantischen Finanzgesellschaften sind die Geldstrafen jedoch nur Peanuts. Die Bank of America musste 415 Millionen Dollar Geldstrafe für die Veruntreuung von Kundenvermögen berappen. Eine »echt« große Sache! In einem Quartal des Jahres 2015 fuhr die Bank einen Gewinn von 5,3 *Milliarden* Dollar ein – also in nur zwölf Wochen! Für derart vermögende Unternehmen sind Geldstrafen in dieser Höhe nichts weiter als Routinekosten ihrer Geschäftstätigkeit, das Äquivalent eines Strafzettels für Falschparken für Otto Normalverbraucher.**

Anstatt ihre Geschäftspraktiken zu ändern, konzentrieren sie einen Großteil ihrer Anstrengungen auf das Aufpolieren ihrer Marke mithilfe aalglatter Werbekampagnen, in denen Traumbilder von Segelbooten und romantische Strandspaziergänge zu sehen sind. Warum ich Ihnen das sage? Weil wir darauf konditioniert sind, Marken zu vertrauen. Wir müssen uns von dieser Konditionierung freimachen, die Realität mit kritischerem Blick betrachten und uns von den Illusionen lösen. Wie können wir uns sonst gegen dieses mächtige System schützen, das von Eigeninteresse getrieben ist?

Es macht mich wütend und traurig, dass das Finanzsystem so kaputt ist. Doch Wut und Trauer schützen Sie nicht davor, ausgebeutet zu werden. Nur das *Wissen,* auf welche Weise das System gegen Sie arbeitet, kann Sie schützen. **Wenn Sie die Anreize Ihres Finanzberaters nicht kennen und verstehen, werden Sie irgendwann feststellen, dass Sie für *seine* finanzielle Zukunft Wunderwerke vollbracht und dabei gleichzeitig Ihre eigene Zukunft ruiniert haben.**

Dieses Kapitel will Ihnen zeigen, wie Sie sich sicher durch dieses Minenfeld bewegen. Sie werden lernen, zwischen drei verschiedenen Typen von Beratern zu unterscheiden, damit Sie einen Bogen um die Verkäufer machen und einen echten Treuhänder auswählen können, der *von Rechts wegen* in Ihrem besten Interesse handeln muss. Außerdem werden wir Ihnen Kriterien nennen, anhand derer Sie auf Basis von harten Fakten und nicht auf Basis von persönlicher Sympathie beurteilen können, ob ein bestimmter Berater für Sie der Richtige ist. Schließlich lässt man sich leichter von Leuten überreden, die einem sympathisch sind, vor allem wenn sie ehrlich und aufrichtig sind. Denken Sie daran, dass Menschen ehrlich sein können – und sie können auch ganz ehrlich falschliegen.

Vielleicht fragen Sie sich, ob Sie überhaupt einen Berater brauchen. Falls Sie beschließen, Ihre Finanzen selbst zu managen, werden dieses Buch und *Money: Die 7 einfachen Schritte zur finanziellen Freiheit* Sie auf den richtigen Pfad setzen, damit Sie Ihre finanziellen Ziele erreichen können. Nach meiner Erfahrung bieten die besten Finanzberater allerdings einen außerordentlich hohen Mehrwert, indem sie Sie in allen Bereichen unterstützen, von der Auswahl der richtigen Geldanlage über die Steueroptimierung bis hin zu den nötigen Versicherungen. Sie bieten eine ganzheitliche Beratung von unschätzbarem Wert. Wenn Sie nicht überzeugt sind, werfen Sie einen Blick auf die nachfolgend abgebildeten Ergebnisse einer Vanguard-Studie.

Für mich hat erstklassige Finanzberatung enorme Dinge bewirkt und mir ungeheuer viel Zeit und Geld erspart. Ich halte mich für kompetent und behaupte von mir, die wichtigsten Prinzipien aller Dinge zu verstehen, mit denen ich mich beschäftige, aber ich praktiziere ganz bestimmt keine Hirnchirurgie an meinem eigenen Schädel!

Skeptisch, was den Wert des richtigen Beraters angeht?

Während die falschen Berater schlecht für Ihre Finanzen sind, können die richtigen Berater Gold wert sein. In einer Studie, die Vanguard vor Kurzem durchgeführt hat, wurde der genaue monetäre Wert untersucht, den ein Berater für Investitionen darstellen kann.

- Senkung der Gesamtkostenquote: 45 Basispunkte (0,45 Prozent), die wieder zurück in Ihre Taschen fließen
- Regelmäßige Ausbalancierung des Portfolios: um 35 Basispunkte (0,35 Prozent) verbesserte Ergebnisse
- Vermögensaufteilung: 75 Basispunkte (0,75 Prozent) Ergebnissteigerung
- Entnahme der richtigen Geldanlagen im Ruhestand: 70 Basispunkte (0,70 Prozent) Ersparnisse
- Verhaltenscoaching: 150 Basispunkte (1,50 Prozent) durch anlegerpsychologische Betreuung

Das entspricht insgesamt 3,75 Prozent an Mehrwert und ist damit **mehr als das Dreifache, das ein ausgefuchster Berater verlangt.** Und dabei sind Steuerersparnisse und andere Vorteile noch gar nicht eingerechnet!

Francis M. Kinniry Jr. et al., *Putting a Value on Your Value: Quantifying Vanguard Advisor's Alpha*, Vanguard Research (September 2016).

Eine verlorene Wette

»Eins davon ist nicht wie die anderen.«

\- Big Bird

Hatten Sie jemals den unguten Verdacht, jemand sage Ihnen nicht die »ganze« Wahrheit, aber Sie konnten nicht genau benennen, warum Sie dieser Person nicht vertrauen oder wie genau sie Sie belügt? Das ist ein vertrautes Gefühl, wenn Sie nach einem Finanzberater suchen. Wie können Sie sagen, ob die Person, die Ihnen »Hilfe« anbietet, tatsächlich hilfreich ist? Wie können Sie angesichts der Fülle der verschiedenen Experten, die Ihnen ihren Service anbieten, und ihrer ebenso vielfältigen Titel und Bezeichnungen überhaupt wissen, worauf Sie bei Ihrer Suche achten müssen?

Um die Verwirrung zu beseitigen, werde ich die wichtigsten Entscheidungskriterien so einfach und unkompliziert wie möglich darstellen. ***In Wahrheit lassen sich alle Finanzberater einer von drei Kategorien zuordnen.*** **Was Sie wirklich wissen müssen, ist, ob Ihr Berater**

- **Finanzmakler,**
- **Honorar-Anlageberater oder**
- **Berater mit Doppelzulassung (Berater auf Honorar- und Provisionsbasis) ist.**

Im Anschluss wollen wir jede Kategorie näher betrachten, damit Sie genau wissen, womit Sie es zu tun haben.

Finanzmakler

Wie zuvor erwähnt, sind ungefähr 90 Prozent aller Finanzberater in den USA Finanzmakler, unabhängig von der Bezeichnung, die auf ihrer Visitenkarte steht. Sie erhalten eine Gebühr beziehungsweise Provision für den Verkauf von Finanzprodukten. Viele von ihnen arbeiten für riesige Wall-Street-Banken, Maklergesellschaften oder Versicherungskonzerne von der Sorte, nach denen Sportstadien benannt werden.

Woher wissen Sie, ob das Produkt, das ein Makler empfiehlt, für Sie das beste ist? **Lassen Sie mich eines klarstellen: Makler müssen Ihnen nicht das Produkt empfehlen, das für Sie das beste ist.** Was?! Ja, Sie haben richtig gelesen. Sie sind lediglich verpflichtet, »geeignete« Produkte zu empfehlen. Das heißt, sie müssen einfach glauben, dass die Empfehlungen, die sie abgeben, für ihre Kunden »geeignet« sind.

Eignung ist eine *extrem niedrig* angelegte Messlatte. Würden Sie davon träumen, eine *geeignete* Person zu heiraten, oder würden Sie lieber eine Person heiraten, mit der Sie sich seelenverwandt fühlen? Für einen Makler reicht »geeignet« aber aus.

Das Problem besteht darin, dass Makler und ihre Arbeitgeber mehr verdienen, wenn sie bestimmte Produkte empfehlen. Zum Beispiel ist ein aktiv gemanagter Fonds mit hohen Kosten für den Makler und das Maklerhaus wesentlich lukrativer als ein kostengünstiger Indexfonds, der weitaus lukrativer für Sie und Ihre Familie ist. Hört sich das nach einem ernsthaften Interessenkonflikt an? Da haben Sie verdammt Recht!

Wie kann es sein, dass es zum akzeptierten Standard geworden ist, dass der Gewinn mehr zählt als der Mensch? Um das in den richtigen Kontext zu rücken, muss erwähnt werden, dass Großbritannien einen Treuhänderstandard hat, demzufolge *alle* Finanzberater rechtlich verpflichtet sind, im besten Interesse ihrer Kunden zu handeln. Auch Australien hat einen solchen Treuhänderstandard. Warum sind die amerikanischen professionellen Dienstleister also nicht verpflichtet, treuhänderisch zu arbeiten? Nun, das sind sie – mit Ausnahme der Finanzdienstleister. Ärzte, Anwälte und zertifizierte Wirtschaftsprüfer sind in den USA rechtlich verpflichtet, im besten Interesse ihrer Kunden, Mandanten oder Patienten zu handeln. Finanzberater haben jedoch einen Freifahrtschein!

In den USA hat es zahlreiche Versuche gegeben, Gesetze zu erlassen, die Berater darauf verpflichten, im besten Interesse ihrer Kunden zu handeln, doch die Finanzindustrie hat es mit intensiver Lobbyarbeit geschafft, diese Gesetze zu stoppen. Warum? **Offen gesagt würden Berater und ihre Arbeitgeber weitaus weniger verdienen, wenn sie die Karten nicht länger zu ihren Gunsten austeilen könnten.** Stellen Sie sich ihren Horror vor, wenn sie nicht länger ihre eigenen überteuerten Produkte verhökern, fette Provisionen und heimliche Rückvergütungen – sogenannte *Kickbacks* – wie zum Beispiel Vereinbarungen zur Aufteilung der Einnahmen von anderen Unternehmen kassieren könnten.

Eine (relativ) gute Nachricht ist, dass das US-Arbeitsministerium vor Kurzem eine neue Verordnung erlassen hat, die Finanzberater in einer spezifischen Situation verpflichtet, im besten Interesse ihrer Kunden zu handeln, nämlich wenn sie mit 401(k)- und IRA-Rentenplänen umgehen.

Doch selbst in diesem Fall gibt es größere Schlupflöcher. Außerdem sprechen Donald Trumps Berater bereits über die Absicht, die neuen Regulierungen wieder rückgängig zu machen, bevor sie überhaupt in Kraft getreten sind. Wenn Sie dieses Buch lesen, gibt es diese Schutzmechanismen womöglich gar nicht mehr!

Unter dem Strich lässt sich Folgendes sagen: Das System ist so mit Interessenkonflikten gespickt, dass es Sie in eine äußerst verwundbare Position bringt. Doch was ist, wenn Sie bereits mit einem Makler arbeiten, dem Sie vertrauen?

Ich sage nicht, dass es unmöglich ist, talentierte, vertrauenswürdige Makler zu finden, die gute Arbeit leisten. **Aber ein Spiel zu spielen, bei dem die Chancen derart zu Ihren Ungunsten verteilt sind, ist kein intelligenter Schritt.** Die erfolgreichsten Investoren und selbst professionelle Glücksspieler versuchen immer sicherzustellen, dass die Gewinnchancen auf ihrer Seite sind. Wie können Sie das schaffen, wenn Ihr Makler eigene versteckte finanzielle Ziele verfolgt? Der Investmentexperte von Yale, David Swensen, warnt, egal wie sympathisch und vertrauenswürdig Sie Ihren Finanzmakler auch finden: »Ihr Makler ist *nicht* Ihr Freund.«

»Wer sagt, dass mein bester Freund nicht auch mein Finanzberater sein kann?«

Honorar-Anlageberater

Von den 308 937 Finanzberatern der USA sind nur 31 000 – ungefähr 10 Prozent – zugelassene Honorar-Anlageberater* (auch als RIAs beziehungsweise unabhängige Berater bekannt). Genau wie Ärzte und Anwälte haben sie eine Treuhänderpflicht und sind rechtlich verpflichtet, *immer* im besten Interesse ihrer Kunden zu handeln. Das sagt einem doch der gesunde Menschenverstand, oder nicht? In der undurchsichtigen Grauzone der Finanzindustrie ist das jedoch alles andere als üblich.

Um Ihnen ein Gefühl dafür zu geben, wie streng die Gesetze sind, will ich Ihnen ein Beispiel nennen: Wenn Ihr unabhängiger Berater Ihnen morgens empfiehlt, Apple-Aktien zu kaufen und sie selbst am Nachmittag zu einem günstigeren Kurs erwirbt, ist er verpflichtet, Ihnen *seine* Aktien zu überlassen. Versuchen Sie mal, Ihren Finanzmakler dazu zu bringen! Bevor ein Honorar-Anlageberater überhaupt für Sie tätig wird, muss er alle eventuellen Interessenkonflikte offenlegen und Ihnen erklären, wie er bezahlt wird. Kein Hokuspokus, keine Tricks, kein Versteckspiel, keine Lügen – alle Karten kommen auf den Tisch.

Warum sollten Sie vor diesem Hintergrund einem Finanzberater, der *nicht* in Ihrem besten Interesse handeln muss, den Vorzug geben? Das sollten Sie selbstverständlich nicht! Dennoch tun die meisten Menschen genau das. Ein Grund dafür ist, dass sie es schlichtweg nicht besser wissen. Die Tatsache, dass Sie dieses Buch lesen, macht Sie schon zur Elite, die die Grundregeln dieses hochriskanten Spiels versteht. Ein weiterer Grund, warum sich so viele Menschen an Finanzmakler wenden, ist, dass unabhängige Berater eine seltene Spezies sind.

Wie kommt es, dass es so wenig unabhängige Berater gibt, wenn das ein so viel besseres Modell ist? Der offensichtlichste Grund ist, dass Finanzmakler tendenziell sehr viel mehr Geld verdienen. Die fetten Provisionen aus dem Verkauf von Finanzprodukten können extrem lukrativ sein. **Im Gegensatz dazu nehmen Honorar-Anlageberater keine Verkaufsprovisionen**, sondern berechnen üblicherweise ein Honorar in Form einer Pauschalgebühr für ihre Finanzberatung oder einen Prozentsatz des Werts der verwalteten Kundenaktiva. Das ist ein saubereres Modell, das keine Interessenkonflikte zulässt.

---

* Fidelity Institutional Asset Management

In Deutschland gibt es den sogenannten Honorarberater, allerdings ist diese Form der Vermittlung in Deutschland noch wenig verbreitet. Das liegt womöglich daran, dass dieser ein Honorar verlangt, wohingegen die Beratung bei der Bank »kostenlos« ist. Dass Letztere aber über den Verkauf bestimmter Produkte diese Beratungsleistung für Sie unsichtbar wieder hereinholt, wohingegen es beim Honorarberater über das verhandelte Honorar keine Missverständnisse gibt, wie viel er bekommt, sollte auch klar sein.

Berater mit Doppelzulassung (Honorar- und Provisionsbasis)

Als ich zum ersten Mal von dem Unterschied zwischen Finanzmaklern und unabhängigen Honorarberatern hörte, erschien mir alles klar und einfach! Zweifellos wollen Sie einen Berater, der Ihre Interessen wahrnimmt, nicht wahr? Daher schien es auf der Hand zu liegen, dass Sie mit einem unabhängigen Berater arbeiten wollen, der rechtlich verpflichtet ist, treuhänderisch zu handeln. Ich hielt Treuhänder für den Goldstandard. Doch dann fand ich heraus, dass dieses Thema komplizierter ist, als ich dachte.

Das Problem: Die überwältigende Mehrheit der unabhängigen Berater in den USA sind *sowohl* als Treuhänder *wie auch* als Makler zugelassen. Wie bitte?! Tatsächlich bewegen sich 26 000 der 31 000 unabhängigen Berater in dieser Grauzone. Ja, genau: Nur 5000 der 31 000 amerikanischen Finanzberater sind reine Treuhänder. Das sind magere 1,6 Prozent. **Nun wissen Sie, warum es so schwierig ist, transparente Beratung zu erhalten, die nicht von Interessenkonflikten getrübt ist.**

Als ich *Money: Die 7 einfachen Schritte zur finanziellen Freiheit* schrieb, lobte ich Treuhänder über den grünen Klee, nur um anschließend die unangenehme Wahrheit über die Doppelzulassung zu entdecken, über die mich erstmalig Peter Mallouk aufklärte.

Als ich erfuhr, wie diese Berater mit Doppelzulassung arbeiten, wurde ich richtig wütend. In einem Moment spielen sie die Rolle des unabhängigen Beraters und versichern Ihnen, dass sie an die Treuhandstandards gebunden sind und Ihnen konfliktfreie Beratung gegen eine Gebühr anbieten. Und eine Sekunde später schlüpfen sie in die Rolle des Finanzmaklers und verdienen eine Provision, indem sie Ihnen Finanzprodukte verkaufen. In dieser Rolle sind sie an keine treuhänderischen Standards gebunden! Mit anderen Worten: Gelegentlich sind sie verpflichtet, in Ihrem besten Interesse zu handeln, und gelegentlich sind sie es nicht. Wie pervers ist das denn?

Woher sollen Sie als Kunde denn wissen, in welcher Rolle er gerade auftritt? Glauben Sie mir, das ist nicht leicht. Ich habe schon einmal einen Berater gefragt, ob er als Treuhänder agiere, wobei er mir in die Augen sah und mir versicherte, so sei es. Er erzählte mir von der mangelnden Vertrauenswürdigkeit von Finanzmaklern und wie viel besser es sei, als Treuhänder zu agieren. Er sagte mir auch, unsere Interessen würden sich hundertprozentig decken. Doch dann fand ich heraus, dass er auch als Finanzmakler auftrat, da er sowohl als Berater als *auch* als Makler zugelassen war, und es stellte sich heraus, dass er alle möglichen Nebengeschäfte machte, die ihm satte Provisionen eintrugen! Hier war eine Person, von der ich dachte, ich könne sie als Treuhänder weiterempfehlen – und dabei hatte dieser Mann mir geradewegs ins Gesicht gelogen. Dennoch hatte er kein einziges Gesetz gebrochen. Ich war wirklich wütend, als mir klar wurde, wie leicht man sich in die Irre führen lassen kann.

Ironischerweise waren die meisten Berater mit Doppelzulassung ursprünglich Makler, die ihre repräsentativen Eckbüros und ihre hohen Gehälter aufgegeben haben, um unabhängige Berater zu werden. Sie wollten völlige Unabhängigkeit, um ihren Kunden die ganze Palette an Investmentoptionen anbieten zu können und nicht nur die sorgfältig zusammengestellte Auswahl an Finanzprodukten, die ihnen ihre bisherigen Arbeitgeber aufgezwängt hatten. Daher gingen sie das Risiko ein und wurden unabhängige Berater, um anschließend festzustellen, dass die traurige Wahrheit ist, dass man als rein treuhänderischer Honorarberater finanziell kaum über die Runden kommt.

Diese Finanzberater mit Doppelzulassung hegen gute Absichten, stecken aber zwischen zwei Welten fest, weil sie einerseits versuchen, ehrlich und aufrichtig zu sein, aber gleichzeitig gezwungen sind, Kompromisse einzugehen. Das ist nicht ihr Fehler; die Industrie ist eben so strukturiert, dass der Verkauf von Finanzprodukten der leichteste Weg ist, um Geld verdienen und seine Rechnungen bezahlen zu können.

In Deutschland gibt es eigentlich gesetzlich eine strikte Trennung zwischen Honorarberatern und Beratern, die auf Provisionsbasis arbeiten. In der faktischen Umsetzung findet dagegen zuweilen eine Vermischung statt, die es aber im Rahmen der gesetzlichen Regelungen nicht geben dürfte. Ob sich das mit den neuen Regelungen, die im Zuge des MiFID II (Überarbeitung der 2007 verabschiedeten Richtlinie über Märkte für Finanzinstrumente [Markets in Financial Instruments Directive]), mit welcher der Gesetzgeber Verbraucher besser schützen wollte (z.B. durch einen transparenteren Ausweis der tatsächlichen Kosten), ändern wird, ist völlig offen.

Ein wenig Respekt

»I'm about to give you all of my money / and all I'm askin' in return, honey / Is for a little respect."

\- Aretha Franklin, »Respect«

Bisher haben Sie einige grundlegende Tatsachen erfahren, die Ihnen viel Ärger und Missmut ersparen. Sie wissen, dass in den USA rund 90 Prozent der Finanzberater eigentlich verkleidete Makler sind – auch in Deutschland ist der Anteil von Honorarberatern verschwindend gering. Sie wissen, dass Erstere Ihren besten Interessen keine Priorität einräumen müssen. Sie wissen, dass sie unter dem enormen Druck stehen, überteuerte Finanzprodukte zu verkaufen. Sie wissen, dass die Wahrscheinlichkeit, einen guten Berater zu finden, dramatisch steigt, wenn Sie einen großen Bogen um Finanzmakler machen – wie unfair das auch erscheinen mag – und stattdessen mit einem unabhängigen Honorarberater arbeiten, der rechtlich verpflichtet ist, treuhänderisch stets in Ihrem besten Interesse zu handeln. Sie wissen aber auch, dass *nicht* alle Treuhänder gleich sind, da einige eine Doppelrolle als Treuhänder und Makler ausüben.

Jetzt wissen Sie also, was Sie vermeiden müssen. Wir haben rund 98 Prozent aller auf Basis des Kriteriums aussortiert, dass sie entweder Finanzmakler oder eine Mischung aus Makler und Berater sind. Was bleibt übrig? Tausende von unabhängigen Beratern, die rechtlich verpflichtet sind, treuhänderisch zu handeln. In den USA sollte es nicht so schwierig sein, einen zu finden, der Ihre Bedürfnisse erfüllt, in Deutschland schon eher.

Trotzdem müssen Sie Vorsicht walten lassen. Warum? Weil selbst unabhängige Berater nicht immer frei von Interessenkonflikten sind, die typischerweise im Zusammenhang mit cleveren, aber legalen Tricks auftreten, um Ihnen zusätzliches Geld abzuknöpfen, wenn Sie gerade nicht genau hinsehen. Im Folgenden erfahren Sie von drei Tricks, auf die Sie achten sollten.

Das Gift der hauseigenen Fonds

Finanzmakler verkaufen routinemäßig Anteile an hauseigenen Investmentfonds, die von ihrer eigenen Firma aufgelegt wurden. Das ist eine nicht sehr subtile Strategie, um die Gebühren in der Familie zu halten – ein weit verbreitetes Einnahmeprogramm, das darauf baut, dass Kunden so naiv sind, nicht zu fragen, ob eine andere Gesellschaft möglicherweise bessere oder kostengünstigere Fonds anbietet. Es ist die Art von eigensüchtigem Verhalten, das Ihnen die Lust nehmen sollte, mit Finanzmaklern zu arbeiten.

Allerdings muss ich Ihnen leider mitteilen, dass auch viele vermeintlich unabhängige Berater heimliche Wege gefunden haben, um diesen Trick anzuwenden. So funktioniert er in den USA: Die Beratungsfirma hat zwei Standbeine – eines ist eine zugelassene Honorar-Anlageberatung, die unabhängige Finanzberatung anbietet. So weit, so gut. Das *zweite* Standbein ist ein Schwesterunternehmen, das eine Reihe an hauseigenen Fonds aufgelegt hat und verwaltet. Der Honorar-Anlageberater bietet vorgeblich unabhängige Beratung, empfiehlt Ihnen aber die überteuerten Fonds der Schwesterfirma. Wie passend! Das Großartige daran ist, dass die Gewinne im Haus bleiben, was für alle besser ist – na ja, mit Ausnahme des Kunden.

Der arme Kunde (man kann ihn auch *Betrugsopfer* nennen), bezahlt den Berater doppelt: für die »unabhängige« Anlageberatung *und* die mittelmäßigen Fonds der Schwestergesellschaft. Die meisten Kunden merken nicht einmal, dass sie die Fonds desselben Unternehmens kaufen. Das liegt daran, dass die Beratung und die Fondsgesellschaft unter zwei verschiedenen Namen operieren. Das ist so, als beobachte man einen Meisterdieb. Der Trick ist so hinterhältig und zynisch, dass er einem fast schon Bewunderung abnötigt.

Eine zusätzliche Gebühr fürs Nichtstun

Hier ein weiterer Trick, der immer häufiger anzutreffen ist: Sie bezahlen einem Berater eine Gebühr dafür, dass er Ihr Vermögen verwaltet – sagen wir, 1 Prozent des Werts Ihrer Aktiva. Der Berater empfiehlt ein »Modellportfolio« (möglicherweise verleiht er ihm sogar einen schicken Namen, zum Beispiel die »XYZ-Portfolio-Serie«), mit dem eine zusätzliche Gebühr verbunden ist – sagen wir, 0,25 Prozent. Diese Gebühr kommt zu den Kosten der zugrunde liegenden Investitionen in Ihrem Portfolio hinzu.

Allerdings erhalten Sie dafür keinen *zusätzlichen* Service oder Vorteil: Das Modellportfolio besteht aus verschiedenen Geldanlagen, die der Berater zusammengestellt hat, wofür Sie ihn bereits bezahlt haben. Das ist so, als würden Sie für 100 Dollar Lebensmittel einkaufen und müssten dann noch einmal 25 Dollar dafür bezahlen, dass Sie Ihre Einkäufe aus dem Laden tragen dürfen!

Wenn ein Berater eine Gebühr für die Auswahl der Geldanlagen erhebt, sollte das alles sein. Ende der Geschichte. Warum sollte er eine *weitere* Gebühr dafür verlangen können, dass er die ausgewählten Geldanlagen in einem wie auch immer benannten Portfolio zusammenfasst? Ich sage es Ihnen: Weil er es kann. Und weil Sie es womöglich gar nicht bemerken.

»Ich darf keine Provision verlangen, nennen wir sie also ›Beratungsgebühr‹!«

Einige unabhängige Berater machen private Deals mit Investmentfirmen, die es ihnen erlauben, Provisionen zu kassieren, ohne dass Sie davon erfahren. So funktioniert es: Ihr Berater empfiehlt die Fonds einer spezifischen Investmentfondsgesellschaft. Der Berater kann nichts so Schäbiges machen, wie im Gegenzug für die Empfehlung des Produkts hinterrücks eine Provision von der Gesellschaft zu kassieren. Das ist ein schlimmes Problem für den Berater. Was kann er tun? Ganz einfach, die Provision wird umetikettiert!

Der einfallsreiche Berater wendet sich an die Fondsgesellschaft und bittet stattdessen um eine »Beratungsgebühr«. Die Gesellschaft zahlt diese Gebühr gerne, und hinterher leben alle glücklich bis an ihr Lebensende. Nur Sie nicht, der Kunde, der soeben zu der Annahme verführt wurde, er habe eine unabhängige Beratung erhalten. Wie lautet die Moral von der Geschicht'? Wenn etwas aussieht wie eine Ente, watschelt wie eine Ente und schnattert wie eine Ente, ist es wahrscheinlich eine Ente. Oder ein Finanzmakler auf Provisionsbasis.

Wie Sie den besten Berater für Ihre Bedürfnisse finden

»Kompetenz ist eine so seltene Spezies in diesen Gefilden, dass ich sie schätze, wenn ich sie sehe.«

- Frank Underwood, *House of Cards*

Ich hoffe, dass jetzt klar geworden ist, dass Sie am besten einen wirklich unabhängigen Honorarberater engagieren, der ein echter Treuhänder ist. Doch wie wählen Sie einen spezifischen Berater aus, der zu *Ihnen* und *Ihren* Bedürfnissen passt?

Wie Sie an der folgenden Abbildung ablesen können, sind nicht alle Treuhänder gleich. Es reicht nicht, jemanden zu finden, der rechtlich verpflichtet ist, Ihren Interessen oberste Priorität einzuräumen. Sie müssen zudem jemanden finden, der in Finanzangelegenheiten äußerst kompetent und erfahren ist. Das ist das genaue Gegenteil der unteren linken Ecke, die den Verkäufer mit geringer Kompetenz repräsentiert.

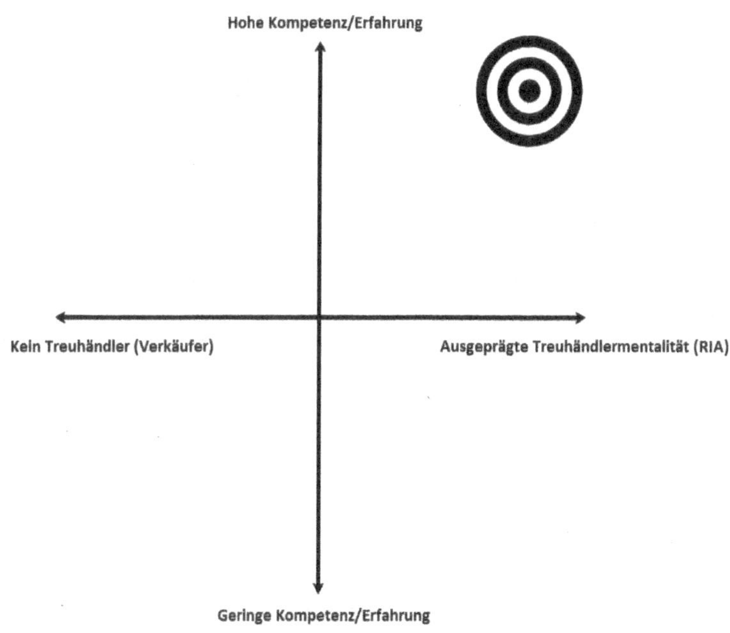

Wie können Sie bestimmen, ob ein bestimmter Treuhänder die richtigen Kenntnisse, Fähigkeiten und Erfahrungen besitzt? Bei seiner Auswahl und Bewertung können Sie die folgenden fünf Kriterien anwenden:

1. **Prüfen Sie die Referenzen des Beraters.** Stellen Sie sicher, dass er oder jemand aus seinem Team die richtigen Qualifikationen für die Aufgaben besitzt, die er für Sie übernehmen soll. Wir sprechen hier nicht über hochtrabende Titel, sondern über konkrete berufliche Referenzen. Wenn Sie Planungshilfe brauchen, achten Sie darauf, dass Ihr Berater einen zertifizierten Finanzplaner in seinem Team hat. Wenn Sie juristische Unterstützung brauchen, achten Sie darauf, dass Anwälte zu seinem Team gehören, die auf Erbschaftsrecht und Nachlassplanung spezialisiert sind. Sie brauchen eine steuerliche Beratung? Dann sollten Steuerberater dabei sein. Diese Referenzen allein sind keine Garantie für hohe Kompetenz. Dennoch ist es wichtig zu wissen, dass ein Berater, den Sie in Erwägung ziehen, über die Mindestkompetenzen verfügt, um auf dem relevanten Gebiet Beratungsleistungen anbieten zu können.
2. **Wenn Sie sich an einen Berater wenden, sollten Sie idealerweise mehr erhalten als eine Person, die lediglich Ihre Anlagestrategie entwirft.** Was Sie wirklich brauchen, ist jemand, der Ihnen im Laufe der Jahre helfen kann, Ihr gesamtes Vermögen zu mehren, indem er Ihnen zeigt, wie Sie Geld mit Ihrer Hypothek, Ihrer Versicherung, Ihren Steuern et cetera sparen können – jemanden, der Ihnen auch dabei helfen kann, Ihren Nachlass zu planen und zu schützen. **Das klingt momentan vielleicht unnötig, aber es ist wichtig, eine umfangreiche Kompetenz zu besitzen, da Steuern einen erheblichen Unterschied im Bezug auf die Rendite Ihrer Kapitalerträge ausmachen können.** Ich finde es ironisch, wenn ich Werbung für Vermögensmanagement sehe, und dann machen die Berater nichts anderes, als ein Portfolio zusammenzustellen. Am besten wählen Sie eine Person aus, die Sie über viele Jahre begleiten wird. Achten Sie daher darauf, dass sie über die Ressourcen verfügt, um mit Ihnen zu wachsen, selbst wenn Sie klein anfangen. Vergessen Sie dabei nicht, dass auch der Umfang der verwalteten Aktiva eine Rolle spielt. Sie wollen nicht mit einem ehrlichen, aber unerfahrenen Berater enden, der nur relativ geringe Summen für ein Dutzend Kunden verwaltet.

3. **Prüfen Sie, ob Ihr Berater Erfahrung in der Zusammenarbeit mit Kunden wie Ihnen hat.** Kann er eine Erfolgsbilanz aufweisen, die zeigt, dass er für Kunden in Ihrer Position und mit Ihren Bedürfnissen gute Ergebnisse erzielt hat? Wenn Ihr Hauptaugenmerk zum Beispiel auf dem Vermögensaufbau liegt, damit Sie frühzeitig in den Ruhestand gehen können, wollen Sie einen echten Experten in Ruhestandsplanung. **In einer anonymen Umfrage stellte das *Journal of Financial Planning* jedoch fest, dass *46 Prozent* der Berater selbst keinen Rentenplan besaßen. Ich kann nicht glauben, dass sie das zugegeben haben! Können Sie sich vorstellen, einen Personal Trainer zu engagieren, der selbst seit Jahrzehnten keinen Sport gemacht hat, oder einen Ernährungsberater, der selbst Windbeutel mit Cremefüllung verdrückt, während er Ihnen rät, Rohkost zu essen?**
4. **Achten Sie darauf, dass Sie und Ihr Berater dieselbe Investmentphilosophie verfolgen.** Glaubt er zum Beispiel, dass er den Markt mithilfe der Auswahl von Einzelaktien – also Stock-Picking – oder aktiv gemanagten Fonds langfristig schlagen kann? Oder erkennt er, dass die Chancen, den Markt zu übertreffen, gering sind, und konzentriert sich daher lieber auf die Auswahl eines breit diversifizierten Portfolios aus Indexfonds? Einige Berater sind vielleicht echte Treuhänder, kommen aber dennoch nicht infrage, weil sie auf Stock-Picking setzen. Ich persönlich mache einen großen Bogen um jeden Berater, der behauptet, den Markt regelmäßig schlagen zu können. Vielleicht stimmt es, aber ich habe große Zweifel. Wesentlich wahrscheinlicher ist, dass er zu optimistisch ist oder sich in die eigene Tasche lügt.
5. **Nicht zuletzt ist es wichtig, einen Berater zu finden, bei dem die Chemie stimmt.** Ein guter Berater wird Ihnen über viele Jahre ein Partner und Verbündeter sein, der Sie über eine lange finanzielle Wegstrecke begleitet. Natürlich handelt es sich um eine Geschäftsbeziehung, aber ist Geld nicht auch ein höchst persönliches Thema für Sie, so wie es das auch für mich ist? Es ist verknüpft mit unseren Hoffnungen und Träumen, unserem Wunsch, für unsere Nachkommen zu sorgen, Gutes zu tun und ein außergewöhnliches Leben zu unseren eigenen Bedingungen zu führen. Es hilft Ihnen, wenn Sie Gespräche über diese Themen mit einem Berater führen können, mit dem Sie harmonieren, dem Sie vertrauen und der Ihnen sympathisch ist. Bei der Verbraucherzentrale

finden Sie eine Checkliste »Woran erkennt man unseriöse Finanzberater?«*

Der grosse Preis

Ein Großteil dieses Kapitels hat sich auf die zahlreichen Hindernisse konzentriert, die wir auf unserer Suche nach herausragender Finanzberatung überwinden müssen: Interessenkonflikte, Heuchelei und Betrug sowie zynisches, auf die Verfolgung von Eigeninteressen ausgerichtetes Verhalten. Ist es nicht ungeheuerlich, dass es so schwierig ist, einen kundenorientierten Berater mit hoher Fachkompetenz zu finden, der tatsächlich die *versprochenen* Serviceleistungen erbringt? Kein Wunder, dass so viele Leute den Mut verlieren und beschließen, ihre Finanzen selbst zu managen!

Doch lassen Sie mich Ihnen sagen, dass eine gewaltige Belohnung auf Sie wartet, wenn Sie die Ziellinie dieses verrückten Hürdenlaufs erreicht haben und einen wirklich herausragenden Berater finden. Für viele Menschen hat nichts eine positivere Wirkung auf ihre finanzielle Zukunft als die Zusammenarbeit mit einem intelligenten Berater, der mit dem Terrain vertraut ist und ihnen dabei helfen kann, Wege zu finden, wie sie in jeder Marktumgebung erfolgreich investieren können. Ein Weltklasse-Berater wird Ihnen von Anfang bis Ende unschätzbare Dienste leisten: Ihre Ziele definieren, dafür sorgen, dass Sie den eingeschlagenen Kurs beibehalten – insbesondere indem er Sie darin unterstützt, die Marktschwankungen auszuhalten – und die Wahrscheinlichkeit, dass Sie Ihre Ziele erreichen, massiv zu erhöhen.

Ich will Ihnen anhand eines persönlichen Beispiels verdeutlichen, warum ein ganzheitlicher Ansatz so wirksam ist. Viele Menschen besitzen Immobilien, die nicht Teil ihres traditionellen Portfolios sind, die aber von einem traditionellen Berater selten berücksichtigt werden. Nehmen wir an, Sie würden mehrere Immobilien besitzen. Ein Berater mit dem entsprechenden Fachwissen wird betrachten, wie Sie Ihren Cashflow maximieren können, und kann Ihnen vielleicht dabei helfen, die Hypotheken auf diese Immobilien zu restrukturieren. Das Ergebnis? Die Möglich-

---

* https://www.verbraucherzentrale.de/Grauer-Kapitalmarkt-Gutglaeubige-Anleger-erleiden-jedes-Jahr-Milliardenverluste-6

keit, in ein oder zwei weitere Immobilien zu investieren, ohne dass Sie weiteres Bargeld einsetzen müssen. Tatsächlich sind Ihre gesamten Hypothekenzahlungen anschließend womöglich niedriger als vorher! Das ist der Nutzen einer wirklich erstklassigen Beratung.

Sieben Schlüsselfragen, die Sie einem Berater stellen sollten

Eine Methode, um sicherzugehen, dass Sie den richtigen Berater engagieren, besteht darin, ihm mehrere Schlüsselfragen zu stellen, die Ihnen dabei helfen können, potenzielle Konflikte und Probleme aufzudecken. Wenn Sie bereits einen Berater haben, ist es ebenfalls wichtig, dass Sie Antworten auf diese Fragen erhalten, sollten Sie sie bisher nicht gestellt haben.

Hier die Fragen, auf die *ich* gerne eine Antwort hätte, bevor ich meine finanzielle Zukunft in fremde Hände lege:

1. **Sind Sie ein zugelassener Honorar-Anlageberater?** Wenn die Antwort »Nein« lautet, ist der Berater ein Finanzmakler. Schenken Sie ihm ein freundliches Lächeln und verabschieden Sie sich. Bejaht der Berater hingegen, ist er gesetzlich zu treuhänderischem Handeln verpflichtet.
2. **Gehören Sie (oder Ihr Unternehmen) zu einer Maklergesellschaft?** Wenn die Antwort »Ja« lautet, haben Sie es mit einem Berater zu tun, der als Makler auftreten kann und üblicherweise einen Anreiz hat, Sie zum Erwerb bestimmter Geldanlagen zu überreden.
3. **Bietet Ihr Unternehmen hauseigene Investmentfonds an?** Sie wollen ein nachdrückliches »Nein« als Antwort. Falls die Antwort »Ja« lautet, passen Sie wie ein Luchs auf Ihre Brieftasche auf. Es bedeutet wahrscheinlich, dass der Berater versuchen wird, zusätzliche Einnahmen zu generieren, indem er Sie zum Erwerb von Produkten zu überredet, die für sein Unternehmen hochprofitabel sind (aber wahrscheinlich nicht für Sie).
4. **Erhalten Sie oder Ihr Unternehmen irgendeine Vergütung von dritter Seite für die Empfehlung bestimmter Geldanlagen?** Das ist die ultimative Frage, auf die Sie eine Antwort erwarten. Warum? Weil Sie wissen müssen, ob Ihr Berater einen Anreiz hat, Produkte zu empfehlen, die ihm Provisionen, Kickbacks, Beratungsgebühren, Reisen oder andere Belohnungen bescheren.

5. **Wie lautet Ihre Investmentphilosophie?** Die Antwort auf diese Frage wird Ihnen dabei helfen zu verstehen, ob Ihr Berater glaubt, er könne mithilfe von Stock-Picking oder aktiv gemanagten Fonds den Markt schlagen. Langfristig ist das eine Verliererstrategie, es sei denn, der Fondsmanager wäre ein Superstar vom Kaliber eines Ray Dalio oder Warren Buffett. Unter uns: Das ist unwahrscheinlich.
6. **Welche Finanzplanungsleistungen bieten Sie neben der Anlagestrategie und dem Portfoliomanagement an?** Hilfe bei der Geldanlage ist womöglich derzeit alles, was Sie brauchen. Mit zunehmendem Alter und/oder zunehmendem Vermögen und verschiedenen Aktiva, die Sie verwalten müssen, werden die Finanzbedürfnisse jedoch oft komplexer. Zum Beispiel wollen Sie vielleicht für das Universitätsstudium Ihrer Kinder sparen, Ihren Ruhestand planen, Ihre Aktienoptionen verwalten oder Ihre Erbschaftsangelegenheiten regeln. Die meisten Berater verfügen über die reine Anlageberatung hinaus oft nicht über die nötigen weiteren Kenntnisse und Kompetenzen. Wie erwähnt, dürfen die meisten Berater Ihnen aufgrund ihres Maklerstatus rechtlich gar keine Steuerberatung bieten. Idealerweise suchen Sie sich einen Berater, der Ihnen Instrumente zur Optimierung der Steuereffizienz für alle Aspekte Ihrer Finanzplanung bieten kann – von der Investmentplanung über Ihre geschäftliche Planung bis hin zur Nachlassplanung.
7. **Mit welcher Depotbank wird gearbeitet?** Ein treuhänderischer Berater sollte stets eine Depotbank verwenden, bei der Ihre Fondsanteile deponiert sind. **Anschließend unterschreiben Sie eine Vollmacht, die den Berater autorisiert, Ihr Geld zu verwalten, ihn aber nicht zu Entnahmen befugt.** Das Gute daran ist, dass Sie Ihre Konten nicht bewegen müssen, wenn Sie Ihren Beratungsvertrag aufkündigen wollen. Sie können einfach einen neuen Berater engagieren, der das Management Ihrer Konten nahtlos übernehmen kann. **Dieses Depotsystem schützt Sie zudem vor der Gefahr, von einem Betrüger vom Kaliber eines Bernie Madoff abgezockt zu werden!**

Mission vollbracht

In diesem ersten Teil haben wir enorm viele Themen abgehandelt. Wenn Sie sich erinnern, ist dieser Teil als Regelwerk für Ihren finanziellen Erfolg konzipiert. Denken Sie einen Moment über einige der wichtigsten Regeln nach, die Sie bisher gelernt haben:

- Sie haben die außerordentliche Wirkung eines langfristigen Anlagehorizonts auf Ihre Finanzen erfahren; eines langfristig orientierten Anlegers, der nicht ständig kauft und verkauft, sondern den eingeschlagenen Kurs beibehält, ohne sich von Marktkorrekturen oder -einbrüchen erschüttern zu lassen.
- Sie haben erfahren, dass die überwältigende Mehrheit der aktiv gemanagten Fonds hohe Gebühren für unterdurchschnittliche Ergebnisse verlangt, was der Grund dafür ist, dass Sie mit kostengünstigen Indexfonds, die Sie viele Jahre halten können, besser bedient sind.
- Sie haben erfahren, dass überhöhte Gebühren verheerende Auswirkungen auf Ihre Rendite haben – wie Termiten fressen sie sich bis zum Kern Ihrer finanziellen Zukunft durch.
- Zu guter Letzt haben Sie gelernt, wie Sie einen unabhängigen Berater finden können, der Ihr Vertrauen wirklich verdient und es Ihnen in barer Münze zurückzahlt.

Nun, da Sie die Lektüre des Regelwerks abgeschlossen haben, gehören Sie zu denjenigen, die besser verstehen, wie unser Finanzsystem funktioniert. Jetzt, da Sie die Regeln kennen, sind Sie wirklich bereit, am Spiel teilzunehmen!

Teil 2 wird Ihnen das nötige Rüstzeug an die Hand geben, mit dem Sie Ihren persönlichen Aktionsplan hier und jetzt umsetzen können. In Kapitel 5 teile ich Ihnen die vier zentralen Prinzipien mit, die die weltbesten Investoren bei ihren Anlageentscheidungen anwenden. In Kapitel 6 werden Sie erfahren, wie Sie »den Bären erlegen«, indem Sie ein diversifiziertes Portfolio erstellen, das Sie auch bei Marktzusammenbrüchen schützt. In Kapitel 7 zeige ich Ihnen, wie Sie Ihren »inneren Feind besiegen«, indem ich Ihnen die wichtigsten Geheimnisse verrate, die ich in 40 Jahren über die Psychologie des Vermögensaufbaus gelernt habe.

Im Folgenden werde ich Ihnen das Wissen und die praktischen Instrumente vermitteln, die Sie benötigen, um vollkommene finanzielle Freiheit zu erlangen! Fühlen Sie die Stärke, die Macht durch Ihre Adern fließen? Dann blättern Sie um! Es ist an der Zeit, Ihr eigenes Drehbuch zu zu schreiben, die Kontrolle zu übernehmen und *ins Spiel einzusteigen* …

TEIL 2: DIE STRATEGIEN, DIE SIE UNANGREIFBAR MACHEN

Kapitel 5: Die zentralen Vier Schlüsselprinzipien, die bei Anlageentscheidungen als Orientierung dienen

»Halten wir es einfach. Wirklich einfach.«

- Steve Jobs, Mitgründer von Apple

Jeder kann Glück haben und im Lotto gewinnen, und jeder kann von Zeit zu Zeit eine erfolgreiche Einzelaktie auswählen. Doch wenn Sie *dauerhaften* finanziellen Erfolg suchen, brauchen Sie mehr als eine gelegentliche Glückssträhne. **In fast vier Jahrzehnten, in denen ich das Phänomen des Erfolgs studiert habe, habe ich festgestellt, dass die erfolgreichsten Menschen, egal auf welchem Gebiet, sich nicht auf ihr Glück verlassen. Sie haben andere Überzeugungen, sie verfolgen eine andere Strategie und sie gehen anders vor als alle anderen.**

Ich sehe das in jedem Lebensbereich – ob es darum geht, eine lebenslange glückliche, leidenschaftliche Ehe zu führen, abzunehmen und das neue Gewicht dauerhaft zu halten oder ein milliardenschweres Unternehmen aufzubauen.

Der Schlüssel liegt darin, dass man konsistent erfolgreiche Muster erkennt, nachahmt und sie als Orientierung für die eigenen Entscheidungen im Leben nimmt. Diese Muster liefern die Anleitung für Ihren Erfolg.

Als ich mich auf die Suche nach Lösungen machte, die den Menschen helfen können, finanzielle Freiheit zu erlangen, studierte ich die Besten der Besten und interviewte unter anderem mehr als 50 Titanen aus der Investmentbranche. Ich war fest entschlossen, das Geheimnis zu lüften und die Erklärung für ihre beeindruckenden Ergebnisse zu finden. **Vor allem stellte ich mir immer wieder eine Frage: Welche Muster haben sie gemeinsam?**

Wie ich schon bald feststellte, ist diese Frage gar nicht so leicht zu beantworten. Jeder dieser brillanten Investmentexperten verfolgt nämlich seinen ganz eigenen Stil und seine ganz individuelle Investmentmethode.

Paul Tudor Jones zum Beispiel ist ein Trader, der sehr hohe Wetten auf weltweite Wirtschaftstrends eingeht. Warren Buffett investiert langfristig in öffentliche und private Unternehmen, die über einen nachhaltigen Wettbewerbsvorteil verfügen. Carl Icahn kauft sich in schlecht geführte Unternehmen ein und zwingt das Management anschließend zu einer Änderung seiner Strategie zugunsten der Aktionäre. Ganz eindeutig führen viele Wege nach Rom. Ihren gemeinsamen Nenner zu finden, war eine anspruchsvolle Herausforderung!

Im Laufe der letzten sieben Jahre habe ich getan, was ich schon immer gerne getan habe, nämlich hochkomplexe Themen auf einige wenige Kernprinzipien herunterzubrechen, die jeder praktisch anwenden kann. Was habe ich dabei entdeckt? **Mir wurde klar, dass es vier zentrale Prinzipien gibt, von denen sich nahezu alle herausragenden Investoren in ihren Anlageentscheidungen leiten lassen. Ich nennen sie die zentralen Vier. Die konsequente Anwendung dieser vier Prinzipien, die ich in diesem Kapitel erklären werde, kann maßgeblich zu Ihrer finanziellen Freiheit beitragen.**

Erinnern Sie sich, was ich an früherer Stelle gesagt habe, nämlich, dass Komplexität der Feind der Umsetzung ist? Wenn ich Ihnen diese vier Prinzipien nenne, denken Sie vielleicht: »Wie simpel!« Und wissen Sie was? Sie haben Recht!

Es reicht aber nicht aus, ein Prinzip zu *kennen*. Man muss es auch *anwenden*.

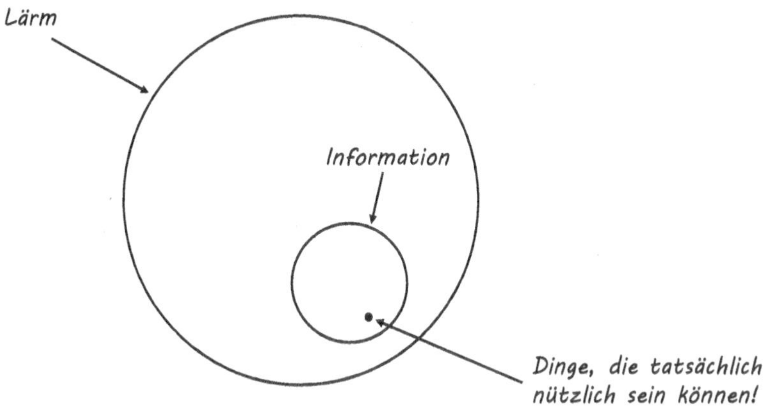

Quelle: 2013 Behavior Gap

Praktische Anwendung ist das A und O. Ich will die Dinge nicht unnötigerweise verkomplizieren, sodass Sie am Ende auf einem Berg wertvoller Informationen sitzen, aber nicht wissen, was Sie damit *anfangen* sollen. Mein Ziel ist nicht, Sie mit ausgefeilten Informationen zu verwirren, sondern diese so zusammenzufügen, zu vereinfachen und zu klären, dass Sie sich in der Lage fühlen, sie zur Basis Ihres Handelns zu machen.

Alle diese Prinzipien zusammen liefern eine Checkliste von unschätzbarem Wert. Immer wenn ich mit meinen Finanzberatern über eine potenzielle Investition spreche, möchte ich wissen, ob sie die Mehrheit dieser vier Kriterien erfüllt. Wenn nicht, verzichte ich lieber.

Warum handle ich so strikt? Weil es nicht genügt zu sagen: »Das sind nützliche Erkenntnisse; ich werde versuchen, sie mir zu merken.« **Die besten Investoren verstehen, dass diese Prinzipien zu einer *Obsession* werden müssen. Sie sind so wichtig, dass Sie sie verinnerlichen, sie leben und sie zur Grundlange all ihrer Investmententscheidungen machen müssen. Kurzum, die zentralen Vier sollten das Herzstück Ihrer Investmentstrategie bilden!**

Schlüsselprinzip 1: Verlieren Sie kein Geld

Die erste Frage, die sich jeder herausragende Investor immer wieder stellt, lautet: »Wie kann ich verhindern, dass ich Geld verliere?« Das klingt vielleicht etwas merkwürdig. Immerhin konzentriert sich die Mehrheit von uns genau auf das Gegenteil, nämlich auf die Frage: »Wie kann ich Geld *verdienen*? Wie erhalte ich die größtmögliche Rendite und knacke den Jackpot?«

Die Besten der Besten unter den Investoren sind allerdings von der *Verlustvermeidung* besessen. Warum? Weil sie eine einfache, aber tiefgreifende Tatsache verstanden haben: Je mehr Geld man verliert, desto schwieriger ist es, die Verluste wieder wettzumachen – geschweige denn, Geld zu verdienen.

Ich möchte natürlich nicht, dass Sie sich in den Matheunterricht an der Oberschule zurückversetzt fühlen. Es lohnt sich aber, kurz darüber nachzudenken, warum Verluste eine echte Katastrophe sind. Nehmen wir an, Sie würden mit einer schlechten Geldanlage 50 Prozent Ihres Geldes verlieren. Wie viel müssen Sie wohl verdienen, um die Verluste wieder auszugleichen? Die meisten Menschen würden sagen: 50 Prozent. Damit liegen sie aber total daneben.

Schauen wir uns das einmal genauer an: Wenn Sie 100 000 Dollar investiert haben und 50 Prozent davon verlieren, bleiben Ihnen noch 50 000 Dollar. Wenn Sie auf diese 50 000 Dollar eine Rendite von 50 Prozent erzielen, haben Sie 75 000 Dollar. Ihnen fehlen also noch immer 25 000 Dollar, um zumindest wieder die ursprünglichen 100 000 Dollar wiederherzustellen.

In Wahrheit brauchen Sie also eine Rendite von *100 Prozent*, allein um Ihre Verluste wettzumachen. **Und das könnte leicht ein Jahrzehnt in Anspruch nehmen!** Das erklärt Warren Buffetts berühmten Satz über die beiden wichtigsten Investmentregeln: »Regel Nummer eins: Verlieren Sie niemals Geld. Regel Nummer zwei: Vergessen Sie niemals Regel Nummer eins.«

Andere legendäre Investoren sind gleichermaßen von der Verlustvermeidung besessen. Mein großer Freund Paul Tudor Jones zum Beispiel sagte mir: »Mein wichtigster Leitsatz lautet, dass die Defensive zehnmal wichtiger ist als die Offensive ... Du musst dich stets auf den Schutz vor Verlusten konzentrieren.«

Was heißt das in der Praxis? Zunächst ist es wichtig zu erkennen, dass die Finanzmärkte völlig unberechenbar sind. Die Quatschköpfe im Fernsehen können so oft behaupten, wie sie wollen, sie könnten die kommenden Trends erkennen. Fallen Sie nicht darauf herein! **Die erfolgreichsten Investoren wissen, dass niemand dauerhaft die Zukunft vorhersagen kann. Mit diesem Wissen schützen sie sich stets vor dem Risiko unerwarteter Ereignisse und dem Risiko, dass auch sie sich täuschen können – egal wie klug sie auch sein mögen.**

Nehmen wir Ray Dalio. *Forbes* zufolge hat er für seine Investoren 54 Milliarden Dollar Gewinn generiert, mehr als jeder andere Hedgefonds-Manager in der Geschichte. Sein Nettovermögen beträgt geschätzte 15,9 Milliarden Dollar! Ich habe im Laufe der Jahre viele außergewöhnliche Menschen kennengelernt, aber nie habe ich jemanden getroffen, der klüger ist als Ray. Dennoch sagte er mir, dass sein gesamter Investmentansatz auf der Erkenntnis basiert, dass der Markt ihn irgendwann überlisten und in eine völlig unerwartete Richtung driften wird. Diese Lektion hat er früh in seiner Karriere gelernt, und zwar dank »einer der schmerzhaftesten Erfahrungen« seines Lebens, wie er es beschreibt.

Im Jahr 1971, als Ray noch ein junger, unerfahrener Investor war, der sich erst noch seine Sporen verdienen musste, schaffte der damalige US-Präsident Richard Nixon in den USA den Goldstandard ab. Das bedeutete, dass die Dollarscheine nicht mehr länger in Gold eingetauscht werden konnten, und das wiederum bedeutete, dass die US-Währung plötzlich keinen inhärenten materiellen Wert mehr besaß, sondern nur so viel wert war wie das Papier, auf dem sie gedruckt wurde. Ray und alle anderen Investoren, die er kannte, waren sich sicher, dass der Aktienmarkt als Reaktion auf dieses historische Ereignis einbrechen würde. Und was geschah? Die Aktienkurse schossen in den Himmel! Ja, genau. Sie taten das *genaue Gegenteil* dessen, was die Logik und der Verstand ihm und allen anderen Experten sagten. »Damals wurde mir klar, dass niemand etwas weiß und niemand die Zukunft vorhersehen kann«, sagte Ray. »Ich musste also eine Vermögensaufteilung vornehmen, die selbst dann noch Gewinne abwarf, wenn ich mich täuschte.«

Das ist eine Erkenntnis, die Sie niemals vergessen sollten: Wir müssen unser Vermögen so aufteilen, dass wir immer noch einen Gewinn erzielen, selbst wenn wir uns täuschen.

Die Vermögensaufteilung – auch Asset-Allocation genannt – ist nichts anderes als die richtige Mischung an unterschiedlichen Geldanlagen, die so diversifiziert werden, dass Sie Ihre Risiken senken und Ihre Renditen maximieren.

»Ich versuche mich nicht im Stabhochsprung.
Ich suche nach Messlatten, über die ich auch springen kann.«

- Warren Buffett

Die Details besprechen wir im nächsten Kapitel ausführlicher. Einstweilen sollten Sie sich Folgendes merken: *Erwarten Sie stets das Unerwartete.* Heißt das, Sie sollten sich ängstlich verkriechen, weil alles so ungewiss ist? Keineswegs. **Es heißt ganz einfach, dass Sie so investieren sollten, dass Sie vor unangenehmen Überraschungen geschützt sind.**

Wie wir alle wissen, werden viele Anleger auf dem linken Fuß erwischt, wenn eine Marktblase platzt, weil sie sich verhalten haben, als würde der Boom ewig andauern. Das heißt, sie sind leichtsinnig geworden. Langfristig erfolgreiche Investoren wie Bogle, Buffett und Dalio wissen, dass die Zukunft voller Überraschungen ist, die angenehm, aber auch unangenehm sein können. Machen Sie sich daher stets Ihr Verlustrisiko bewusst und sichern Sie sich dagegen ab, indem Sie in unterschiedliche Assetklassen investieren, die auf ein bestimmtes Ereignis unterschiedlich reagieren: Während einige unter bestimmten Voraussetzungen Wert verlieren, werden andere an Wert gewinnen.

Ich bin weder Ökonom noch Markthellseher, doch angesichts der weltweit radikalen Wirtschaftspolitik, deren mittel- bis langfristige Effekte wir nicht kennen, habe ich den Eindruck, dass die Betonung auf der Verlustvermeidung heute besonders relevant ist. Howard Marks sagte mir Ende 2016: »Wenn man sich in einer ungewissen Welt bewegt, in der die Assetpreise hoch und die Renditeaussichten gering sind, sollte man nachdenklich werden.« Das Mantra seiner 100 Milliarden Dollar schweren Investmentgesellschaft Oaktree Capital Management lautet seit einigen Jahren »Besonnenes Handeln«. Marks erklärt: »Wir investieren; wir sind vollständig investiert. Und wir sind damit sehr zufrieden. Aber alles, was wir kaufen, erfüllt die Anforderung höchster Vorsicht.«

Wie ich persönlich das Prinzip der Verlustvermeidung auf mein eigenes Leben anwende? Ich bin so von dieser Idee besessen, dass ich meinen Beratern inzwischen sage: »Stellen Sie mir keine Investmentidee vor, bevor Sie mir nicht erklärt haben, wie wir unser Risiko absichern können.«

Schlüsselprinzip 2: Asymmetrisches Chancen-Risiko-Verhältnis

Laut allgemeiner Auffassung lassen sich hohe Renditen nur mit hohen Risiken erzielen. Die besten Investoren glauben jedoch nicht an diesen Mythos. **Stattdessen suchen sie nach Investmentchancen, die ein sogenanntes asymmetrisches Chancen-Risiko-Verhältnis aufweisen. Das heißt letztlich nichts anderes, als dass die Renditechancen die Risiken bei Weitem übertreffen sollten. Mit anderen Worten: Diese erfolgreichen Investoren suchen immer nach Anlagemöglichkeiten mit dem geringstmöglichen Risiko und den größtmöglichen Renditechancen. Das ist das ultimative Investor-Nirwana.**

Ich habe das aus nächster Nähe bei Paul Tudor Jones beobachtet, der die Fünf-zu-eins-Regel anwendet. »Ich riskiere einen Dollar in der Erwartung, dass ich fünf Dollar damit gewinne«, erklärte er mir zu Beginn unserer Coaching-Beziehung. »Das Verhältnis von 1 zu 5 verschafft mir eine Trefferquote von 20 Prozent. Ich kann mich also 80 Prozent der Zeit täuschen und werde trotzdem keine Verluste machen.«

ERHEBLICHES RISIKO

»Nein, danke. Das kannst du alleine machen. Ich habe das jahrelang gemacht.«

Wie ist das möglich? Wenn Paul fünf Investitionen tätigt, jede im Wert von 1 Million Dollar, und bei vier Investitionen verliert er alles, dann hat er insgesamt 4 Millionen Dollar eingebüßt. Wenn die fünfte Investition aber ein Volltreffer ist und ihm 5 Millionen Dollar Gewinn beschert, hat er seine gesamten Einsatz in Höhe von 5 Millionen Dollar wieder zurück.

In Wahrheit ist Pauls Trefferquote weitaus besser! Stellen Sie sich vor, nur *zwei* seiner fünf Investitionen würden sich wie erhofft entwickeln und sich verfünffachen. Das würde bedeuten, dass aus den anfänglichen 5 Millionen Dollar mal eben 10 Millionen Dollar würden. Anders ausgedrückt:

Er hätte seinen Einsatz verdoppelt, obwohl er in diesem Fall 60 Prozent der Zeit falschlag!

Mithilfe dieser Fünf-zu-eins-Regel ebnet er sich den Weg zur Gewinnerzielung, trotz einiger unvermeidlicher Fehler.

Lassen Sie uns eines klarstellen: Fünf zu eins ist Pauls *ideale* Investition. Natürlich findet er nicht immer Anlagemöglichkeiten mit einem solchen Chancen-Risiko-Verhältnis. Manchmal wendet er auch das Verhältnis 3 zu 1 an. Worauf es ankommt, ist, dass er immer nach einem begrenzten Risiko bei hohen Gewinnchancen sucht.

Ein anderer meiner Freunde, der ebenfalls von dem asymmetrischen Chancen-Risiko-Verhältnis besessen ist, ist Richard Branson, Gründer der Virgin Group, der über 400 Unternehmen herrscht und nicht nur ein inspirierter Entrepreneur ist, sondern auch ein Abenteurer mit einer gefährlichen Leidenschaft für lebensgefährliche Unternehmungen, von der Erdumrundung in einem Heißluftballon bis zum Rekord für die schnellste Überquerung des Ärmelkanals in einem Amphibienfahrzeug. Er ist der ultimative Risikoliebhaber, richtig? Ja und nein. Es stimmt, dass er bei seinen waghalsigen Abenteuern Kopf und Kragen riskiert. Doch was seine Finanzen angeht, ist er ein Meister der Risikominimierung!

Ich werde Ihnen ein klassisches Beispiel nennen: Als er im Jahr 1984 die Fluggesellschaft Virgin Atlantic gründete, begann er mit nur fünf Flugzeugen. Er forderte den etablierten Giganten British Airways in einem notorisch harten Geschäft heraus. Einst witzelte er: »Wenn Sie Millionär sein wollen, investieren Sie eine Milliarde und gründen Sie eine Fluggesellschaft!« Nach einem Jahr hartnäckiger Verhandlungen gelang Richard schließlich eine unglaubliche Vereinbarung, die es ihm erlaubte, die Flugzeuge zurückzugeben, falls sein Geschäftsvorhaben keinen Erfolg haben würde. Auf diese Weise hatte er ein begrenztes Verlustrisiko bei unendlichen Gewinnchancen. »Oberflächlich betrachtet könnte man meinen, Unternehmer hätten eine hohe Risikotoleranz«, sagt Branson. »Einer der Leitsätze in meinem Leben lautet jedoch: Risiko absichern.«

Diese Denkweise und die Suche nach einem asymmetrischen Chancen-Risiko-Verhältnis traten in meinen Interviews mit den berühmten Investoren immer wieder auf. Denken Sie an Carl Icahn, dessen Nettovermögen auf 17 Milliarden Dollar geschätzt wird und der auf dem Cover des *Time*-Magazins als »Herrscher des Universums« gepriesen wurde. Das ist der Mann, der seit 1968 eine durchschnittliche Jahresrendite von 31 Prozent erzielt – um einiges mehr als Warren Buffett mit seinen respektablen 20 Prozent.* Carl verdiente ein Vermögen mit umfangreichen Investitionen in schlecht geführte Unternehmen, denen er mit einer feindlichen Übernahme drohte, falls das Management seine Strategie nicht änderte. Man könnte das für das riskanteste Pokerspiel der Welt halten, denn dabei stehen jedes Mal viele Milliarden Dollar auf dem Spiel.

Doch Carl verliert nie das Chancen-Risiko-Verhältnis aus den Augen. »Von außen wirkte es, als würden wir Unsummen riskieren, aber das war nicht so«, erklärte er mir. »Alles ist Risiko und Chance zugleich. Sie müssen aber verstehen, worin das Risiko und worin die Gewinnchance besteht. Die meisten Menschen sahen höhere Risiken als ich. Die Mathematik lügt aber nicht, und das haben sie einfach nicht verstanden.«

Erkennen Sie allmählich ein Muster? Diese drei Multimilliardäre – Paul Tudor Jones, Richard Branson und Carl Icahn – verfolgen völlig unterschiedliche Investitionsstrategien. **Dennoch sind sie gleichermaßen davon besessen, *ihre Risiken zu reduzieren und gleichzeitig ihre Renditen zu maximieren.***

Korrigieren Sie mich, wenn ich falschliege, aber ich nehme an, dass Sie nicht vorhaben, eine neue Fluggesellschaft zu gründen, oder eine feindliche Übernahme eines Unternehmens planen. Wie können Sie diese Denkweise also auf Ihre Finanzen anwenden?

Eine Methode, das asymmetrische Risiko-Gewinn-Verhältnis anzuwenden, ist die Investition in unterbewertete Vermögenswerte in Zeiten des Massenpessimismus und der Börsendepression. **Wie Sie im nächsten Kapitel erfahren werden, können Marktkorrekturen und Bärenmärkte zu den größten Finanzgeschenken Ihres Lebens gehören.** Denken Sie zurück an die Finanzkrise von 2008/2009. Damals fühlte sie sich an wie die Hölle auf Erden. Doch wenn Sie die richtige Einstellung und Ihre Augen offen gehabt hätten, hätten Sie himmlische Investitionschancen entdeckt. Man konnte gar nicht anders, als bei jedem Schritt über ein Schnäppchen zu stolpern!

Als der Markt im Jahr 2009 seinen Tiefststand erreichte, sah die Zukunft so düster aus, dass man Aktien von Blue Chips zu Schleuderpreisen bekam. Der Aktienkurs der Citigroup sank zum Beispiel von 57 Dol-

* Laut *Kiplinger's Personal Finance*

lar auf 97 Cent! Damals kostete es weniger, sich einen Anteil an diesem Unternehmen zu sichern, als Geld am Bankautomaten abzuheben. Und hier kommt der Kick: Auf jeden Winter folgt irgendwann ein Frühling, und manchmal vollzieht sich der Jahreszeitenwechsel schneller, als man denkt. Innerhalb von fünf Monaten schoss die 97-Cent-Aktie auf 5 Dollar, was den Anteilseignern eine Rendite von satten 500 Prozent bescherte.

Das ist der Grund, warum Investoren wie Warren Buffett in Bärenmärkten zu Hochform auflaufen. Die Turbulenzen ermöglichen es ihnen, Aktien zu so niedrigen Kursen zu erwerben, dass das Risiko überschaubar und die Renditechancen gewaltig sind.

Genau das tat Buffett Ende 2008, als er in gefallene Giganten wie Goldman Sachs und General Electric investierte, deren Aktien zu einmaligen Schleuderpreisen zu haben waren. Außerdem strukturierte er diese Investitionen so, dass er sein Risiko weiter senken konnte. Zum Beispiel kaufte er für 5 Milliarden Dollar eine besondere Klasse an Vorzugsaktien von Goldman Sachs, die ihm eine garantierte Dividende von 10 Prozent jährlich einbrachten, während er darauf wartete, dass sich der Aktienkurs erholte.

Die meisten Menschen sind bei einem Börsencrash so starr vor Schreck, dass sie *nur noch* Gefahr und Risiko wahrnehmen.

Buffett sorgte jedoch dafür, dass ein Verlust praktisch unmöglich war.

Mit anderen Worten: Was zählt, ist das asymmetrische Chancen-Risiko-Verhältnis!

Hier ein Beispiel aus meinen persönlichen Investitionen: In den Jahren nach der Finanzkrise von 2008/2009 öffnete sich ein Chancenfenster, als die amerikanischen Banken beschlossen, die Kreditanforderungen drastisch zu verschärfen. Damals besaßen viele Menschen erhebliche Vermögenswerte in Form von Wohnhäusern, hatten jedoch keinen Zugang zu Bargeld und ihre Hypotheken ließen sich nicht refinanzieren. Sie suchten daher nach kurzfristigen Krediten (typischerweise mit einer Laufzeit von ein oder zwei Jahren), für die sie ihre Häuser als Sicherheit einsetzten.

Ich lieh ihnen die benötigten Mittel und wurde zum Gläubiger einer Hypothek ersten Grades – einem sogenannten Trust Deed – auf ihre Häuser. Im Jahr 2009 kam ein Kunde zu mir, dessen Immobilie mit 2 Millionen Dollar bewertet wurde. Außerdem war das Haus abbezahlt. Er brauchte einen Kredit von 1 Million (50 Prozent des aktuellen Immobilienwerts) und war bereit, über ein Jahr Zinsen in Höhe von 10 Prozent zu zahlen. Nicht schlecht in einer Welt, in der die Rendite auf eine Staatsanleihe mit 10-jähriger Laufzeit magere 1,8 Prozent betrug! Da die amerikanische Notenbank Fed bereits begonnen hat, die Zinsen anzuheben, steigt der Abwärtsdruck auf die Anleihepreise, sodass die Nettorendite geringer ausfallen könnte (es sei denn, man wollte die Anleihe über die gesamte Laufzeit behalten).

Welches Risiko war mit dem Trust Deed verbunden? Falls der Kreditnehmer nicht zahlte, müsste der Immobilienmarkt um mehr als 50 Prozent einbrechen, damit ich mein Geld **nicht** zurückbekäme. Da es sich um eine Hypothek ersten Grades handelte, hatten meine Forderungen zudem Vorrang vor allen eventuellen weiteren Forderungen. Selbst während des schlimmsten Einbruchs des Immobilienmarkts des letzten halben Jahrhunderts (2008) ist der Wert der Häuser in dieser spezifischen Gemeinde um maximal 35 Prozent gesunken. Bei dem kurzfristigen Zeithorizont von einem Jahr war damit mein erstes Kriterium – meine Chancen auf eine Verlustvermeidung zu steigern – erfüllt.

Betrachten Sie außerdem das asymmetrische Chancen-Risiko-Verhältnis. Angesichts der Tatsache, dass ich selbst bei einem Einbruch des Immobilienmarkts um 50 Prozent kein Geld verlieren würde, war das Verlustrisiko gering und die Jahresrendite von 10 Prozent bot mir in einem renditeschwachen Umfeld große Vorteile. Angesichts dieser beiden Faktoren war ich sicher, dass diese Geldanlage ein exzellentes Chancen-Risiko-Verhältnis aufwies.

Natürlich benötigen Sie keine Million Dollar, um solche Investments zu tätigen. Zahlreiche weitere Kunden ersuchten um Kredite in Höhe von 25 000 bis 50 000 Dollar. Es geht hier aber nicht darum, dass Sie sich auf Hypotheken ersten Grades konzentrieren sollten. Es ist auch wichtig zu verstehen, dass hiermit andere Risiken verbunden sind. Worauf ich an der Stelle hinauswill, ist, dass sich immer die unterschiedlichsten Chancen präsentieren, abhängig vom Konjunkturklima oder dem Marktverhalten.

Schlüsselprinzip 3: Steuereffizienz

Wie zuvor besprochen, können die Steuern leicht 30 Prozent oder mehr Ihrer Investmentrendite verschlingen, wenn Sie nicht aufpassen. Dennoch werben Investmentfondsgesellschaften gerne mit ihren *Vorsteu-*

er-Renditen und verschleiern damit die Tatsache, dass im Grunde nur eines zählt: **der *Nettobetrag*, der Ihnen am Ende bleibt.**

Wenn Leute sich zu ihren Renditen beglückwünschen, ohne die Steuern zu berücksichtigen, ist das eine reine Selbsttäuschung! Das ist so, als würden Sie sagen: »Ich habe heute so diszipliniert Diät gehalten« – und dabei bequemerweise vergessen, dass Sie mehrere Donuts, eine doppelte Portion Pommes und ein Karamell-Softeis in sich hineingestopft haben.

Im Investmentgeschäft ist Selbsttäuschung eine teure Angewohnheit. Nehmen wir also die Scheuklappen ab und konfrontieren wir uns mit der ungeschminkten Wahrheit! Auf Ihre Kapitalerträge kommen in Deutschland 25 Prozent Kapitalertragsteuer zuzüglich Solidaritätszuschlag und ggf. Kirchensteuer. Wenn Sie die Auswirkungen der Besteuerung ignorieren, zahlen Sie einen hohen Preis.

Nehmen wir an, Sie besäßen Anteile an einem Investmentfonds, dann müssen Sie nach Abzug der Gebühren nicht nur die Steuern abziehen, die auf potenzielle Gewinne fällig werden, sondern zudem die Inflation einkalkulieren. Bei diesen ganzen versteckten Kosten, die Ihre Rendite auffressen, können Sie wahrscheinlich mit 120 in Rente gehen ...

> *»Ich habe genug Geld, um in den Ruhestand zu gehen und für den Rest meines Lebens bequem zu leben. Das Problem ist, dass ich dann nächste Woche sterben muss.«*
>
> - Anonym

Erkennen Sie jetzt, warum es so wichtig ist, dass Sie bei Ihren Investitionen auf Steuereffizienz achten? Glauben Sie mir, all die Milliardäre, die ich je kennengelernt habe, haben eines gemeinsam: Sie und ihre Berater sind ausgefuchste Steueroptimierer! **Sie wissen, dass es nicht darauf ankommt, wie viel sie *verdienen*, sondern wie viel ihnen *bleibt*. Das ist die *harte Münze*, die sie ausgeben, reinvestieren oder spenden können, um das Leben anderer zu verbessern.**

Falls Sie sich das fragen sollten: Steueroptimierung ist weder unmoralisch noch ungesetzlich, sondern eine legale Form der Vermeidung unnötiger Steuerzahlungen. Die von Juristen und dem US-Bundesgericht meistzitierte Autorität auf diesem Gebiet ist Richter Billings Learned Hand, einer der einflussreichsten Rechtsphilosophen des 20. Jahrhunderts, der 37 Jahre am United States Court of Appeals tätig war. Er prägte im Jahr 1934 den berühmten Satz: »Jeder hat das Recht, seine Angelegenheiten so zu regeln, dass er so wenig Steuern zahlt wie möglich ... niemand hat die Pflicht, mehr zu zahlen, als das Gesetz verlangt.«

In meinem Gespräch mit David Swensen wies dieser darauf hin, dass einer seiner größten Vorteile bei der Investition der Stiftungsgelder darin bestehe, dass Yale eine gemeinnützige Institution und damit *steuerbefreit* sei. Und was sollten Sie tun? Erstens, halten Sie sich von aktiv gemanagten Fonds fern, vor allem solchen, die einen hohen Aktienumschlag haben. Wie David mir sagte, besteht ein Vorteil der Indexfonds darin, dass sie passiv sind, sodass »Ihre Steuerbelastung entsprechend geringer ist. Das ist ein Riesenvorteil. **Eines der größten Probleme in der Fondsindustrie – die vor großen Problemen nur so strotzt – ist, dass sich fast alle Fondsmanager verhalten, als spielten Steuern überhaupt keine Rolle. Steuern spielen aber eine große Rolle«.**

Ich konnte in seinen Worten eine tiefe Sorge und die feste Entschlossenheit spüren, den Menschen die Bedeutung seiner Botschaft zu vermitteln. Die enormen Steuereffekte auf Ihre Rendite »zeigen, wie wichtig es ist, dass man die Vorteile steueroptimierter Geldanlagen so gut wie möglich nutzt«, betonte David. Die Möglichkeiten in Deutschland unterscheiden sich allerdings massiv von denen in der USA. Sprechen Sie daher am besten Ihren Steuerberater darauf an, er sollte Sie umfassend beraten können, denn er kennt sich in der Materie und vor allem hinsichtlich der möglichen Fallstricke und aktuellen Gesetzesänderungen bestens aus.

Ich habe Davids Lektionen auf meine eigenen Finanzen angewendet. Mein gesamter Investitionsansatz ist von dem Gedanken der Steuereffizienz geprägt. Natürlich ist das nicht mein *Ausgangspunkt*, denn das wäre ein schwerer Fehler. Ich beginne immer mit einem Fokus auf Verlustvermeidung und ein asymmetrisches Chancen-Risiko-Verhältnis. *Bevor* ich irgendeine Geldanlage tätige, stelle ich mir jedoch immer die Frage: »Wie steuereffizient wird diese Investition sein? Gibt es eine Möglichkeit, die Steueroptimierung *weiter* zu verbessern?«

Ein Grund für diese Besessenheit ist, dass ich einen Großteil meines Lebens in Kalifornien verbracht habe, wo mir nach Steuern nur 38 Cent von jedem verdienten Dollar blieben. Wenn Sie eine so hohe Steuerlast tragen, steigt Ihre Sensibilität für dieses Thema automatisch! Ich lernte, mich darauf zu konzentrieren, was mir übrig blieb, *nachdem* ich Uncle Sam gegenüber meine Bürgerpflicht erfüllt hatte.

Wenn mir jemand von einer Investitionschance erzählt, die attraktive Renditen verspricht, ist meine Reaktion immer dieselbe. Ich frage: »Sprechen wir von der *Netto*rendite?« Meistens erhalte ich dann die Antwort: »Nein, das ist *brutto*.« Mit der Vorsteuer-Rendite gaukelt man sich aber etwas vor; die *Nettorendite* dagegen lügt nicht. Sie und ich, wir wollen stets unsere Nettorendite maximieren!

Ich will Ihnen ein Beispiel nennen: Creative Planning, das Unternehmen, dessen Vorstand für Anlegerpsychologie ich bin, empfiehlt für bestimmte Kundenportfolios womöglich sogenannte MLPs, Master Limited Partnerships. Das sind öffentlich gehandelte, steuerbegünstigte Teilhaberschaften mit Haftungsbegrenzung zur Finanzierung von Infrastrukturprojekten, wie zum Beispiel den Bau von Öl- oder Gaspipelines. Ich rief meinen Freund T. Boone Pickens an, der im Ölgeschäft Milliarden verdient hat, und fragte: »Was hältst du aktuell von MLPs?«

Er erklärte mir, ihr Preis sei wegen des Preisverfalls im Energiesektor gesunken. Tatsächlich war der Ölpreis von 2014 bis Anfang 2016 um mehr als 70 Prozent eingebrochen. Viele Investoren gingen davon aus, dass dieser Preisverfall für MLPs verheerend sein würde, da dieses Instrument Anlegern die Möglichkeit bietet, sich an der Finanzierung von Infrastrukturprojekten im Energiesektor zu beteiligen. MLPs – zumindest die besten unter ihnen – sind allerdings viel besser geschützt, als es den Anschein haben mag. Das liegt daran, dass ihre Kunden typischerweise langfristige Verträge mit festen Gebühren unterschreiben, für die sie im Gegenzug das Recht erhalten, diese Infrastruktur zu nutzen. Das bietet einen verlässlichen Einnahmestrom und ermöglicht den MLPs, ihren Partnern großzügige Erträge aus den Nutzungsgebühren der finanzierten Infrastruktur auszuzahlen.

Wie Boone mir erklärte, wettet man mit einer Investition in eine MLP nicht direkt auf den Gas- oder Ölpreis, sondern ist eher so etwas wie ein Mautkassierer. Unabhängig von der Entwicklung der Brennstoffpreise muss die Energie transportiert werden, weil sie das Lebenselixier der einheimischen Wirtschaft ist. Als Anteilseigner einer MLP kassieren Sie Ihre »Maut« mit der Verlässlichkeit eines Schweizer Uhrwerks.

Der Preisverfall der MLPs war tatsächlich eine gute Nachricht für die Investoren. Warum? Weil es sich dabei um eine Überreaktion verschreckter Investoren auf den Einbruch der Energiepreise handelte. Das bot ihnen die Gelegenheit, zu historisch niedrigen Kursen einzusteigen. Selbst einige der qualitativ hochwertigsten MLPs hatten bis zu 50 Prozent ihres Werts verloren.

Die Mautstelle kassierte indes munter weiter. Eine MLP, die zuvor 100 Dollar gekostet hatte, warf einen jährlichen Ertrag von 5 Dollar pro Anteilsschein ab – das ist eine Investitionsrendite von 5 Prozent. Auch als der Preis der MLPs auf 50 Dollar sank, betrug die Dividende weiterhin 5 Dollar. Das entsprach nun *10 Prozent* Jahresrendite! Vielleicht klingt das nicht wahnsinnig spannend, aber in diesen Zeiten der Null- oder sogar Negativzinsen ist das wesentlich besser als Anleihen, die 2 Prozent oder weniger einbringen. **Das Beste war: Die Investoren hatten dabei alle Gewinnchancen, falls sich der Preis der MLPs erholte!**

Nehmen wir uns einen kurzen Augenblick, um zu sehen, wie sich die MLPs bewähren, wenn wir unsere bisher besprochenen Schlüsselprinzipien anwenden:

1. **Verlustvermeidung.** Die Energiepreise und mit ihnen die MLPs waren so dramatisch eingebrochen, dass ein weiterer bedeutender Preisverfall nicht sehr wahrscheinlich erschien. Experten wie das »Öl-Orakel« T. Boone Pickens wiesen zudem darauf hin, dass die Energieproduktion aufgrund der gefallenen Preise drastisch abgenommen hatte. Das bedeutete, dass das Angebot an fossilen Brennstoffen zurückging. Selbst bei abnehmender Nachfrage würden die Preise schließlich wieder anziehen. Da die Investoren nun alle Chancen auf ihrer Seite hatten, war das Verlustrisiko äußerst gering.
2. **Asymmetrisches Chancen-Risiko-Profil.** Wie erwähnt, war das Verlustrisiko praktisch gleich null. Die Wahrscheinlichkeit, dass sich die Energiepreise und damit auch die Kurse der MLPs erholen würden, war dagegen sehr hoch. In der Zwischenzeit konnte man eine Jahresrendite von 10 Prozent einfahren. Glauben Sie mir, ich sitze gerne still und bequem im Mauthäuschen und kassiere!
3. **Steuereffizienz.** Hier das Sahnehäubchen: Die US-Regierung hatte großes Interesse daran, die inländische Energieproduktion und Verteilung zu fördern, daher hatte sie Investitionen in MLPs steuerbegünstigt. **Als Ergebnis deckte die Abschreibung den größten Teil der Einnahmen ab, und das bedeutete, dass rund 80 Prozent steuerfrei waren.** Wenn man also eine Rendite von 10 Prozent erzielte, erhielt

> man netto 8 Prozent jährlich. Das ist nicht schlecht, oder? Wenn man dagegen *nicht* von dieser Steuerbegünstigung profitieren konnte, wurden die Renditen zum ganz normalen Einkommensteuersatz versteuert. Ein Gutverdiener, der rund 50 Prozent Steuern zahlt, würde daher nur 5 Prozent Rendite erhalten. Indem er die Steuereffizienz einer MLP nutzte, erzielte er also eine Nettorendite von 8 Prozent statt 5 Prozent. Das bedeutet *60 Prozent* mehr Geld in der Tasche. Das ist die Macht der Steuereffizienz!

Wie Peter im nächsten Kapitel erklären wird, sind MLPs nicht für jeden Anleger geeignet und wir empfehlen Sie auch Ihnen an dieser Stelle nicht konkret. Was ich hier deutlich machen will, ist das übergeordnete Prinzip: Indem Sie sich auf die *Nachsteuer-Rendite* fokussieren, können Sie Ihren Weg zur finanziellen Freiheit erheblich beschleunigen. Hier lohnt es sich zu erwähnen, dass fast immer eine Assetklasse, ein Land oder ein Markt aktuell der Prügelknabe ist und Ihnen daher gleichermaßen attraktive Aussichten auf ein asymmetrisches Chancen-Risiko-Verhältnis bietet.

Nicht zuletzt hilft Ihnen eine kluge Steueroptimierung, mehr in der Welt zu bewirken. Anstatt der Regierung die Entscheidung zu überlassen, wie sie Ihr Geld ausgibt, entscheiden Sie das selbst! Mein eigenes Leben fühlt sich so viel reicher an, weil ich in der Lage bin, Anliegen zu unterstützen, die mich inspirieren und anregen. Bisher konnte ich Bedürftigen eine Viertelmilliarde kostenlose Mahlzeiten bieten und ich bin dabei, diese Zahl mithilfe meiner Initiative Feeding America auf eine Milliarde Mahlzeiten zu steigern. Außerdem liefere ich 25 000 Menschen in Indien jeden Tag sauberes Trinkwasser und mithilfe meiner Partnerschaft mit Operation Underground Railroad* trage ich dazu bei, dass mehr als 1000 Kinder vor sexueller Versklavung gerettet werden. Das sind nur einige der Geschenke, die ich als Ergebnis der Steuereffizienz meiner Investitionen machen kann.

---

* Operation Underground Railroad (OUR) bringt Experten auf dem Gebiet der Intervention und Befreiungsaktionen sowie der Bekämpfung von Kinderhandel zusammen, um die Kindersklaverei zu beenden. Das Team setzt sich aus ehemaligen Angehörigen der CIA, der Navy Seals und des Kommandos für Spezialoperationen Special Ops zusammen, die die Identifizierung von Opfern und Tätern sowie die Befreiungsaktionen koordinieren.

SCHLÜSSELPRINZIP 4: DIVERSIFIKATION

Das vierte und abschließende Schlüsselprinzip ist vielleicht das offensichtlichste und grundlegendste von allen: Diversifikation. Im Wesentlichen besagt es, was wir eigentlich alle wissen: Legen Sie nicht alle Eier in einen Korb. Es existiert aber ein großer Unterschied zwischen dem Wissen, was man tun sollte, und dem, was man tatsächlich *tut*. Wie der Princeton-Professor Burton Malkiel mir erklärte, gibt es vier wichtige effektive Diversifikationsmöglichkeiten:

1. **Diversifikation über verschiedene Assetklassen.** Investieren Sie nicht Ihr gesamtes Geld ausschließlich in Immobilien, Aktien, Anleihen oder irgendeine andere Assetklasse.
2. **Diversifikation innerhalb einer Assetklasse.** Investieren Sie nicht das gesamte Geld, das Sie zum Beispiel für Aktien oder MLPs oder Immobilien vorgesehen haben, in eine einzige Aktie, eine einzige MLP oder ein einziges Grundstück, das von einer Sturmflut weggespült werden könnte.
3. **Diversifikation über Märkte, Länder und Währungen.** Wir leben in einer globalen Wirtschaft; machen Sie also nicht den Fehler, nur in Ihr eigenes Land zu investieren.
4. **Diversifikation über verschiedene Zeithorizonte.** Sie werden nie den optimalen Zeitpunkt für eine Investition erfahren. Wenn Sie Ihren Geldanlagen jedoch systematisch über Monate und Jahre immer neue Investitionen hinzufügen, werden Sie Ihr Risiko senken und Ihre Rendite im Laufe der Zeit steigern.

Alle herausragenden Investoren, die ich interviewt habe, sind von der Frage besessen, wie sie am besten diversifizieren, um ihre Renditen zu maximieren und ihre Risiken auf ein Minimum zu reduzieren. Paul Tudor Jones sagte mir: »Ich glaube, das Wichtigste, das Sie machen können, ist Ihr Portfolio zu diversifizieren.« Diese Botschaft fand in meinen Gesprächen mit Jack Bogle, Warren Buffett, Howard Marks, David Swensen, Mary Callahan Erdoes von JPMorgan und vielen anderen Widerhall.

Das Prinzip selbst mag zwar simpel sein, aber seine Umsetzung hat es in sich. Dazu gehört echtes Fachwissen! Diversifikation ist ein so wichtiges Thema, dass wir ihm einen Großteil des nächsten Kapitels gewidmet haben. Mein Partner Peter Mallouk, der seine Kunden kompetent und sicher durch den furchterregenden Zusammenbruch von 2008/2009 geführt hat, wird Ihnen erklären, wie Sie Ihr Vermögen über verschiedene Assetklassen, wie Aktien, Anleihen, Immobilien und andere Alternativen, individuell und maßgeschneidert aufteilen. Seine Mission: Ihnen dabei zu helfen, ein Portfolio einzurichten, mit dem Sie in jeder Marktumgebung Gewinne erzielen können.

We are the last Dodos on the planet, so I've put all of our eggs safely into this basket...

»Wir sind die letzten Dodos auf dem Planeten, daher habe ich alle unsere Eier sicher in diesen Korb gelegt ...«

Das klingt vielleicht nach einem gewaltigen Versprechen, doch Diversifikation bewährt sich selbst in schlimmsten Zeiten. Zwischen 2000 und Ende 2009 erlebten die amerikanischen Anleger das, was als »verlorenes Jahrzehnt« in die Annalen einging, weil der S&P 500 in diesen Jahren trotz großer kurzfristiger Ausschläge im Wesentlichen auf demselben Niveau verharrte. Kluge Investoren beschränkten sich aber nicht nur auf amerikanische Blue Chips. Burt Malkiel veröffentlichte im *Wall Street*

Journal einen Artikel mit dem Titel: »›Kaufen und Halten‹ ist nach wie vor eine Siegerstrategie.« Darin erklärte er, wenn Sie zwischen Anfang 2000 und Ende 2009 mit einer Anfangssumme von 100 000 Dollar in einen diversifizierten Korb aus Indexfonds – einschließlich US-Aktien, Auslandsaktien und Aktien aus Emerging Markets, Anleihen und Immobilien – investiert hätten, am Ende des Betrachtungszeitraums 191 859 Dollar gehabt hätten. Das entspricht einer durchschnittlichen Jahresrendite von 6,7 Prozent, und das während des sogenannten verlorenen Jahrzehnts!

Diversifikation spielt unter anderem eine so maßgebliche Rolle, weil sie uns vor der natürlichen menschlichen Neigung bewahrt, uns an das zu halten, was wir zu kennen glauben. Wenn man sich einmal mit der Idee wohlfühlt, ein bestimmter Ansatz bewähre sich oder man kenne sich damit aus, ist man versucht, sich ausschließlich darauf zu beschränken. Das führt oftmals dazu, dass Leute zu einseitig in einen bestimmten Bereich investieren. Zum Beispiel könnten sie sich ausschließlich auf Immobilien konzentrieren, weil sie im Laufe ihres Lebens gesehen haben, dass sich das für ihre Familie bewährt hat. Oder sie setzen ausschließlich auf Gold oder investieren zu aggressiv in Technologieaktien.

Das Problem dabei ist, dass alle Assetklassen zyklisch sind. Was heute heiß ist, kann morgen schon eiskalt sein. Ray Dalio warnte mich: »Mit an Sicherheit grenzender Wahrscheinlichkeit wird die Assetklasse, in die Sie heute investieren, irgendwann 50 bis 70 Prozent ihres Wertes verlieren.« Können Sie sich vorstellen, den größten Teil Ihres Vermögens in diesen einen Bereich investiert zu haben und schreckensstarr mit anzusehen, wie dieser in Flammen aufgeht? Diversifikation ist Ihre Versicherung gegen diesen Albtraum! Sie senkt Ihr Risiko und steigert Ihre Renditen – und dabei entstehen keine zusätzlichen Kosten. Ist das etwa keine überzeugende Kombination?

Selbstverständlich gibt es viele unterschiedliche Wege, um zu diversifizieren. Darüber habe ich in *Money: Die 7 einfachen Schritte zur finanziellen Freiheit* ausführlich gesprochen und die exakte Vermögensaufteilung dargestellt, die von Ray und anderen Finanzgurus wie Jack Bogle und David Swensen empfohlen wird. David sagte mir zum Beispiel, wie Einzelanleger diversifizieren können, indem sie Anteile an kostengünstigen Indexfonds erwerben, die in sechs »wirklich wichtige« Assetklassen investieren: amerikanische Aktien, internationale Aktien, Aktien aus Emerging Markets, REITs (Immobilienfonds), langfristige US-Schatzanleihen und TIPs/ILBs (Staatsanleihen mit Inflationsausgleich). Er nannte mir sogar den genauen Prozentsatz je Assetklasse, die er für eine Investition empfehlen würde.

Ray Dalio ist mit seinem einzigartigen Diversifikationsansatz außerordentlich erfolgreich. Ich hatte das Privileg, auf der Robin Hood Investor Conference 2016 gleich nach meinem lieben Freund Ray sprechen zu dürfen. Die besten Investoren hörten aufmerksam zu, als Ray eines der größten Geheimnisse seiner Methode lüftete: »Der Heilige Gral der Investition besteht darin, 15 oder mehr gute – sie müssen nicht unbedingt herausragend sein – nicht miteinander korrelierende Wetten abzuschließen.«

Mit anderen Worten: Es kommt darauf an, eine breite Palette an attraktiven Vermögenswerten zu besitzen, die sich nicht im Gleichklang bewegen. Auf diese Weise stellen Sie Ihren Erfolg sicher. In seinem Fall gehörten dazu Investitionen in Aktien, Anleihen, Gold, Rohstoffe, Immobilien und andere Alternativen. **Ray betonte, dass Sie mit 15 nicht korrelierenden Geldanlagen Ihr Gesamtrisiko um »rund 80 Prozent« senken und »Ihren Rendite-Risiko-Quotienten um den Faktor fünf steigern können, sodass Ihre Rendite durch die Senkung des Risikos um das *Fünffache* steigt«.**

Ich will nicht behaupten, dass es einen perfekten Ansatz gäbe, der sich für alle Anleger gleichermaßen bewährt hat und den Sie daher blind befolgen sollten. Ich will Ihnen nur vermitteln, dass alle herausragenden Investoren Diversifikation als Kernvoraussetzung für langfristigen Anlageerfolg betrachten. Wenn Sie ihrem Beispiel folgen und breit diversifizieren, sind Sie gegen alles gewappnet und können mit Ruhe und Vertrauen in die Zukunft blicken.

Auf in den Kampf!

Sie sind jetzt bestens gerüstet. Sie gehören zu der kleinen Elite, die diese vier Schlüsselprinzipien versteht, die die besten Investoren zur Grundlage ihrer Investmententscheidungen machen. Wenn Sie sie zum Leitfaden Ihres Handelns machen, werden Ihre Chancen auf einen Investmenterfolg erheblich steigen!

Im nächsten Kapitel werden wir uns eingehender mit den Details der Vermögensaufteilung beschäftigen. Peter Mallouk wird die Vorteile eines maßgeschneiderten Ansatzes erklären, der auf Ihre individuellen Bedürfnisse zugeschnitten ist. Unter seiner fachkundigen Anleitung werden Sie lernen, ein diversifiziertes Portfolio zusammenzustellen, das sich in jeder Großwetterlage bewährt. Denken Sie immer daran: Wir wissen alle, dass der Winter unweigerlich kommen wird. Wir wissen, dass Bärenmärkte ein wiederkehrendes Phänomen sind. Die meisten Anleger fürchten sich vor ihnen. Sie werden in Kürze aber erfahren, wie Sie aus dem Winter die beste aller Jahreszeiten machen – eine Jahreszeit, die Sie aus vollem Herzen *genießen* können!

Kommen Sie mit mir, furchtloser Krieger! Es ist Zeit, zu den Waffen zu greifen und *den Bären zu erlegen!*

Kapitel 6: Den Bären erlegen
Wie Sie sicher durch Börsencrashs und Marktkorrekturen navigieren, um schneller finanzielle Freiheit zu erlangen

»Ich lernte, dass Mut nicht das Fehlen von Angst ist, sondern ihre Überwindung. Nicht derjenige ist tapfer, der keine Angst hat, sondern der, dem es gelingt, seine Angst zu besiegen.«

- Nelson Mandela

Der Weg zur Überwindung der Angst

Mit 31 Jahren ging ich zu einer jährlichen Routineuntersuchung zum Arzt – Voraussetzung für die Verlängerung meines Pilotenscheins als Hubschrauberpilot. In den darauffolgenden Tagen hinterließ mein Arzt mehrere Nachrichten auf meinem Anrufbeantworter und bat mich um Rückruf. Ich war zu der Zeit wahnsinnig beschäftigt und kam schlichtweg nicht dazu, mit ihm zu sprechen. Eines Abends, als ich nach Mitternacht nach Hause kam, fand ich einen Zettel vor, den meine Sekretärin an meine Schlafzimmertür geklebt hatte. Darauf stand: »Sie *müssen* Ihren Arzt anrufen. Er sagt, es sei sehr dringend.«

Sie können sich vorstellen, wie mein Hirn anschließend rotierte. Ich war extrem diszipliniert, was meine Gesundheit anging, und hatte mich nie fitter gefühlt. Was konnte also nicht stimmen? In derartigen Situationen spielen die Gedanken gerne verrückt. Ich fragte mich: »Ich reise so viel – vielleicht hat es mit der Strahlung zu tun, der man in Flugzeugen ausgesetzt ist? Ob ich womöglich Krebs habe? Muss ich etwa sterben?« Gewiss nicht. Ich riss mich zusammen und fand sogar ein wenig Schlaf.

Doch als ich am nächsten Morgen aufwachte, war ich wieder angsterfüllt und niedergeschlagen. Ich rief den Arzt an, der mir sagte: »Sie müssen sich einer Operation unterziehen. Sie haben einen Hirntumor.«

Ich war vollkommen geschockt: »Wovon reden Sie da? Wie können Sie das denn wissen?« Der Arzt, ein rauer Typ, der keine blumigen Umschweife macht, antwortete, er habe einige zusätzliche Bluttests gemacht, weil er fand, ich hätte eine unglaubliche Menge an Wachstumshormonen in meinem Körper. Man musste kein Genie sein, um das festzustellen, angesichts der Tatsache, dass ich 2,10 Meter groß bin und mit 17 in einem einzigen Jahr fast 30 Zentimeter in die Höhe geschossen war. Er war aber davon überzeugt, dass dieses explosive Wachstum das Ergebnis eines Tumors in der Hirnanhangsdrüse an der Schädelbasis war. Er bestand darauf, dass ich mich umgehend ins Krankenhaus begab, um mir den Tumor entfernen zu lassen.

Ich wollte eigentlich am nächsten Tag nach Südfrankreich fliegen, um ein »Date-with-Destiny«-Seminar zu halten. Und nun sollte ich alles stehen und liegen lassen und mich einer Notoperation unterziehen? Das nennt man Schicksal! Ich flog trotzdem und hielt das Seminar wie geplant, und anschließend reiste ich nach Italien, wo ich mich in dem wunderschönen Fischerdorf Portofino einquartierte. Dort flippte ich dann aus. Ich fühlte mich wie ein völlig anderer Mensch, der schon bei den geringsten Anlässen wütend und genervt war. Was *stimmte nicht* mit mir?

In meiner Kindheit und Jugend wuchs ich in konstanter Unsicherheit auf. Wenn meine Mutter im Drogenrausch und wütend war, verlor sie manchmal selbst wegen Bagatellen die Kontrolle. Wenn sie glaubte, ich hätte wegen irgendetwas gelogen, flößte sie mir Seife ein, bis ich mich übergab oder knallte meinen Kopf gegen die Wand. Seitdem habe ich mich ein Leben lang trainiert und mir beigebracht, in einer *unsicheren Welt* Sicherheit zu finden. Dennoch hatte ich zugelassen, dass die Kommentare meines Arztes mich in einen Zustand tiefster Verunsicherung stürzten. Aus dem Nichts hatte sich meine Welt auf den Kopf gestellt, und das Leben, das ich mir aufgebaut hatte, schien zu zerbröseln. Denn wie kann man über *irgendetwas* Sicherheit empfinden, wenn man sich nicht einmal über die Antwort auf die grundlegendste Frage sicher ist: »Werde ich leben oder sterben?«

In einer Kirche von Portofino betete ich für mein Leben. Dann beschloss ich, nach Hause zu fliegen und den Stier bei den Hörnern zu packen. Die folgenden Tage waren irgendwie surreal. Ich erinnere mich, dass ich aus dem Kernspintomografen kam und den ernsten Blick des Labortechnikers sah. Er sagte, in meinem Gehirn befinde sich »eine Masse«, aber er könne mir nichts Näheres sagen, bis der Arzt den Hirnscan interpretiert habe. Der Arzt war beschäftigt, sodass ich weitere 24 Stunden warten musste. Nun war ich mir sicher, dass ich ein echtes Problem hatte, aber ich wusste immer noch nicht, ob es tödlich sein würde.

Schließlich gab mir der Arzt einen Termin, um mir die Testergebnisse mitzuteilen. Der Scan bestätigte die Existenz eines Tumors, zeigte aber auch, dass dieser im Laufe der Jahre um 60 Prozent geschrumpft war. Ich hatte keinerlei negative Symptome und war seit meinem 17. Lebensjahr nicht mehr gewachsen. Warum sollte ich mich also operieren lassen? Der Arzt warnte mich, zu viele Wachstumshormone könnten eine ganze Reihe gesundheitlicher Probleme auslösen, einschließlich Herzversagen. »Sie machen sich etwas vor«, sagte er. »Wir müssen sofort operieren.«

Und die Nebenwirkungen? Abgesehen von der Gefahr, während der Operation zu sterben, bestand das größte Risiko darin, dass die Operation mein endokrines System beschädigen würde, sodass ich nie wieder dieselbe Energie haben würde. Das war ein Preis, den ich nicht zu zahlen bereit war. Meine Mission, anderen Menschen dabei zu helfen, ihr Leben zu transformieren, nimmt ein hohes Maß an Energie und Leidenschaft in Anspruch. Ich fragte mich, was passieren würde, wenn ich als Folge der Operation nicht mehr in der Lage wäre, mein Lebenswerk fortzuführen. Um Ihnen eine Vorstellung zu geben: Eine meiner durchschnittlichen Wochenendveranstaltungen dauert vier Tage und insgesamt 50 Stunden und daran nehmen rund 10 000 Menschen teil. Heutzutage schaffen es die Menschen nicht einmal, sich einen dreistündigen Kinofilm bis zu Ende anzusehen, der 300 Millionen Dollar gekostet hat! Ohne einen gewaltigen Energiepegel könnte ich niemals Menschen aus bis zu 40 verschiedenen Ländern ein Erlebnis bereiten, dem sie nicht nur ihre komplette Aufmerksamkeit schenken, sondern das ihnen das Gefühl gibt, es könne ihr gesamtes Leben verändern.

Der Arzt reagierte unwirsch: »Ohne den Eingriff werden Sie möglicherweise nicht mehr lange leben.« Ich wollte eine zweite Meinung einholen, doch er weigerte sich, einen anderen Arzt zu empfehlen.

Über einige Freunde fand ich schließlich meinen Weg zu einem legendären Endokrinologen in Boston. Er durchleuchtete mein Gehirn erneut und setzte sich dann mit mir zusammen, um die Ergebnisse zu besprechen. Er war ein wunderbarer Mann, sehr mitfühlend und seine gesamte Haltung war völlig anders. Er sagte, ich bräuchte keine Operation; die Risiken seien zu groß. Stattdessen empfahl er mir, zweimal pro Jahr in die Schweiz zu fliegen, um mir ein Medikament injizieren zu lassen, das sich noch in der Testphase befand und in den USA noch nicht zugelassen war. Er war sicher, dieses Medikament würde ein weiteres Wachstum des Tumors stoppen und verhindern, dass die Wachstumshormone gefährliche Herzprobleme verursachten.

Als ich ihm von dem Arzt erzählte, der eine Hirnoperation an mir vornehmen wollte, lachte er und sagte: »Der Metzger will schlachten, der Bäcker will backen und Chirurgen wollen schneiden – und ich will Ihnen Medikamente verpassen!« Das stimmte. Wir alle tun am liebsten, wovon wir am meisten verstehen. Das Problem war in der Tat, dass auch dieses Medikament vermutlich gravierende Auswirkungen auf meinen Energiepegel haben würde. Der Endokrinologe erkannte, warum mich das so besorgt machte: »Sie sind wie Samson«, sagte er. »Sie haben Angst, Ihre Macht zu verlieren, wenn wir Ihnen die Haare schneiden.«

Ich fragte ihn, was passieren würde, wenn ich gar nichts unternahm – keine Operation, keine Medikamente.

»Das weiß ich nicht«, erwiderte er. »Das weiß niemand.«

»Warum sollte ich diese Medikamente dann nehmen?«

»Wenn Sie sie *nicht* nehmen«, sagte er, »haben Sie keine Gewissheit, dass Sie noch lange leben werden.«

Inzwischen empfand ich aber *keine* Ungewissheit mehr. Es gab keinerlei Belege dafür, dass sich meine Gesundheit in den letzten 14 Jahren verschlechtert hatte. Warum sollte ich also das Glück herausfordern und mich einer hochriskanten Operation unterziehen oder mir irgendein noch nicht vollständig getestetes Medikament spritzen lassen? Ich beriet mich anschließend noch mit weiteren Ärzten, bis ich schließlich einen fand, der mir sagte: »Tony, es stimmt. Sie haben einen ungewöhnlich hohen Pegel an Wachstumshormonen im Blut, aber bisher hat das keinerlei schädliche Nebenwirkungen gehabt. Tatsächlich könnte es Ihrem Körper sogar helfen, sich schneller zu regenerieren. Ich kenne Bodybuilder, die 1200 Dollar pro Woche ausgeben müssten, um die Wachstumshormone zu bekommen, die Sie gratis besitzen.«

Am Ende beschloss ich, nichts weiter zu tun, als mich alle paar Jahre testen zu lassen, um zu sehen, ob sich mein Zustand irgendwie verschlechtert hatte. Damals war mir das nicht klar, aber inzwischen weiß ich, dass ich einer tödlichen Kugel ausgewichen bin. Die amerikanische

Zulassungsbehörde FDA verbot später das empfohlene Medikament, weil nachfolgende Studien ergeben hatten, dass es krebserregend war. Trotz seiner besten Absichten hätte der schlechte Rat meines großherzigen Endokrinologen mein Leben ruinieren können.

Und wissen Sie was? Auch jetzt, 24 Jahre später, *habe* ich den Tumor noch. In der Zwischenzeit habe ich ein großartiges Leben geführt und war mit zahlreichen Gelegenheiten gesegnet, Millionen von Menschen zu helfen. Das war nur möglich, weil ich mich angesichts der Ungewissheit innerlich unangreifbar gemacht hatte. Hätte ich überreagiert oder wäre fraglos dem Rat einer der Ärzte gefolgt, ohne alle Optionen zu durchdenken, würde mir heute ein Teil meines Gehirns fehlen oder ich hätte womöglich Krebs oder ich wäre sogar tot. Hätte ich mich auf die *Ärzte* verlassen, wäre das eine Katastrophe gewesen. Stattdessen fand ich die Gewissheit in mir selbst, obwohl sich meine äußeren Umstände überhaupt nicht verändert hatten.

Könnte ich morgen an meinem Hirntumor sterben? Ja. Ich könnte aber auch bei dem Versuch, eine Straße zu überqueren, von einem Lastwagen überfahren werden. Ich lebe trotzdem nicht in der ständigen Angst, was alles passieren könnte. Ich blende das aus. **Auch Sie können sich unangreifbar machen, doch das ist ein Geschenk, das nur *Sie* sich machen können.** Was die wichtigsten Lebensbereiche angeht – Ihre Familie, Ihren Glauben, Ihre Gesundheit und Ihre Finanzen –, können nur Sie bestimmen, was Sie tun. Niemand sonst. Es ist großartig, sich von Experten coachen zu lassen, doch die abschließende Entscheidung können Sie nicht abgeben; die müssen Sie schon selbst treffen. Sie können niemandem die Kontrolle über *Ihr* Schicksal überlassen, egal wie ehrlich oder kompetent er oder sie auch sein mag.

Warum ich Ihnen in einem Buch über Geld und Investition diese Geschichte über Leben und Tod erzähle? Weil es wichtig ist zu verstehen, dass es im Leben *keine* absolute Gewissheit gibt. **Wenn Sie sicher sein wollen, dass Sie niemals Geld an den Finanzmärkten verlieren, können Sie Ihre Ersparnisse in Bargeld vorhalten, aber dann werden Sie nie die Chance haben, finanzielle Freiheit zu erlangen. Warren Buffett formulierte es treffend: »Gewissheit hat einen hohen Preis.«**

Trotzdem vermeiden viele Menschen finanzielle Risiken, weil die Ungewissheit ihnen einen großen Schrecken einjagt. Im Jahr 2008 brach der US-Aktienmarkt um 37 Prozent ein (von seinem Höchststand bis zu seinem Tiefststand verlor er mehr als 50 Prozent). Fünf Jahre später ergab eine von Prudential Financial durchgeführte Umfrage, dass 44 Prozent der Amerikaner *immer noch* schworen, sie würden nie wieder in Aktien investieren, weil sie von der Erinnerung an die Finanzkrise so schockiert waren. Im Jahr 2015 ergab eine andere Umfrage, dass fast 60 Prozent der Millennials, die den Zusammenbruch von 2008/2009 miterlebt hatten, den Finanzmärkten misstrauten. Laut dem State Street Corporation's Center for Applied Research halten viele Millennials 40 Prozent ihrer Ersparnisse in Bargeld vor!

Es bricht mir das Herz zu sehen, dass so viele Millennials nicht investieren. Lassen Sie mich Ihnen eines sagen: **Wenn Sie in ständiger Angst leben, haben Sie das Spiel schon verloren, bevor es überhaupt begonnen hat. Wie können Sie irgendetwas erreichen, wenn Sie zu große Angst haben, um ein Risiko einzugehen?** Shakespeare schrieb vor vier Jahrhunderten: »Feiglinge sterben viele Male vor ihrem eigentlichen Tod; die Mutigen sterben nur ein Mal.«

Eines will ich jedoch klarstellen: Ich rede hier nicht dem Leichtsinn das Wort! Was meine Gesundheit betrifft, habe ich mich mit zahlreichen Experten beraten, alle Optionen abgeklopft und mich von den Fakten leiten lassen, anstatt von den Emotionen oder dem beruflichen Tunnelblick anderer. Dieser Prozess erlaubte es mir, das Gefühl der Ungewissheit zu überwinden und eine unangreifbare Gewissheit zu erlangen.

Das Gleiche gilt für die Geldanlage. **Sie wissen *nie*, wie sich der Aktienmarkt verhalten wird. Ungewissheit ist aber keine Entschuldigung für Untätigkeit.** Sie können die Kontrolle übernehmen, indem Sie sich selbst schulen, die langfristigen Muster des Markts studieren, die besten Investoren nachahmen und auf Basis des Verständnisses der Kriterien, die sich für sie über Jahrzehnte bewährt haben, rationale Entscheidungen treffen. Warren Buffett sagte dazu: **»Risiko entsteht dann, wenn Anleger nicht wissen, was sie tun.«**

Eines *wissen* wir aber ganz sicher: Irgendwann in der Zukunft wird es einen Börsencrash geben, so wie es schon zahlreiche in der Vergangenheit gegeben hat. Doch ist es sinnvoll, sich von Angst lähmen zu lassen, nur weil das Risiko besteht, dass man vielleicht irgendwann von einem Börsencrash getroffen wird? Glauben Sie mir, es war nicht leicht zu akzeptieren, dass ich einen Hirntumor habe. Die letzten 25 Jahre ging es mir aber deswegen so gut, weil ich gelernt habe, angstfrei zu leben. Bedeutet Furchtlosigkeit, *keine* Angst zu verspüren? Keineswegs! Es bedeutet, seine Ängste zu *überwinden*. Wenn der nächste Bärenmarkt kommt und andere in Panik geraten, möchte ich, dass Sie das Wissen und die innere Kraft haben, Ihre aufkommenden Ängste zu überwinden. Diese Art der Furchtlosigkeit angesichts der Ungewissheit wird Sie reich belohnen.

Während andere in Panik vor Bärenmärkten leben, werden Sie in diesem Kapitel feststellen, dass sie die größte Chance zur Vermögensbildung Ihres Lebens bieten. Warum? Weil dann selbst die besten Geldanlagen zum Schnäppchenpreis zu haben sind! Stellen Sie sich vor, Sie würden gerne einen Ferrari besitzen und würden dann entdecken, dass Sie ihn zum halben Preis bekommen können. Wären Sie da etwa niedergeschlagen? Ganz im Gegenteil! Wenn am Börsenmarkt dagegen Ausverkaufsstimmung herrscht, reagieren die meisten Menschen, als sei das die ultimative Katastrophe. Sie müssen verstehen, dass Bärenmärkte Ihnen nützen. Wenn Sie kühl und besonnen bleiben, bieten sie Ihnen die Chance, Ihren Weg zur finanziellen Freiheit zu verkürzen. Wenn Sie innere Gewissheit erlangen, werden Sie bei einem Börsencrash sogar eine *freudige* Spannung empfinden.

Nun reiche ich den Stab an meinen Freund und Partner Peter Mallouk weiter, der Ihnen erklären wird, wie er und sein Unternehmen Creative Planning durch den letzten großen Bärenmarkt 2008/2009 navigierten. Peter spricht nicht gerne öffentlich über seine phänomenalen Ergebnisse. Ich muss Ihnen aber sagen, dass er die Krise so meisterhaft bewältigt hat, dass aus dem unter seinem Management verwalteten Vermögen von 500 Millionen Dollar im Jahr 2008 mehr als 1,8 Milliarden Dollar im Jahr 2010 wurden, und das praktisch ohne jede Werbung oder Marketing. Inzwischen ist er für 22 Milliarden Dollar verantwortlich. Außerdem ist Creative Planning das einzige Unternehmen, das von *Barron's* jemals in drei aufeinanderfolgenden Jahren als beste unabhängige Finanzberatung ausgezeichnet wurde.

Peter wird Ihnen zeigen, wie Sie sich auf einen Bärenmarkt vorbereiten, damit Sie davon profitieren können. Wie er erklären wird, beginnt alles mit der Erstellung eines diversifizierten Portfolios, das sich in guten wie in schlechten Zeiten bewährt. Peter wird Ihnen unschätzbaren Rat über die Kunst der Vermögensaufteilung erteilen. Mit diesem Wissen gerüstet, haben Sie vor Marktverwerfungen nichts mehr zu befürchten. Während andere die Flucht ergreifen, behaupten Sie Ihre Position und erlegen den Bären!

Bereiten Sie sich auf den Bären vor

Von Peter Mallouk

> *»Meine Investitionen werden von einer einfachen Regel diktiert: Sei ängstlich, wenn andere gierig sind, und sei gierig, wenn andere ängstlich sind. Und Angst ist derzeit weit verbreitet.«*
>
> - Warren Buffett im Oktober 2008, als er erklärte, warum er während des Börsencrashs Aktien kaufte

Im Auge des Hurrikans

Am 9. September 2008 brach der Dow Jones Industrial Average um 777 Punkte ein. Das war der größte Verlust innerhalb eines Tages, den es jemals gegeben hatte, und er vernichtete 1,2 Billionen Dollar an Vermögen.

Am selben Tag erreichte der VIX-Index, ein Barometer, das die Angst der Anleger misst, den höchsten Stand in seiner Geschichte. Am 5. März 2009 hatte der Markt mehr als 50 Prozent seines Werts eingebüßt, verheert von der schlimmsten Finanzkrise seit der Großen Depression.

Das war der perfekte Sturm. Banken brachen zusammen wie Kartenhäuser. Erfolgreiche Fonds explodierten und mussten geschlossen werden. Einige der angesehensten Investoren der Wall Street sahen ihre Reputation zu Bruch gehen. Dennoch betrachte ich diese turbulente Zeit im Rückblick als einen der Höhepunkte meiner Laufbahn – eine Zeit, in der meine Vermögensverwaltung, Creative Planning, seine Kunden sicher durch die aufgewühlte See steuerte und sie so positionierte, dass sie den Crash nicht nur überlebten, sondern auch enorm von der anschließend einsetzenden Kurserholung profitierten.

Tony hat mich gebeten, Ihnen diese Geschichte zu erzählen, weil sie eine zentrale Lektion dieses Buchs verkörpert: Bärenmärkte sind entweder die besten oder die schlimmsten aller Zeiten – abhängig von *Ihrer* Entscheidung. **Wenn Sie die falschen Entscheidungen treffen, wie es die meisten Menschen in den Jahren 2008 und 2009 getan haben, kann das eine finanzielle Katastrophe sein, die Sie Jahre oder sogar Jahrzehnte in der Vermögensbildung zurückwirft.** Sie werden hier lernen, Bärenmärkte aufgrund der beispiellosen Chancen, die sich für kühle Schnäppchenjäger bieten, zu begrüßen.

Wie hat unser Schiff die stürmische See überstanden, während so viele andere auf Grund gelaufen sind? Wir hatten das bessere Schiff! Schon lange bevor der Bärenmarkt eintrat, hatten wir uns in dem Wissen, dass der Himmel nicht ewig wolkenlos sein würde und Stürme eine unvermeidliche wiederkehrende Erscheinung sind, entsprechend vorbereitet. Niemand von uns weiß, *wann* ein Bärenmarkt eintreffen, wie *schlimm* er sein und wie *lange* er dauern wird. Wie Sie in Kapitel 2 erfahren haben, hat sich in den vergangenen 115 Jahren im Schnitt alle drei Jahre ein Bärenmarkt ereignet. Dennoch gibt es keinen Grund, den Kopf in den Sand zu stecken. Es ist vielmehr ein Grund dafür zu sorgen, dass Ihr Schiff seetauglich und sicher ist, unabhängig von den Wetterbedingungen.

Wie wir in diesem Kapitel ausführlich besprechen werden, gibt es zwei wesentliche Methoden, um sich vorzubereiten. Erstens die richtige Vermögensaufteilung, das heißt der jeweilige Anteil Ihres Vermögens, den Sie in eine Assetklasse investieren. Dazu gehören Aktien, Anleihen, Immobilien und alternative Geldanlagen. Zweitens müssen Sie so konservativ positioniert sein (und einige Rücklagen für schlechte Zeiten behalten), dass Sie nicht gezwungen sind zu verkaufen, wenn die Aktienkurse gerade gefallen sind. Diese beiden Regeln sind das Äquivalent von Schwimmwesten und ausreichenden Nahrungsvorräten, bevor Sie in See stechen. **Meiner Einschätzung nach gehen 90 Prozent des Überlebens in einem Bärenmarkt auf eine gute Vorbereitung zurück.**

Worin bestehen die restlichen 10 Prozent? Sie haben mit Ihren emotionalen Reaktionen zu tun, wenn Sie sich mitten im Sturm befinden. Viele Leute glauben, sie hätten Eis in ihren Adern. Doch wie Sie vielleicht selbst schon einmal erlebt haben, sind Markteinbrüche und Panikstimmung psychologisch anstrengende Momente. Das ist einer der Gründe, warum es gut ist, einen kampferprobten Finanzberater zu haben. Er bietet einen emotionalen Anker und hilft Ihnen, die Ruhe zu bewahren, sodass Sie nicht im schlimmsten Moment schwach werden und über Bord springen.

Ein Vorteil, den unsere Kunden genossen, bestand darin, dass wir uns zuvor große Mühe gegeben hatten, sie umfassend zu informieren und zu schulen, damit sie bei einem Kurseinbruch nicht in Schockstarre verfielen. Sie verstanden, *warum* sie die Geldanlagen hatten, die sie hatten, und sie wussten, wie sich diese Investitionen bei einem Börseneinbruch wahrscheinlich verhalten würden. Das ist so, als würde Ihr Arzt Ihnen vorab mitteilen, dass ein bestimmtes Medikament Sie wahrscheinlich müde macht oder Übelkeit verursacht. Wenn Sie diese Nebenwirkung verspüren, sind Sie nicht sonderlich überrascht und können viel besser damit umgehen.

Dennoch brauchten einige Kunden viel Rückenstärkung. »Sollten wir die Aktien jetzt nicht besser verkaufen und Bargeld vorhalten?«, fragten sie. »Fühlt sich dieser Einbruch nicht irgendwie anders an?« Das erinnerte mich an Sir John Templetons berühmte Bemerkung: »Die fünf teuersten Worte im Investment sind ›Dieses Mal ist alles anders‹.« Inmitten einer schweren Börsenkrise glauben die Anleger *immer*, dass dieses Mal alles anders sei. Überwältigt von der Flut an schlechten Nachrichten, die jeden Tag über die Medien auf sie einprasseln, beginnen sie sich zu fragen, ob sich der Markt je wieder erholen wird oder ob irgendetwas ganz Grundlegendes zusammengebrochen ist, das sich nicht mehr kitten lässt.

»James verließ nie sein Bett, da er in der Finanzwelt nichts als Gefahren sah.«

Ich erinnerte meine Kunden immer wieder daran, dass aus jedem Bärenmarkt in der US-Geschichte irgendwann wieder ein Bullenmarkt geworden ist, egal wie schrecklich die Nachrichten in der jeweiligen Krise auch waren. Denken Sie nur an die zahlreichen Kalamitäten und Krisen im 20. Jahrhundert: die Grippeepidemie im Jahr 1918, der weltweit mehr als 50 Millionen Menschen zum Opfer fielen; der Zusammenbruch der US-Börse im Jahr 1929, die der Auftakt zur Weltwirtschaftskrise war; die zwei Weltkriege; viele weitere blutige Konflikte, von Vietnam bis zum Golfkrieg; die Watergate-Affäre, die Präsident Nixon zu Fall brachte sowie zahllose Rezessionen und Marktpaniken. Wie hat sich der Börsenmarkt in diesem chaotischen Jahrhundert eigentlich entwickelt? **Der Dow Jones Industrial Average stieg unaufhaltsam von 66 auf 11 497 Punkte.**

Folgendes sollten Sie sich auf Basis der letzten 115 Jahre stets in Erinnerung rufen: Kurzfristig mögen die Börsenaussichten trübe sein, aber der Aktienmarkt erholt sich *immer*. Warum sollten Sie gegen dieses langfristige Muster aus Resilienz und Erholung wetten? Die historische Perspektive gibt mir Seelenfrieden und ein Gefühl der Unangreifbarkeit, und ich hoffe, sie wird Ihnen dabei helfen, Ihren Fokus zu wahren, unabhängig von den Marktkorrekturen und -einbrüchen, die wir in den kommenden Jahren und Jahrzehnten erleben werden.

Die besten Investoren wissen, dass der Pessimismus *nie* lange anhält. Templeton verdiente sein erstes Vermögen zum Beispiel, indem er in den dunkelsten Tagen des Zweiten Weltkriegs in US-Aktien investierte, die kaum noch etwas wert waren. Später erklärte er, er investiere gerne »während des tiefsten Pessimismus«, wenn Aktien zum Schleuderpreis zu haben sind. Auf ähnliche Weise tätigte Warren Buffett im Jahr 1974 aggressive Investitionen, als die Märkte unter dem arabischen Öl-Embargo und der Watergate-Affäre litten. Während andere verzweifelt waren, war er überaus »bullish« gestimmt, wie er dem Wirtschaftsmagazin *Forbes* erklärte: »Jetzt ist der Zeitpunkt, um zu investieren und reich zu werden.«

Psychologisch gesehen ist es nicht leicht, Aktien zu kaufen, wenn der Pessimismus die Märkte fest im Griff hat, doch die Belohnung folgt oft in spektakulär kurzer Zeit. Im Oktober 1974 erreichte der S&P 500 seinen Tiefpunkt, legte in den folgenden zwölf Monaten aber um 38 Prozent zu. Im August 1982, als die Inflation völlig außer Kontrolle war und die Zinssätze fast 20 Prozent betrugen, fiel der S&P 500 erneut in den Keller – und schoss in den folgenden zwölf Monaten um 59 Prozent in die Höhe. Können Sie sich vorstellen, wie sich die Anleger fühlten, die während der Krise in Panik geraten waren und verkauft hatten? Sie machten nicht nur den katastrophalen Fehler, die Verluste zu realisieren, sondern verpassten zudem die dramatischen Zuwächse, als sich der Markt wieder erholte. Das ist der Preis der Angst!

Als der Bär im Jahr 2008 erneut zuschlug, war ich fest entschlossen, das Beste aus dieser Chance zu machen. Ich hatte keine Ahnung, *wann* sich der Markt wieder erholen würde, aber ich war sicher, *dass* er sich erholen würde. Auf dem Höhepunkt der Krise schrieb ich unseren Kunden: »Es gibt in der Geschichte schlichtweg keinen Präzedenzfall, dass der Markt sich dauerhaft auf einem derart niedrigen Niveau eipendelt ... es gibt nur zwei potenzielle Ergebnisse: das Ende Amerikas, so wie wir es kennen, oder eine Erholung. Jedes Mal, als die Anleger auf die erste Möglichkeit gesetzt haben, haben sie verloren.«

Während der Krise investierten wir im Namen unserer Kunden weiterhin umfangreich in den Aktienmarkt. Wir nahmen die Gewinne erfolgreicher Assetklassen, wie zum Beispiel Anleihen, und investierten die Renditen in schwache Assetklassen, wie amerikanische Blue Chips und Nebenwerte, internationale Aktien und Aktien aus Emerging Markets. Anstatt Einzelaktien auszuwählen, kauften wir Indexfonds, die uns eine sofortige Diversifikation (zu niedrigen Gebühren) über diese massiv unterbewerteten Märkte boten.

Was war das Ergebnis dieser Strategie? Nachdem der S&P 500 im März 2009 seinen absoluten Tiefpunkt erreicht hatte, machte er in den folgenden zwölf Monaten 69,5 Prozent wieder gut. **Innerhalb von fünf Jahren stieg der Index um 178 Prozent und bestätigte unsere Überzeugung, dass Bärenmärkte das ultimative Geschenk für opportunistische Anleger mit langfristiger Perspektive sind. Zu dem Zeitpunkt, da ich diesen Text schreibe, ist der Markt seit seinem Tiefpunkt im Jahr 2009 um 266 Prozent gestiegen.**

Wie Sie sich vorstellen können, waren unsere Kunden geradezu ekstatisch. Ich bin stolz darauf, sagen zu können, dass unsere Kunden in der Krise Standfestigkeit bewiesen haben und kaum einer von Bord gegangen ist. Als Ergebnis profitierten sie entsprechend von der Markterholung. Nur zwei Kunden, die ausgestiegen sind, sind mir im Gedächtnis geblieben. Einer der beiden war ein Neukunde, der kurz vor Ausbruch der Krise mit einem äußerst immobilienlastigen Portfolio zu uns gekommen war. Wir halfen ihm, es zu diversifizieren, wodurch er ein Vermögen sparte, als der Immobilienmarkt implodierte. Doch er ertrug die Volatilität der Aktien nicht, geriet in Panik und verkaufte alle seine Positionen.

Ein Jahr später rief ich ihn an, um zu hören, wie es ihm ging. Zu dem Zeitpunkt hatte der Markt eine echte Rallye absolviert. Dennoch blieb unser ehemaliger Kunde passiv, weil er zu nervös war, um zu investieren. Soweit mir bekannt ist, wartet er *immer noch* und hat den gesamten Bullenmarkt der letzten sieben Jahre verpasst. Wie schon erwähnt: Sicherheit hat einen sehr hohen Preis.

Der andere Kunde, der Creative Planning während der Krise verließ, war von der Flut an negativer Berichterstattung überwältigt. Er hörte auf Experten, die behaupteten, der Markt würde 90 Prozent seines Werts verlieren oder der Dollar würde kollabieren oder die USA würden ihren Bankrott erklären, und all diese Kassandrarufe verschreckten ihn. Hinzu kam, dass seine Tochter diesen Befürchtungen weitere Nahrung gab. Sie arbeitete bei Goldman Sachs, wo sie wirklich brillante Kollegen hatte.

Doch einer von ihnen überzeugte sie davon, dass das Finanzsystem vollkommen zusammenbrechen würde und Gold der einzige sichere Hafen sei. Ihr Vater hörte auf sie, versilberte alle seine Aktien im ungünstigsten Augenblick und verlor mit Gold ein Vermögen. Als ich Monate später mit ihm sprach, erklommen die Aktienkurse neue Höhen, aber er fürchtete, für ihn sei es zu spät, um noch einmal einzusteigen. Er war völlig verängstigt.

Es macht mich traurig, das sagen zu müssen, aber diese beiden ehemaligen Kunden erlitten aufgrund ihrer voreiligen Panikverkäufe einen dauerhaften finanziellen Schaden, weil sie sich von ihren Emotionen überwältigen ließen. Im nächsten Kapitel werden wir untersuchen, wie sich einige der häufigsten psychologischen Fehler vermeiden lassen, die Anleger immer wieder machen. **Zunächst wollen wir uns aber auf ein gleichermaßen zentrales Thema konzentrieren: wie man sich auf den nächsten Bärenmarkt konzentriert, indem man ein diversifiziertes Portfolio erstellt, das die Risiken minimiert und die Renditechancen steigert.** Das wird Ihnen dabei helfen, in jeder Großwetterlage Gewinne zu erzielen, *und* Sie nachts gut schlafen lassen!

Die Erfolgszutaten

Der mit dem Nobelpreis ausgezeichnete Ökonom Harry Markowitz prägte den berühmten Satz, die Diversifikation sei der einzige Vorteil im Investmentgeschäft, der »kostenlos« (»free lunch«) zu haben ist. Welches sind die Erfolgszutaten? Wir werden sie hier für Aktien, Anleihen und alternative Investitionen kurz beschreiben. Anschließend werden wir darüber sprechen, wie man sie so mischt, dass ein gut diversifiziertes Portfolio entsteht. Vorher wollen wir aber erklären, *warum* ein Portfolio möglichst viele verschiedene Assetklassen enthalten sollte.

Beginnen wir mit einem einfachen Gedankenexperiment. Stellen Sie sich vor, ich hätte eine Reihe Gäste in mein Haus eingeladen und würde jedem 1 Dollar dafür bieten, dass er die Straße überquert. Zufällig lebe ich an einer ruhigen Straße in einem Vorort mit wenig Verkehr. Mein Angebot fühlt sich daher an wie ein Geschenk. Nehmen wir nun an, ich würde mein Angebot ändern und meinen Gästen eine Alternative bieten: Entweder überqueren sie meine Straße für 1 Dollar oder eine vierspurige Schnellstraße für dasselbe Geld. Niemand würde sich in dem Fall für die

Schnellstraße entscheiden. Doch was, wenn ich 1000 oder sogar 10 000 Dollar böte? An irgendeinem Punkt würde mein Angebot eine Höhe erreichen, bei der *irgendjemand* einschlagen und sich bereit erklären würde, die Schnellstraße zu überqueren.

Was ich hier soeben illustriert habe, ist die Beziehung zwischen Risiko und Rendite. In beiden Szenarien besteht ein Verletzungsrisiko. Mit steigendem Risiko muss auch die Rendite steigen, damit das Angebot als fair wahrgenommen wird. **Die zusätzliche Belohnung beziehungsweise die Renditeaussichten, die Sie im Gegenzug für das erhöhte Risiko erhalten, bezeichnet man als Risikoprämie.** Wenn Experten Ihre Vermögensaufteilung vornehmen, bewerten sie für jede Assetklasse die Risikoprämie. Je riskanter eine Assetklasse erscheint, desto höher die Renditeerwartungen des Investors.

Als Finanzberater erstelle ich ein Kundenportfolio, indem ich verschiedene Assetklassen mit unterschiedlichen Risikoeigenschaften und unterschiedlichen Renditechancen miteinander kombiniere. **Das Ziel ist, die angestrebte *Rendite* mit dem *Risiko*, das Sie einzugehen bereit sind, in Balance zu bringen.** Die Schönheit der Diversifikation liegt darin, dass sie Ihnen ermöglicht, eine höhere Rendite zu erzielen, ohne sich dafür höheren Risiken aussetzen zu müssen. Wie das geht? Die unterschiedlichen Assetklassen bewegen sich üblicherweise nicht im Gleichklang. Im Jahr 2008 brach der S&P 500 um 38 Prozent ein, gleichzeitig stiegen Investment-Grade-Anleihen um 5,24 Prozent.* Wenn Sie zu der Zeit Aktien *und* Anleihen besaßen, war Ihr Risiko geringer und Sie konnten höhere Renditen erzielen, als wenn Sie ein reines Aktienportfolio besessen hätten.

Nun wollen wir einen Blick auf die großen Assetklassen werfen, die wir kombinieren können, damit Sie Ihr Wunschziel erreichen!

Aktien

Wenn Sie eine Aktie kaufen, kaufen Sie keinen Lottoschein, sondern werden Anteilseigner an einem echten Unternehmen. Der Wert Ihrer Aktien steigt oder fällt abhängig vom wahrgenommenen Unternehmenserfolg. Viele Aktien zahlen zudem Dividenden aus – eine quartalsweise Gewinn-

* Ergebnis des Bloomberg Barclays US Aggregate Bond Index von 2008

ausschüttung an die Aktionäre. Indem Sie in eine Aktie investieren, verwandeln Sie sich von einem Verbraucher in einen Eigentümer: Wenn Sie ein iPhone kaufen, sind Sie ein Konsument eines Apple-Produkts. Wenn Sie Apple-Aktien kaufen, werden Sie zum Miteigentümer des Unternehmens, welches das iPhone herstellt. Damit haben Sie einen Anspruch auf einen Prozentsatz der zukünftigen Gewinne des Unternehmens erworben.

Welchen Gewinn können Sie als Aktionär erwarten? Das lässt sich unmöglich vorhersagen, aber wir nehmen die Ergebnisse der Vergangenheit als (sehr) grobe Orientierung. *Historisch betrachtet hat der Aktienmarkt über mehr als ein Jahrhundert eine durchschnittliche Jahresrendite von 9 bis 10 Prozent erzielt.* Diese Zahlen täuschen jedoch, weil die Aktienkurse im Laufe dieses Zeitraums stark ausschlagen können. Es ist nicht unüblich, dass der Markt alle paar Jahre um 20 bis 50 Prozent fällt. **Im Schnitt bricht er alle vier Jahre ein.** Diese Realität müssen Sie akzeptieren, damit Sie nicht schockiert sind, wenn die Kurse fallen. Sie sollten daher übertriebene Risiken vermeiden. **Gleichzeitig sollten Sie sich aber auch in Erinnerung rufen, dass der Markt in drei von vier Jahren Gewinne erzielt.**

Kurzfristig ist der Aktienmarkt vollkommen unberechenbar, trotz aller Behauptungen von »Experten«, die vorgeben, die Entwicklung zu kennen! Im Januar 2016 brach der S&P 500 plötzlich um 11 Prozent ein, dann vollzog er eine Kehrtwende und machte seine Verluste genauso schnell wieder wett.

Warum? Howard Marks, einer der angesehensten Investoren Amerikas, sagte Tony in aller Aufrichtigkeit: »Es gab keinen nachvollziehbaren Grund für diesen Einbruch. Genauso wenig wie es einen Grund für den Aufschwung gab.«

Langfristig spiegelt nichts den Konjunkturaufschwung so gut wider wie der Aktienmarkt. **Im Laufe der Zeit wachsen die Wirtschaft und die Bevölkerung, und die Produktivität der Arbeitskräfte steigt. Die steigende Flut des Wirtschaftsbooms macht die Unternehmen profitabler, und das treibt wiederum die Aktienkurse an.** Das erklärt, warum der Markt im Laufe des 20. Jahrhunderts trotz aller Kriege, Krisen und Zusammenbrüche insgesamt gestiegen ist. Erkennen Sie nun, warum es sich lohnt, langfristig in Aktien zu investieren?

Niemand weiß das besser als Warren Buffett. Im Oktober 2008 schrieb er einen Artikel für die *New York Times*, in dem er die Bevölkerung aufforderte, US-Aktien zu erwerben, solange sie noch zu derartigen Schnäppchenpreisen zu bekommen waren, obwohl die Finanzwelt zu dem Zeitpunkt noch ein einziges »Chaos« und »die Schlagzeilen noch eine ganze Zeit lang furchterregend sein« würden. Er schrieb: »Erinnern Sie sich an die ersten Tage des Zweiten Weltkriegs, als sich die Dinge in Europa und der Pazifikregion für die USA sehr schlecht entwickelten. Im April 1942 sank der Markt auf seinen Tiefststand, bevor sich das Schicksal der Alliierten wendete. Anfang der 1980er-Jahre war erneut ein guter Zeitpunkt, um Aktien zu kaufen, als die Inflation völlig außer Rand und Band war und die Konjunktur am Boden lag. **Kurzum, schlechte Nachrichten sind ein Segen für Anleger.** Sie bieten Ihnen die Gelegenheit, zu einem äußerst günstigen Preis einen Anteil an Amerikas Zukunft zu erwerben. Langfristig wird sich der Aktienmarkt positiv entwickeln.«

Ich empfehle Ihnen, sich diesen letzten Satz fest einzuprägen: »*Langfristig wird sich der Aktienmarkt positiv entwickeln.*« Wenn Sie das verinnerlicht haben, können Sie geduldig, unangreifbar und letztlich reich werden.

Wie passen Aktien in Ihr Portfolio? Wenn Sie daran glauben, dass die Wirtschaft und die Unternehmen in zehn Jahren noch besser dastehen werden als heute, dann ist es sinnvoll, einen beträchtlichen Anteil Ihres Vermögens in Aktien zu investieren. **Über einen Betrachtungszeitraum von zehn Jahren steigt der Markt fast immer. Garantien gibt es natürlich nie.** Eine Studie, die von der Vermögensverwaltung Blackrock durchgeführt wurde, zeigte, dass der Markt zwischen 1929 und 1938 im Schnitt 1 Prozent jährlich an Wert verlor. Die gute Nachricht? Blackrock wies auch darauf hin, dass auf dieses Verlustjahrzehnt zwei Jahrzehnte folgten, in denen robuste Gewinne erzielt wurden und der Markt seinen Aufwärtstrend fortsetzte.

Die Herausforderung besteht darin, lange genug investiert zu bleiben, um diese Gewinne realisieren zu können. Das Letzte, was Sie wollen, ist, in einem Bärenmarkt zum Verkauf gezwungen zu sein. Wie können Sie das vermeiden? Erstens, indem Sie nicht über Ihre Verhältnisse leben oder sich zu hohe Schulden aufbürden. Beides sind verlässliche Wege zu finanzieller Verwundbarkeit. Versuchen Sie auf jeden Fall, sich ein finanzielles Sicherheitspolster anzulegen, damit Sie nie in die Verlegenheit kommen, Ihre Aktien in fallenden Märkten zu Geld machen zu müssen. Eine Methode, mit der Sie sich ein solches Polster verschaffen können, ist die Investition in Anleihen.

Anleihen

Wenn Sie eine Anleihe kaufen, gewähren Sie einer Regierung, einem Unternehmen oder irgendeiner anderen Einrichtung, die diese Anleihe emittiert, einen Kredit. Die Finanzdienstleistungsbranche liebt es, Anleihen den Anschein von Komplexität zu verleihen, tatsächlich sind sie aber ganz einfache Instrumente: Anleihen sind Darlehen. Wenn Sie der Regierung Geld leihen, heißen sie *Schatzanleihen, Treasuries* (US-Staatsanleihen) oder *Bundesanleihen.* Wenn Sie einer Stadt Geld leihen, heißen sie *Kommunalanleihen.* Wenn Sie einem Unternehmen wie Microsoft Geld leihen, heißen sie *Unternehmensanleihen,* und wenn Sie einem Unternehmen mit schlechter Bonität Geld leihen, dann heißen sie *Hochzinsanleihen* oder *Schrottanleihen.* Voilà! Sie haben soeben den Grundkurs Anleihen bestanden.

Was können Sie daran verdienen? Das hängt davon ab. Wenn Sie der US-Regierung Geld leihen, verdienen Sie nicht viel, weil das Ausfallrisiko gering ist. Wenn Sie der Regierung von Venezuela Geld leihen (wo die Inflation aktuell 800 Prozent beträgt), sind die Zinsen wegen des hohen Ausfallrisikos wesentlich höher. Im Wesentlichen steigen oder sinken die Zinsen im Verhältnis zum wahrgenommenen Ausfallrisiko. Die US-Regierung bittet sie, an einem sonnigen Tag eine kaum befahrene Landstraße zu überqueren. Venezuela bittet sie, in einer stürmischen Nacht mit verbundenen Augen eine verkehrsreiche Schnellstraße zu überqueren.

Das Risiko, dass ein Unternehmen pleitegeht und seine Schulden nicht zurückzahlt, ist größer als das Risiko, dass die US-Regierung ihre Schulden nicht bezahlt. Daher müssen Unternehmen höhere Zinsen zahlen. Dem vergleichbar muss ein junges Hightechunternehmen höhere Darlehenszinsen zahlen als ein etablierter Gigant wie Microsoft. Ratingagenturen wie Moody's, die die Bonität der Schuldner bewerten, verwenden Bezeichnungen wie »Aaa« und »Baa3«, um die Kreditrisiken abzustufen.

Ein anderer maßgeblicher Faktor ist die Laufzeit der Anleihe. Die US-Regierung zahlt derzeit rund 1,8 Prozent pro Jahr auf eine Anleihe mit einer 10-jährigen Laufzeit. Wenn Sie der Regierung über 30 Jahre Geld leihen, erhalten Sie rund 2,4 Prozent. Der höhere Zinssatz für 30-jährige Staatsanleihen hat einen einfachen Grund: Je länger die Laufzeit, desto riskanter.

Warum soll man in Anleihen investieren? Zum einen sind sie wesentlich sicherer als Aktien, weil der Schuldner rechtlich zur Rückzahlung verpflichtet ist. Wenn Sie eine Anleihe bis zum Ende der Laufzeit halten, erhalten Sie die Anleihesumme zuzüglich der Zinsen zurück – es sei denn, der Emittent geht in der Zwischenzeit bankrott. Als Assetklasse bieten Anleihen ungefähr 85 Prozent der Zeit positive Jahresergebnisse.

Inwieweit sind Anleihen sinnvoll für Ihr Portfolio? Konservative Anleger, die sich im Ruhestand befinden oder keine großen Kursschwankungen aushalten, könnten einen hohen Prozentsatz ihres Vermögens in Anleihen investieren. Weniger konservative Anleger wollen vielleicht einen geringeren Anteil ihres Vermögens in erstklassige Anleihen investieren, um mögliche finanzielle Bedürfnisse, die in den folgenden zwei bis sieben Jahren auftreten könnten, zu erfüllen. Aggressivere Anleger wollen vielleicht einen Teil ihres Geldes in Anleihen vorhalten, um »trockenes Pulver« zu haben, das sie verschießen können, wenn der Aktienmarkt einbricht und sie zu attraktiven Kursen nachkaufen können. **Das ist genau das, was Creative Planning während der Finanzkrise tat: Wir verkauften einige Anleihen unserer Kunden und nutzten die einmalige Chance, Aktien zu extrem günstigen Preisen zu erwerben.**

Hier gibt es nur ein Problem: Es ist sehr schwierig, sich in der aktuellen eigenartigen Wirtschaftslage enthusiastisch über Anleihen zu zeigen. Die Renditen sind so mager, dass man kaum für das eingegangene Risiko entlohnt wird. US-Staatsanleihen, deren Renditen vor Kurzem einen historischen Tiefststand erreicht haben, wirken besonders unattraktiv. Im Ausland bietet sich ein noch unschöneres Bild: Vor Kurzem verkaufte die italienische Regierung eine Anleihe mit 50 Jahren Laufzeit mit einem Zinssatz von 2,8 Prozent. Ja, Sie lesen richtig! Sie verleihen Ihr Geld für *ein halbes Jahrhundert* und können sich glücklich schätzen, wenn Sie dafür 2,8 Prozent pro Jahr erhalten – *falls* dieses wirtschaftlich schwer angeschlagene Land nicht in ernsthafte Schwierigkeiten gerät. Das ist eine der schlechtesten Wetten, die ich je gesehen habe.

Das Problem ist, dass Sie *überhaupt nichts* verdienen, wenn Sie Ihr Vermögen in Bargeld vorhalten. Wenn man die Inflation berücksichtigt, *verlieren* Sie sogar Geld. Anleihen bieten zumindest eine Minirendite. Nach meiner Einschätzung sind Anleihen derzeit das kleinste Übel in einer Umgebung, die vor Übeln nur so strotzt.

Alternative Investments

Jede andere Geldanlage, die nicht in die Kategorie Aktien, Anleihen und Bargeld fallen, bezeichnet man als alternative Anlage. Dazu gehören so exotische Vermögenswerte wie eine Picasso-Sammlung, ein Weinkeller mit kostbaren Raritäten, Oldtimer in einer klimatisierten Garage, kostbare Juwelen oder eine 500-Hektar-Ranch. Wir konzentrieren uns hier aber auf die beliebtesten Alternativen, die für das breite Publikum wahrscheinlich eine größere Relevanz besitzen.

Vorab eine kurze Warnung: Viele alternative Anlagen sind illiquide (mit anderen Worten: schwer verkäuflich), steuerineffizient und oftmals mit hohen Kosten verbunden. Nachdem das klargestellt ist, wollen wir aber auch zwei attraktive Eigenschaften nennen: Sie bieten (gelegentlich) sehr hohe Renditen und korrelieren oft nicht mit den Aktien- und Anleihemärkten, was bedeutet, dass sie zur Diversifikation Ihres Portfolios und damit zur Reduzierung des Gesamtrisikos beitragen. Wenn der Aktienmarkt zum Beispiel um 50 Prozent einbricht, erleiden Sie keinen Vermögensverlust in gleicher Höhe, weil Sie nicht alle Eier in einen Korb gelegt haben. Jede Herausforderung, mit der Sie konfrontiert werden, ist daher ungleich geringer.

Wir wollen nun fünf alternative Anlagen betrachten und beginnen mit drei Alternativen, die mir besonders zusagen, gefolgt von zwei Alternativen, von denen ich persönlich nicht überzeugt bin.

- **REITs (Real Estate Investment Trusts).** Ich bin sicher, dass Sie Leute kennen, die mit einer Direktinvestition in den Immobilienmarkt gute Erfahrungen gemacht haben. Die meisten Menschen können es sich aber nicht leisten zu diversifizieren, indem sie sich eine ganze Batterie an Häusern oder Wohnungen anschaffen. Das ist einer der Gründe, aus denen ich gerne in REITs investiere. Sie bieten eine problemlose, kostengünstige Möglichkeit, breit zu diversifizieren, und zwar sowohl in geografischer Hinsicht als auch was den Immobilientyp betrifft. Sie können zum Beispiel einen kleinen Anteil an einem REIT erwerben, der in Vermögenswerte wie etwa Apartmenthäuser, Bürotürme, Seniorenresidenzen, medizinische Zentren oder Einkaufszentren investiert. Sie profitieren von der Aufwertung der zugrunde den Immobilien und zugleich von einem soliden Einnahmenstrom.
- **Private-Equity-Fonds.** Private-Equity-Gesellschaften erwerben ein Unternehmen teilweise oder ganz. Sie können Mehrwert generie-

ren, indem sie zum Beispiel das Unternehmen restrukturieren, Kosten senken und die Steuerlast optimieren. Ihr Ziel ist der Weiterverkauf des Unternehmens für einen wesentlich höheren Preis. Der Vorteil: Ein Private-Equity-Fonds, der kompetent gemanagt wird, kann hohe Gewinne erzielen und gleichzeitig zur Diversifikation Ihres Portfolios beitragen, weil er im privaten Markt operiert. Der Nachteil: Diese Fonds sind illiquide, riskant und gebührenträchtig. Bei Creative Planning ist es uns gelungen, unsere Beziehungen zu nutzen und uns Zugang zu 22 Milliarden in Fonds zu verschaffen, die von einer der zehn besten Private-Equity-Gesellschaften gemanagt werden. Die Mindestinvestition beträgt normalerweise 10 Millionen Dollar, aber unsere Kunden können mit einer Mindestsumme von 1 Million Dollar einsteigen. Wie Sie sehen, steht dieses Instrument nicht jedem Anleger offen, aber die besten Fonds sind die hohen Gebühren wert.

- **Master Limited Partnerships (MLPs).** Ich bin ein großer Fan von MLPs, die typischerweise in Energieinfrastrukturprojekte investieren, einschließlich Öl- und Gasleitungen. Worin besteht ihre Attraktivität? Wie Tony im vorhergehenden Kapitel bereits erwähnt hat, empfehlen wir gelegentlich MLPs, weil sie hohe Einnahmen versprechen und nachgelagert besteuert werden. Für viele Anleger sind sie nicht sinnvoll (zum Beispiel wenn Sie jung sind oder Ihr Geld auf einem IRA-Konto angelegt haben), aber für US- Anleger über 50, die hohe Einkommensteuern zahlen, sind sie ein sehr empfehlenswertes Instrument.
- **Gold.** Einige Menschen hegen den beinahe religiösen Glauben, Gold sei der perfekte Schutz gegen Wirtschaftschaos. Sie argumentieren, es sei die einzig wahre Währung, falls die Wirtschaft vollkommen zusammenbrechen, die Inflation außer Kontrolle geraten oder der Dollar kollabieren sollte. Meine Meinung? Gold erwirtschaftet keine Einnahmen und ist keine wichtige Ressource. Wie Warren Buffett einst sagte: »Gold wird in Afrika oder anderswo aus dem Boden gegraben. Dann schmelzen wir es ein, buddeln ein weiteres Loch, in dem wir es wieder vergraben, und bezahlen Menschen dafür, dass sie sich drum herumstellen und es bewachen. Gold hat keinen Nutzwert. Jeder, der das vom Mars aus betrachten würde, würde ungläubig den Kopf schütteln.« Dennoch schießt der Goldpreis gelegentlich in die Höhe, und

dann stürzen sich alle darauf! Jedes Mal – ohne Ausnahme – ist der Preis anschließend wieder abgestürzt. Historisch betrachtet haben Aktien, Anleihen, Energierohstoffe und Immobilien bessere Ergebnisse erzielt als Gold. Beweisen Sie mir das Gegenteil.

- **Hedgefonds.** Bei Creative Planning haben Hedgefonds keinen Platz. Warum nicht? Einige wenige dieser privaten Partnerschaften haben über viele Jahre brillante Ergebnisse erzielt, aber dabei handelt es sich um eine verschwindend geringe Minderheit. Die besten von ihnen nehmen inzwischen sowieso keine neuen Investoren mehr an. Das Problem ist, dass Hedgefonds in allen wichtigen Kategorien mit einem großen Nachteil starten: Steuern, Gebühren, Risikomanagement, Transparenz, Liquidität. Die meisten verlangen 2 Prozent Gebühren pro Jahr zuzüglich 20 Prozent der Anlegergewinne. Was erhalten Sie im Gegenzug? Zwischen 2009 und 2015 blieben die Ergebnisse der durchschnittlichen Hedgefonds in allen sechs Jahren hinter dem S&P 500 zurück. Im Jahr 2014 kehrte z.B. der größte amerikanische Pensionsfonds CalPERS (California Public Employee's Retirement System) Hedgefonds komplett den Rücken. Meiner Meinung nach sind Hedgefonds speziell für Trottel oder besonders risikofreudige Spekulanten gemacht, die ganz große Wetten eingehen wollen. Sie können durchaus *jemanden* reich machen, aber das werden wahrscheinlich nicht Sie sein.

Ein massgeschneiderter Ansatz zur Vermögensaufteilung

Nun kennen Sie die Zutaten, die Sie verwenden können, aber wie sollten Sie sie kombinieren, um daraus das perfekte Erfolgsrezept zu machen? Die Wahrheit ist, dass es kein Patentrezept gibt, das für alle gleichermaßen geeignet ist. Dennoch verwenden viele Finanzberater eine Pauschalmethode zur Vermögensaufteilung und ignorieren damit die entscheidenden Unterschiede in den Bedürfnissen ihrer Kunden. Das ist so, als würden Sie einem Vegetarier ein blutiges Steak oder einem Kannibalen einen Grünkohlsalat servieren.

Ein weit verbreiteter, aber verfehlter Ansatz besteht darin, dass Lebensalter des Anlegers zum Ausgangspunkt zu nehmen, um den Prozentsatz an Anleihen im Portfolio zu bestimmen. Wenn Sie zum Beispiel 55 Jahre alt sind, würde der Anteil Ihres Vermögens, den Sie in Anleihen investieren, 55 Prozent betragen. Mir erscheint das stark vereinfacht. **In Wahrheit sollte sich der Assettyp danach richten, was Sie *persönlich* erreichen möchten.** Immerhin hat eine 55-jährige alleinerziehende Mutter, die für das Studium ihrer Tochter spart, andere Prioritäten als ein 55-jähriger Unternehmer, der gerade für viele Millionen sein Unternehmen verkauft hat und nun ein philanthropisches Vermächtnis aufbauen möchte. Es ergibt keinen Sinn, beide nach Schema F zu behandeln und so zu tun, als hätten sie die gleichen Bedürfnisse, nur weil sie gleich alt sind!

Ein weiterer häufig verwendeter Ansatz basiert auf der Risikotoleranz des Anlegers. Sie als Kunde füllen einen Fragebogen aus, mit dem bestimmt werden soll, ob Sie eher ein aggressiver oder ein konservativer Anleger sind. Anschließend verkauft man Ihnen ein vorgefertigtes Modellportfolio, das angeblich zu Ihrem Risikoprofil passt. Ich halte dieses Vorgehen für völlig falsch, weil es Ihre persönlichen Bedürfnisse ignoriert. Was ist, wenn Sie zwar risikoscheu sind, aber nicht ruhigen Gewissens in Rente gehen können, wenn Sie nicht ab sofort umfangreich in Aktien investieren? Wenn man Ihnen in dem Fall ein konservatives Portfolio verpasst, in dem Anleihen übergewichtet sind, werden Sie nur eine Enttäuschung erleben.

Wie *sollte* man also bei der Vermögensaufteilung vorgehen? Nach meiner Überzeugung müssen Sie und Ihr Finanzberater vor allem die folgende Frage beantworten: **Welche Assetklassen bieten Ihnen die höchste Wahrscheinlichkeit, Ihre finanziellen Ziele zu erreichen?** Mit anderen Worten: Das Design Ihres Portfolios muss sich an *Ihren spezifischen Bedürfnissen* orientieren.

Ihr Finanzberater sollte damit beginnen, sich ein klares Bild von Ihrer Ausgangssituation zu verschaffen, genau wissen, wie viel Geld Sie sparen können und wollen, wie viel Geld Sie brauchen werden und wann (Ihr Zielpunkt). Nachdem diese Bedürfnisse eindeutig identifiziert wurden, sollte der Berater eine *maßgeschneiderte* Lösung erarbeiten, die Ihnen dabei hilft, Ihre Ziele zu erreichen. Können Sie das alles selbst bestimmen, ohne einen Fachmann in Anspruch nehmen zu müssen? Sicher. Allerdings besteht ein hohes Risiko, dass Sie dabei Fehler machen. Wahrscheinlich ist es daher sinnvoll, sich kompetenten Rat zu suchen, es sei denn, Sie selbst verfügen über die entsprechende Fachkompetenz.

Nehmen wir an, Sie müssten in den nächsten 15 Jahren eine Rendite von 7 Prozent jährlich erzielen, damit Sie in den Ruhestand gehen können. Ihr Finanzberater könnte zu dem Schluss kommen, dass Sie 75 Prozent Ihres Portfolios in Aktien und 25 Prozent in Anleihen investieren sollten. Dabei ist es völlig unerheblich, ob Sie 50 oder 60 Jahre alt sind. Denken Sie daran: Es sind Ihre *Bedürfnisse*, die die Vermögensaufteilung bestimmen, nicht Ihr *Lebensalter*. Wenn Ihr Berater die richtige Vermögensaufteilung vorgenommen hat, um diese Bedürfnisse zu erfüllen, sollten Sie darüber sprechen, ob Sie die Kursschwankungen aushalten, die Sie wahrscheinlich erleben werden. Wenn Sie das *nicht* können, müssen Sie Ihr Ziel nach unten anpassen und Ihr Berater kann eine konservativere Vermögensaufteilung vornehmen, die es Ihnen erlaubt, ein bescheideneres Ziel zu erreichen.

Ein wirklich kompetenter Berater wird Ihr Portfolio so ausrichten, dass es an Ihre einzigartige finanzielle Situation angepasst ist. Nehmen wir an, Sie würden für eine Ölgesellschaft arbeiten und ein Großteil Ihres Vermögens bestünde aus Unternehmensaktien. In diesem Fall würde Ihr Berater Ihre Vermögensaufteilung entsprechend anpassen, damit Ihre übrigen Investitionen die Übergewichtung des Energiesektors kompensieren.

Eine weitere Priorität ist die Erarbeitung eines maßgeschneiderten Plans zur Steueroptimierung. Nehmen wir an, Sie würden Ihrem neuen Berater ein bestehendes Portfolio vorlegen, aus dem sich ergibt, dass Ihre Vermögensaufteilung völlig unausgewogen ist, sodass Ihr Berater eine Neuaufteilung vorschlägt. In einer perfekten Welt hätte er vollkommen Recht. Doch was ist, wenn sich Ihre Geldanlagen als erfolgreich erwiesen haben und ein Verkauf Ihnen eine hohe Kapitalertragsteuer aufbürden würde? Ein kompetenter Berater würde in dem Fall zunächst prüfen, welche steuerlichen Auswirkungen ein Verkauf hätte. Als Ergebnis entscheiden Sie sich möglicherweise für ein anderes Vorgehen, zum Beispiel indem Sie Ihre zusätzlichen monatlichen Beiträge nutzen, um in Vermögenswerte zu investieren, die Ihre Vermögensaufteilung ausgewogener macht.

Der springende Punkt ist, dass Sie mit einem Berater arbeiten sollten, der die Kompetenz besitzt, Ihr Portfolio auf Ihre individuellen Bedürfnisse zuzuschneiden. Ein Pauschalansatz kann katastrophale Folgen haben. Das ist so, als würden Sie zum Arzt gehen und er würde Ihnen sagen: »Das Medikament, das ich Ihnen verschreibe, ist das beste Mittel der Welt gegen Arthritis.« Und Sie antworten: »Das ist ja großartig, aber ich habe gar keine Arthritis. Ich bin erkältet!«

Pflicht und Kür

Bevor wir in diesem Kapitel zum Ende kommen, möchte ich Ihnen einige zentrale Leitlinien nennen, die Sie sich bei der Erstellung (oder Neuausrichtung) Ihres Portfolios einprägen sollten. Das sind die Prinzipien, denen wir bei Creative Planning folgen. Ich bin davon überzeugt, dass Sie auch Ihnen in guten wie in schlechten Zeiten dienen werden.

1. **Die Vermögensaufteilung bestimmt die Rendite.** Lassen Sie uns mit dem grundlegenden Verständnis beginnen, dass die Vermögensaufteilung der wichtigste Faktor für die Bestimmung Ihrer Investmentrendite ist. **Die richtige Balance zwischen Aktien, Anleihen und alternativen Investments ist daher die wichtigste Investmententscheidung, die Sie treffen.** Egal für welche Mischung Sie sich entscheiden, achten Sie auf eine globale Diversifikation über möglichst viele Assetklassen. Stellen Sie sich vor, Sie wären ein japanischer Anleger und hätten Ihr gesamtes Geld in Inlandsaktien investiert: Japans Aktienmarkt hat sich von dem Einbruch nach seinem irrwitzigen Höchststand im Jahr 1989 *bis heute* nicht erholt. **Die Moral von der Geschicht': Verwetten Sie Ihre Zukunft nie auf ein einziges Land oder eine Assetklasse.**
2. **Machen Sie Indexfonds zum Kern Ihres Portfolios.** Bei Creative Planning verwenden wir eine Methode zur Vermögensaufteilung, die wir als »Core and Explore« bezeichnen. Die *Kernkomponente* (Pflicht) unserer Kundenportfolios sind US- und Auslandsaktien. Wir investieren in Indexfonds, weil sie eine kostengünstige und steuereffiziente Möglichkeit zur breiten Diversifikation bieten und langfristig fast alle aktiv gemanagten Fonds schlagen. Für eine maximale Diversifikation sollten Sie in alle Aktienkategorien investieren: Large Cap (große Unternehmen), Mid Cap (mittlere Unternehmen), Small Cap (Nebenwerte) und Micro Cap (Kleinstwerte). Auf diese Weise schützen Sie sich gegen das Risiko, dass ein Teil des Markts (zum Beispiel Technologie- oder Bankaktien) einbrechen könnte. Mit Indexfonds können Sie von der langfristigen Aufwärtsentwicklung des Markts profitieren, ohne dass hohe Gebühren und Steuern Ihre Renditen auffressen. Für andere Anteile Ihres Portfolios können Sie raffiniertere Optionen in Betracht ziehen, wie wir später besprechen werden (Kür).
3. **Schaffen Sie sich immer ein Sicherheitspolster.** Sie wollen nie in die Lage kommen, dass Sie im schlimmsten Moment zum Verkauf Ihrer

Aktien gezwungen sind. Legen Sie sich daher, wenn nur irgendwie möglich, ein finanzielles Polster zu. Wir sorgen dafür, dass unsere Kunden einen angemessenen Anteil an Einnahmen generierenden Investitionen haben, wie zum Beispiel Anleihen, REITs, MLPs und Aktien, die Dividenden abwerfen. Außerdem achten wir auf eine breite Diversifikation *innerhalb* der Assetklassen: Zum Beispiel investieren wir in Staats-, Kommunal- und Unternehmensanleihen. Wenn der Aktienmarkt nachgibt, können wir einige der Einnahmen generierenden Investitionen (idealerweise Anleihen, da sie sehr liquide sind) verkaufen, und den Erlös zum Erwerb von Aktien zu günstigen Kursen nutzen. Das versetzt uns in die starke Position, dass wir den Bären als Freund betrachten können und nicht als furchterregende Bestie.

4. **Die Sieben-Jahre-Regel.** Idealerweise wünschen wir uns von unseren Kunden, dass sie den Gegenwert von sieben Jahren Einkommen in Einnahmen generierenden Anlagen investiert haben, zum Beispiel Anleihen oder MLPs. Wenn der Aktienmarkt nachgibt, können wir auf diese Vermögenswerte zurückgreifen, um die kurzfristigen Bedürfnisse unserer Kunden zu erfüllen. Was ist, wenn Sie es sich nicht leisten können, den Gegenwert von sieben Jahren Einkommen zu reservieren? Dann beginnen Sie einfach mit einem erreichbaren Ziel und legen Sie sich die Messlatte schrittweise immer höher. Sie könnten zum Beispiel damit beginnen, drei oder sechs Monate Einkommen zurückzulegen, und dann kontinuierlich über Jahre aufstocken, bis Sie die sieben Jahre erreicht haben. Falls das utopisch klingt, werfen Sie einen Blick auf die wunderbare Geschichte von Theodore Johnson, einem Arbeiter bei UPS, der nie mehr als 14 000 Dollar pro Jahr verdient hat. Dennoch sparte er 20 Prozent von jedem Gehaltsscheck und jeden Bonus und investierte das Geld in Unternehmensaktien. Im Alter von 90 Jahren besaß er 70 Millionen Dollar! **Die Lektion: Unterschätzen Sie nie die unglaubliche Macht disziplinierten Sparens in Kombination mit dem langfristigen Zinseszinseffekt.**
5. **Experimentieren.** Der *Kern* unserer Kundenportfolios ist in Indexfonds investiert, welche die Marktrendite erzielen. Am Rand kann es aber sinnvoll sein, mit weiteren Strategien zu *experimentieren*, die eine vernünftige Chance auf überdurchschnittliche Renditen bieten. Ein vermögender Anleger könnte zum Beispiel eine riskante, aber auch

äußerst renditeträchtige Investition in einen Private-Equity-Fonds erwägen. Sie könnten auch beschließen, dass ein bestimmter Investor wie Warren Buffett einen speziellen Vorteil bietet, sodass Sie einen kleinen Anteil an Ihrem Portfolio in Aktien seines Unternehmens Berkshire Hathaway investieren wollen.

6. **Umschichten.** Ich bin sehr von der Umschichtung überzeugt, was bedeutet, dass Ihr Portfolio regelmäßig – sagen wir, einmal pro Jahr – überprüft und die ursprüngliche Vermögensaufteilung wiederhergestellt wird. Bei Creative Planning kaufen wir, wenn sich eine gute Gelegenheit ergibt; wir warten nicht bis zum Quartals- oder Jahresende. So funktioniert das: Nehmen wir an, Sie würden mit einer Aufteilung von 60 Prozent Aktien und 40 Prozent Anleihen beginnen. Dann bricht der Aktienmarkt ein, und plötzlich beträgt die Aufteilung 45 Prozent Aktien und 55 Prozent Anleihen. Dann würden Sie Anleihen verkaufen und Aktien nachkaufen, um das ursprüngliche Verhältnis wiederherzustellen. **Princeton-Professor Burton Malkiel sagte Tony, erfolglose Anleger neigten dazu, »das zu kaufen, was gestiegen ist, und das zu verkaufen, was gefallen ist«. Ein Vorteil der Umschichtung, so Malkiel, bestehe darin, dass sie Sie dazu zwingt, »das Gegenteil zu tun« und Vermögenswerte zu kaufen, wenn deren Wert gefallen ist und sie unterbewertet sind. Sobald sie sich erholen, werden Sie davon üppig profitieren.**

Abschliessende Worte

Wenn Sie den Ratschlägen in diesem Kapitel folgen, werden Sie jeden Sturm überstehen. Gewiss wird es turbulente Zeiten geben, in denen es negative Schlagzeilen hagelt. Sie haben aber die beruhigende Gewissheit, dass Ihr Portfolio richtig diversifiziert ist und Sie daher allen Marktturbulenzen widerstehen können.

In Kapitel 2 haben Sie erfahren, dass es keinen Grund gibt, sich vor Marktkorrekturen zu fürchten, und ich hoffe, Sie erkennen inzwischen, dass es auch keinen Grund gibt, sich vor Bärenmärkten zu fürchten. Tatsächlich bieten sie die besten Gelegenheiten, um das Schnäppchen Ihres Lebens zu machen, sodass Sie Ihre Vermögensbildung in Quantensprüngen vorantreiben können. Der Bär ist ein Geschenk, das Ihnen im Schnitt alle drei Jahre gemacht wird! Ein Bärenmarkt ist keine Situation, die man einfach nur durchstehen muss, sondern eine Zeit zum *Wachsen und Gedeihen*.

Wie wir jedoch alle wissen, sind Theorie und Praxis nicht dasselbe. Denken Sie nur an meinen ehemaligen Kunden zurück, der während des letzten Bärenmarkts aus dem Aktienmarkt ausstieg und sein gesamtes Vermögen in Gold anlegte. Die Angst verleitete ihn dazu, den sorgfältig erstellten Plan zu riskieren, der ihm eine Zukunft in finanzieller Freiheit beschert hätte. Wie können Sie sicherstellen, dass Ihre eigenen Emotionen nicht die Oberhand gewinnen und Sie von Ihrem Kurs abbringen?

Das nächste Kapitel konzentriert sich auf die Beherrschung der Psychologie des Reichtums, damit Sie nicht die typischen und vollkommen vermeidbaren Fehler machen, die wir immer und immer wieder erleben. Wie Sie feststellen werden, gibt es nur ein einziges echtes Hindernis auf Ihrem Weg zu finanziellem Erfolg: Sie selbst! Wenn Sie wissen, wie Sie Ihren inneren Feind besiegen, kann Sie nichts mehr aufhalten.

TEIL 3: DIE PSYCHOLOGIE DES REICHTUMS

Kapitel 7: Wie Sie Ihren inneren Feind besiegen

Die sechs grössten Anlegerfehler und wie Sie sie vermeiden können

»Das größte Problem eines Anlegers – und zugleich sein größter Feind – ist er wahrscheinlich selbst.«

- Benjamin Graham, Autor von *The Intelligent Investor* und Mentor von Warren Buffett

Herzlichen Glückwunsch! Sie haben das Regelwerk und die Anleitung zur Umsetzung gelesen und besitzen nun das Wissen, das Sie brauchen, um sich wirklich unangreifbar zu machen.

Sie haben erfahren, worauf Sie achten müssen; Sie kennen die Fakten, die Sie von der Angst vor den unvermeidlichen Marktkorrekturen und -zusammenbrüchen befreien, und Sie sind mit den Erfolgsstrategien der besten Investoren der Welt gerüstet. Außerdem haben Sie Wissen von unschätzbarem Wert über Gebühren erworben und erfahren, wie Sie einen qualifizierten, effektiven Finanzberater finden. All das bietet Ihnen einen signifikanten Vorteil und verbessert Ihre Fähigkeit, selbst in ungewissen Situationen einen kühlen Kopf zu bewahren.

Ich muss aber die folgende Frage stellen: Was könnte Ihren Erfolg jetzt noch verhindern?

Ich gebe Ihnen einen Tipp: Es ist nichts Äußeres. *Es sind Sie selbst!* Ja, Sie haben richtig gelesen. **Die größte Gefahr für Ihr finanzielles Wohlergehen ist Ihr Gehirn!** Ich will Sie damit keinesfalls beleidigen; es ist aber so, dass das menschliche Gehirn perfekt für dumme Entscheidungen angelegt ist, wenn es um das Thema Geldanlage geht. Sie können alles richtigmachen, also in kostengünstige Indexfonds investieren, Ihre Gebühren und Steuern minimieren und intelligent diversifizieren, aber wenn Sie Ihre eigene Psyche nicht beherrschen, werden Sie am Ende Opfer einer Form der Selbstsabotage.

Tatsächlich ist dieses Phänomen Teil eines wesentlich breiteren Musters. In jedem Lebensbereich – ob romantische Beziehungen, Ehe, Elternschaft, Beruf, Gesundheit, Fitness, Finanzen oder was auch immer – neigen wir dazu, unser eigener größter Feind zu sein. Das Problem ist, dass wir von Natur aus darauf programmiert sind, Schmerzen zu vermeiden und Genuss zu suchen. Instinktiv sehnen wir uns nach unmittelbarer Bedürfnisbefriedigung. Überflüssig zu erwähnen, dass das nicht immer das beste Rezept für kluge Entscheidungen ist.

Wenn es um Geld geht, ist unser Gehirn besonders anfällig dafür, schlechte Entscheidungen zu treffen.

Wie wir besprechen werden, gibt es eine Reihe reflexartiger Reaktionen oder blinder Flecken, die es uns ziemlich schwer machen, rationale Investitionsentscheidungen zu treffen. Das ist nicht unsere Schuld, sondern Teil des menschlichen Naturells. Es ist in unser Gehirn eingebettet wie ein defekter Code in ein Computerprogramm.

Dieses Kapitel liefert Ihnen die Schlüsselerkenntnisse und Instrumente, die Sie nutzen können, um sich von den natürlichen psychologischen Neigungen zu befreien, die den Weg so vieler Menschen zu finanzieller Freiheit sabotieren.

Lassen Sie mich ein Beispiel eines typischen psychologischen Hindernisses formulieren, dem wir alle wahrscheinlich begegnen: **Neurowissenschaftler haben herausgefunden, dass die Teile des Gehirns, die finanzielle Verluste verarbeiten, dieselben sind, die auf tödliche Bedrohungen reagieren.** Denken Sie einen Moment darüber nach, was das bedeutet. Stellen Sie sich vor, Sie seien ein Jäger, der auf der Suche nach seinem Abendessen durch den Wald streift. Plötzlich stehen Sie vor einem hoch aggressiven Säbelzahntiger. Ihr Gehirn schaltet augenblicklich in Alarmmodus und sendet Ihnen die dringende Botschaft, zu kämpfen, zu erstarren oder zu fliehen. Vielleicht ergreifen Sie den nächsten Felsbrocken oder einen Speer, um zu kämpfen, oder Sie entscheiden sich zur Flucht und rennen um Ihr Leben, um sich in der Sicherheit einer dunklen Höhle zu verstecken.

Stellen Sie sich nun vor, wir befänden uns im Jahr 2008 und Sie seien ein Anleger, der einen großen Teil seiner lebenslangen Ersparnisse in Aktien angelegt hat. Die globale Finanzkrise erschüttert den Markt, Ihre Aktien brechen ein und Ihr Gehirn beginnt die Realität zu verarbeiten, dass Sie dabei sind, Unsummen zu verlieren. Für Ihr Gehirn ist diese finanzielle Situation das Äquivalent des Säbelzahntigers, der Sie mordlustig anbrüllt, bereit, *Sie* zum Abendessen zu verspeisen.

Was passiert? Alarmstufe Rot! Der archaische Überlebensmechanismus in Ihrem Gehirn sendet Ihnen die Botschaft, dass Sie sich in tödlicher Gefahr befinden. Rational wissen Sie womöglich, dass es während eines Marktzusammenbruchs am klügsten ist, Aktien nachzukaufen, solange sie zu Schleuderpreisen zu haben sind. Ihr Gehirn sagt Ihnen aber, dass Sie verkaufen, das Geld nehmen und unter der Matratze verstecken sollten (bequemer als eine Höhle), bis die Gefahr vorüber ist. Kein Wunder, dass die meisten Anleger genau das Falsche tun! Das entspricht schlichtweg einem unvorteilhaften Nebeneffekt des menschlichen Überlebensmechanismus. Wir tendieren dazu, in Alarmzustand zu verfallen, weil unser Gehirn uns glauben macht, der finanzielle Einbruch sei unser *sicherer Tod.*

In dieser Situation zählt für uns nicht die Realität, sondern unsere Wahrnehmung derselben.

Unsere Wahrnehmungen senden direkte Befehle an unser Nervensystem. Wahrnehmungen, aus denen Überzeugungen werden, sind nichts anderes als Gefühle der absoluten Gewissheit, die unser Verhalten bestimmen. Wenn man richtig mit ihnen umgeht, können sie eine einflussreiche Kraft sein, um Gutes zu erschaffen, aber sie können auch unsere wahrgenommenen Wahlmöglichkeiten einschränken und damit unsere innere Handlungsfreiheit behindern. Wie lautet die Lösung? Wie überlisten wir unsere Überlebensinstinkte, die seit Urzeiten fest in unser Gehirn eingebrannt sind, damit wir lernen können, angesichts eines Markteinbruchs (oder eines hungrigen Tigers) kühl und besonnen zu bleiben?

Auch auf die Gefahr hin, dass es stark vereinfacht klingt: Alles, was dafür nötig ist, ist ein einfaches System an Kontrollmechanismen, die die schädliche Wirkung unserer archaischen Prägung neutralisiert oder zumindest minimieren. Es muss eine Art interne Kontrollcheckliste geben, da das nüchterne Wissen, dass wir uns nicht in einer tödlichen Gefahr befinden, nicht ausreicht. Wir brauchen die systemische Fähigkeit, *jedes Mal entsprechend zu handeln.*

Denken Sie nur an die Luftfahrtindustrie, in der menschliches Versagen katastrophale Folgen haben kann. Es ist für Fluggesellschaften daher unerlässlich, dass die korrekten Prozeduren *jedes Mal* peinlich genau eingehalten werden. Sie minimieren das Risiko von Fehlern, indem sie eine Reihe von Systemlösungen und Checklisten zur Überprüfung ihrer genauen Einhaltung installieren. Stellen Sie sich einen Co-Piloten vor, der im Falle eines Ausfalls oder Fehlers des Piloten die lebensrettenden Korrekturmaßnahmen vornehmen kann. Der Co-Pilot steuert nicht nur das Flugzeug, wenn der Flugkapitän auf Toilette ist, sondern dient auch als zweite Meinung bei jeder Entscheidung, die während des Flugs möglicherweise getroffen werden muss. Unabhängig davon, wie viele Tausend Flugstunden sie absolviert haben, überwachen Pilot und Co-Pilot ständig ausführliche Checklisten, um das Flugzeug sicher auf Kurs zu halten, einen angenehmen, ereignislosen Flug zu gewährleisten und sicher am Bestimmungsort zu landen.

Auf dem Gebiet der Geldanlage sind menschliche Fehler vielleicht nicht tödlich, dennoch können sie verheerende Folgen haben. Fragen Sie nur all diejenigen, die während der Finanzkrise ihr Zuhause verloren haben oder die Studiengebühren ihrer Kinder nicht mehr bezahlen oder nicht in Rente gehen konnten. **Aus diesem Grund brauchen Anleger Systeme, Regeln und Verfahren, die sie vor sich selbst schützen.**

Sie müssen wissen, was Sie tun, und tun, was Sie wissen

Die besten Investoren wissen sehr genau, dass solche einfachen Systeme notwendig sind, weil sie auch wissen, dass sie trotz ihrer großen Kompetenz leicht Fehler machen, die sehr schmerzhafte Folgen haben können. **Sie verstehen, dass es nicht ausreicht zu wissen, *was man tun muss.* Sie müssen auch tun, *was sie wissen.*** An dieser Stelle kommt das System ins Spiel.

In den mehr als 20 Jahren, in denen ich Paul Tudor Jones coache, ist ein zentraler Fokus die ständige Aktualisierung und Verbesserung der Systeme gewesen, die er verwendet, um Investmententscheidungen zu treffen und zu bewerten. Als ich Paul kennenlernte, hatte er gerade eine der größten Transaktionen in der Geschichte getätigt, indem er am Schwarzen Montag von 1987 – der berüchtigte Börsencrash, in dessen Verlauf der Markt an einem einzigen Tag um 22 Prozent nachgab – die Marktsituation ausnutzte. In jenem Jahr erzielte Paul für seine Anleger unvorstellbare 200 Prozent Rendite. Nach diesem großen Erfolg hatte er jedoch ein überzogenes Selbstvertrauen – ein weit verbreiteter Fehler, über den Sie in diesem Kapitel noch mehr erfahren werden. Das Ergebnis? Er wurde nachlässig, was die Befolgung der Sicherheitssysteme betraf, die er im Laufe der Jahre eingerichtet hatte, um seinen Erfolg zu gewährleisten.

Um diesen Fehler zu korrigieren, machte ich mich daran herauszufinden, inwiefern sich sein Verhalten als Investor verändert hatte. Ich sprach mit Pauls Investorenkollegen (darunter einige, die zu den erfolgreichsten Investoren der Geschichte zählen, wie zum Beispiel Stanley Druckenmiller), um herauszufinden, was er vorher anders gemacht hatte als nach seinem großen Erfolgstreffer. Ich sprach mit seinen Mitarbeitern und sah mir Videos aus seinen erfolgreichsten Trading-Zeiten an, um eine Checkliste erstellen zu können: einen simplen Kriterienkatalog, den Paul vor jedem Trade als Kontrollmechanismus verwenden konnte.

Eines der Kriterien, die wir aufstellten, lautete, dass Paul vor jeder Investition (oder jedem Trade) zunächst auf Herz und Nieren prüfen musste, ob es auch wirklich ein *außergewöhnlicher Trade* war – soll heißen, dass es kein Trade war, den jeder machen konnte.

Zweitens musste er sich disziplinieren und sichergehen, dass die Investition ein asymmetrisches Chancen-Risiko-Verhältnis aufwies. Zu diesem Zweck stellte er sich die folgenden Fragen: »*Beträgt es drei zu eins? Fünf zu eins? Kann ich bei einem minimalen Risiko überproportionale Renditen erzielen? Welches sind die potenziellen Vorteile und wie hoch ist das Risiko?*« Drittens sollte er sich hinsetzen und fragen: »*Bei welcher Marke geraten andere Investoren an ihre Sollbruchstelle? Wann wird der Preis so hoch oder so niedrig sein, dass andere aussteigen?*« Diese Marke sollte er dann als Einstiegspunkt nutzen, das war seine Zielmarke zur Ausführung der Transaktion. Schließlich musste er noch seinen Ausstiegspunkt bestimmen, falls sich seine Projektionen als falsch erwiesen.

Welches Muster gibt es hier? **Die gemeinsame Verbindung zwischen Pauls Kriterien ist ein einfacher *Fragenkatalog*, den er verwendet, um seine Überzeugungen zu hinterfragen und die jeweilige Situation objektiver zu betrachten.**

Zwar ergaben alle diese Kriterien zusammen eine großartige Checkliste, doch was sie wirklich effektiv schuf, war *Disziplin*. Schließlich ist selbst das beste System nur dann effektiv, wenn Sie es konsequent anwenden! Um sicher zu sein, dass Paul das auch tat, bat ich ihn, einen Brief an alle Mitarbeiter seines Trading-Teams zu schreiben, in dem die klare Anweisung erteilt wurde, dass niemand irgendeine Investition tätigen durfte, ohne ihn, Paul, vorher zu konsultieren und die zuvor skizzierten Fragen zu stellen: »*Ist dies ein echter Hard Trade? Weist er wirklich ein asymmetrisches Chancen-Risiko-Verhältnis auf? Beträgt es fünf zu eins oder drei zu eins? Welches ist der Einstiegspunkt? Welches sind die Stopps?*«

Um das Ganze noch einen Schritt weiterzuführen, wurden sie außerdem angewiesen, keine Order nach Eröffnung des Handeltags (kein sogenanntes Middle-of-the-day-Trading) auszuführen. Warum? Weil Paul zu oft erkannte, dass er bei einem solchen Trade auf kurzfristige Marktausschläge reagierte und zum Tageshöchstpreis kaufte und zum Niedrigpreis verkaufte. Damit verspielte er seine Macht und machte einem anderen Investor einen besseren Deal zum Geschenk.

Wie Sie sehen, verstehen herausragende Investoren wie Paul eine grundlegende Wahrheit: Psychologische Faktoren können zu Ihrem Vor- oder Nachteil gereichen und Sie brauchen ein System, das Sie diszipliniert auf Kurs hält. Ein robustes System, das dafür sorgt, dass Sie nicht vom Zielkurs abweichen, ist dafür unverzichtbar. In diesem Kapitel werden wir gemeinsam eine einfache Checkliste mit sechs Punkten erstellen, auf die Sie achten und für die Sie Gegenmaßnahmen ergreifen müssen, um Ihren langfristigen Finanzerfolg zu sichern.

80 Prozent Psychologie, 20 Prozent Mechanismen

Über vier Jahrzehnte habe ich auf vielen unterschiedlichen Gebieten die jeweils erfolgreichsten Menschen studiert, darunter Investment, Unternehmertum, Bildung, Sport, Medizin und Unterhaltung. **Immer wieder stellte ich dabei fest, dass 80 Prozent des Erfolgs auf psychologische Faktoren zurückgehen und 20 Prozent auf Mechanismen.**

Anlegerpsychologie ist ein unglaublich interessantes und komplexes Thema. Tatsächlich gibt es ein ganzes akademisches Gebiet, das sich Behavioral Finance nennt und die kognitiven Verzerrungen und Emotionen erforscht, die zu einem irrationalen Anlegerverhalten führen. Diese Wahrnehmungsverzerrungen verleiten Menschen oft zu einigen der größten Investmentfehler, wie etwa Markt-Timing, Investitionen ohne Kenntnis der wahren Ausmaße der Gebühren und fehlende Diversifikation.

Unser Ziel ist es, die Dinge kurz und einfach zu halten. In diesem kurzen Kapitel werden wir daher erklären, was Sie *wirklich* über die sechs größten psychologischen Fallstricke in Ihrem Gehirn wissen müssen, um zu verhindern, dass Sie einen der häufigen Investmentfehler machen, die von Ihrem Gehirn ausgelöst werden.

Ray Dalio sagte mir: »Wenn du deine Grenzen kennst, kannst du dich anpassen und erfolgreich sein. Wenn du sie nicht kennst, holst du dir eine blutige Nase.« Mithilfe systematischer Lösungen können Sie sich von der Tyrannei Ihrer psychologischen Konditionierung befreien und die Kommandozentrale so souverän steuern wie die besten Investoren der Welt.

Fehler 1: Nach Bestätigung der eigenen Überzeugungen suchen Warum die besten Investoren ständig Meinungen einholen, die ihren eigenen widersprechen

Während der Präsidentschaftskampagne von 2016 zwischen Donald Trump und Hillary Clinton haben Sie wahrscheinlich hitzige politische »Debatten« mit Ihren Freunden geführt. Hatten Sie dabei nicht irgendwann das Gefühl, dass es sich eigentlich nicht um eine Debatte handelte, weil jeder bereits eine vorgefertigte Meinung hatte? Menschen, die für Donald Trump und damit strikt gegen Hillary Clinton waren (oder umgekehrt), waren so emotional in ihren Überzeugungen, dass es oft schien, als gäbe es nichts, das ihre Meinung ändern könnte!

Das wird von der Art und Weise, wie wir heute Medien konsumieren, noch potenziert. Viele Menschen sehen sich Fernsehsendungen an, die eine klare politische Linie verfolgen, und auch die Nachrichten, die wir lesen, werden mehr als je zuvor von Facebook und anderen Organisationen vorgefiltert. Das Ergebnis? Oft hat man den Eindruck, man befinde sich in einem Echoraum, weil man hauptsächlich Leuten zuhört, die die gleiche Meinung vertreten wie man selbst.

Die Präsidentschaftswahlen von 2016 lieferten ein perfektes Beispiel für den »Bestätigungsfehler«, also die menschliche Neigung, in erster Linie Informationen zu suchen und Glauben zu schenken, die unsere eigenen Ansichten bestätigen. Diese Neigung verleitet uns auch dazu, jede andere Information, die nicht unseren Überzeugungen entspricht, zu vermeiden, auszublenden, zu missachten oder abzutun.

Für Anleger ist der Bestätigungsfehler eine gefährliche Prädisposition.

Nehmen wir an, Sie seien von einer bestimmten Aktie oder einem bestimmten Fonds überzeugt, der sich im vergangenen Jahr in Ihrem Portfolio besonders gut gemacht hat. Ihr Gehirn ist darauf programmiert, Informationen zu suchen, die Ihre Überzeugung und das Festhalten an diesem Vermögenswert bestätigen. Unser Gehirn liebt Beweise, und ganz besonders den Beweis, dass wir eine kluge Entscheidung getroffen haben!

Anleger lesen oft Newsletter oder suchen Message-Boards auf, die ihre Meinung über die Aktien, die sie besitzen, bestärkt. Oder sie lesen Unmengen an positiven Artikeln über den heißen Sektor, in dem sie großartige Renditen erzielt haben. Doch was, wenn sich das Blatt wendet und diese hochfliegende Aktie oder der ganze Sektor einen Sturzflug zurück zur Erde antritt? Wie gut sind wir gerüstet, um unsere Perspektive zu ändern und anzuerkennen, dass wir einen Fehler gemacht haben?

Besitzen wir die nötige Flexibilität, um unseren Ansatz zu ändern, oder stecken wir geistig in unseren Überzeugungen fest?

Peter Mallouk beobachtete dieses Phänomen bei einer Kundin aus nächster Nähe, die zuvor ein Vermögen mit einer Biotech-Aktie verdient hatte, die sich ein Jahrzehnt lang auf einem echten Höhenflug befunden hatte. Diese Kundin hatte mit diesem einen Aktien-Investment fast 10 Millionen Dollar verdient. Peter und sein Team von Creative Planning erarbeiteten einen effizienten Plan zur Diversifikation ihres Portfolios, um die einseitige Ausrichtung auf Aktien zu korrigieren. Zunächst stimmte die Kundin zu, doch dann änderte sie ihre Meinung und behauptete, sie »kenne« ihre geliebte Aktie und wisse, warum ihr Kurs auch weiterhin steigen werde. Sie sagte Peter: »Sie können sagen, was Sie wollen. Ich verdanke mein Vermögen dieser Aktie!«

Im Laufe der folgenden vier Monate versuchte Peters Team, sie von der Diversifikation zu überzeugen. Sie wollte aber nichts davon wissen. In dieser Zeit büßte die Aktie die Hälfte ihres Werts ein, sodass die Kundin satte 5 Millionen Dollar verlor. Sie war so aufgebracht, dass sie noch eiserner auf ihrem Standpunkt beharrte und darauf bestand, auf eine Erholung des Aktienkurses zu warten. Die kam jedoch nie. Hätte sie auf den wohlüberlegten Rat gehört, der ihren Überzeugungen zuwiderlief, wäre sie heute auf einem guten Weg zu einem Leben in völliger finanzieller Freiheit.

Dies ist ein Beispiel für eine weitere emotionale Voreingenommenheit, die als »Besitztumseffekt« bezeichnet wird. Das geschieht, wenn

Anleger einem Vermögenswert, den sie besitzen, einen größeren Wert beimessen, als er tatsächlich besitzt. Das erschwert ihnen, sich davon zu trennen und etwas Besseres zu erwerben. Die Wahrheit ist: Es ist nie klug, sich in einen bestimmten Vermögenswert zu verlieben. Wie heißt es so schön? Liebe macht blind. Lassen Sie sich nicht in die finanzielle Irre führen!

Die Lösung: Stellen Sie bessere Fragen und finden Sie qualifizierte Menschen, die Ihnen fundiert widersprechen

Die besten Investoren wissen, dass sie für den Bestätigungsfehler anfällig sind, und tun daher alles, um dieser Neigung entgegenzuwirken. **Der Schlüssel liegt darin, aktiv qualifizierte Meinungen einzuholen, die unserer eigenen Überzeugung widersprechen. Natürlich wollen Sie nicht die Ansichten von irgendjemandem, nur weil sie Ihrer eigenen Auffassung zuwiderlaufen, sondern die Einschätzung einer wirklich kompetenten Person mit einer entsprechenden Erfolgsbilanz und der Intelligenz, Ihnen einen anderen, informierten Blickwinkel zu vermitteln.**

Niemand versteht das besser als Warren Buffett. Er holt regelmäßig die Meinung seines 93 Jahre alten Partners Charlie Munger ein, ein brillanter Denker, der für seine unverblümten Äußerungen berühmt ist. In seinem Jahresbericht für das Jahr 2014 erinnerte sich Buffett, dass Munger ihn im Alleingang dazu überredet hatte, seine Investmentstrategie zu verändern, indem er ihn davon überzeugte, dass es einen klügeren Ansatz gab: »Vergiss, was du über den Kauf von fairen Unternehmen zu wunderbaren Preisen weißt, und kauf stattdessen wunderbare Unternehmen zu fairen Preisen.«

Mit anderen Worten: Warren Buffett – der herausragendste Investor aller Zeiten – hat seinen Erfolg öffentlich seiner Bereitschaft zugeschrieben, dem Rat und der »unwiderlegbaren Logik« seines Partners zu folgen. So wirksam kann es sein, wenn man der inhärenten Neigung widersteht, nur Meinungen einzuholen, die die eigene bestätigen!

Auch Ray Dalio ist von der Idee besessen, sich konträre Meinungen einzuholen. **»Es ist so schwierig, an den Märkten die richtige Entscheidung zu treffen«, sagte er mir. »Nach meiner Erfahrung ist es höchst effektiv, mit Menschen zu sprechen, die anderer Meinung sind als ich, und ihre Gründe anzuhören … Die Macht wohldurchdachter abweichender**

Meinungen ist wirklich großartig!« Nach Rays Aussage lautet demnach die Schlüsselfrage: »Was weiß ich nicht?«

Als Anleger können Sie sehr davon profitieren, mit Leuten zu sprechen, die Sie respektieren (idealerweise gehört dazu ein Finanzberater mit einer außerordentlichen langfristigen Erfolgsbilanz), und ihnen Fragen zu stellen, die darauf ausgerichtet sind, Dinge aufzudecken, die Sie nicht wissen. Immer wenn ich über eine größere Investition nachdenke, spreche ich mit Freunden, die anders denken als ich, zum Beispiel meinen weisen Kumpel und genialen Unternehmer Peter Guber. Ich lege ihm meine Meinung dar und frage: »*An welcher Stelle könnte ich mich irren? Was sehe ich nicht? Was sind die Nachteile? Welche Dinge antizipiere ich nicht? Und mit wem sollte ich sonst noch sprechen, um mein Wissen zu vertiefen?*« Fragen wie diese helfen mir dabei, mich vor dem Bestätigungsfehler zu schützen.

Fehler 2: Jüngste Ereignisse für einen anhaltenden Trend halten Warum die meisten Anleger die falschen Vermögenswerte zum exakt falschen Zeitpunkt kaufen

Einer der häufigsten und gefährlichsten Fehler ist die Überzeugung, dass der aktuelle Trend anhalten wird. Wenn sich die Erwartungen anschließend nicht erfüllen, kommt es oft zu Überreaktionen, was zu einer dramatischen Trendumkehr führt, die zuvor unvermeidlich und unaufhaltsam zu sein schien.

Ein perfektes Beispiel ist die Wahlnacht von 2016. Die allgemeine Erwartung lautete, dass Hillary Clinton, die in den Meinungsumfragen weit vorne lag, bei den Präsidentschaftswahlen einen erdrutschartigen Sieg davontragen oder zumindest mit einem »erheblichen Vorsprung« gewinnen würde. Gegen Mittag des Wahltags gaben ihr die Wettbüros eine Siegchance von 61 Prozent. Um 20 Uhr hatte sich das Blatt jedoch vollkommen gewendet: Nun war Donald Trump mit 90 Prozent der Favorit. Als sich das Wahlergebnis abzeichnete, gerieten die Anleger in Panik, weil ihre Zukunftserwartungen plötzlich über den Haufen geworfen wurden. Daraufhin kam es zu heftigen Marktausschlägen, in deren Verlauf der Dow Futures um mehr als 900 Punkte nachgab.

Ironischerweise schlug der Markt am folgenden Tag ins andere Extrem um. Der Dow schoss um 316 Punkte in die Höhe, als die Anleger begannen, sich mit der Realität zu arrangieren. Wir wurden Zeuge einer Trump-Rallye, die sich wochenlang hinzog. Im Dezember 2016, zum Zeitpunkt der Manuskripterstellung dieses Buchs, erreichte der S&P 500 an drei aufeinanderfolgenden Tagen ein Allzeithoch und der Dow Jones Industrial Average sein elftes Allzeithoch in einem einzigen Monat. Der Markt war seit der Wahl in sieben Wochen um 6 Prozent gestiegen!

Was glauben Sie, wie sich die Anleger zu diesem Zeitpunkt fühlten? Ausgesprochen fröhlich! Wenn man liest, dass der Markt »unaufhörlich steigt«, empfindet man natürlich einen kleinen Glücksrausch! Vielleicht werfen Sie einen Blick auf Ihr Investmentportfolio und stellen fest, dass es ebenfalls ein Allzeithoch erreicht hat. Das Leben ist wunderbar!

Zugegeben, ich hatte keine Ahnung, wohin der Markt anschließend steuern würde, und genau wie die besten Investoren der Welt Ihnen auch gesagt hätten, wusste das auch sonst keiner. Doch ich *wusste* und *weiß*, dass sich Menschen in Zeiten wie diesen von ihrem Glücksgefühl davontragen lassen. Im Überschwang der Emotionen und Überzeugungen beginnen sie, sich einzureden, dass die guten Zeiten bis in alle Ewigkeit anhalten werden. Umgekehrt glauben sie in schlechten Zeiten, der Markt werde sich nie mehr erholen. Warren Buffett kommentiert das mit den Worten: »Anleger projizieren die jüngsten Erfahrungen in die Zukunft. Das ist ihre unerschütterliche Angewohnheit.«

Für diese Neigung gibt es ebenfalls einen Fachbegriff: **»Rezenzeffekt«. Das ist ein hochtrabender Name für das Phänomen, dass unsere Investmententscheidungen oft von den jüngsten Ereignissen beeinflusst werden.** Inmitten eines Bullenmarkts helfen Ihnen die Neuronen Ihres Gehirns, sich daran zu erinnern, dass Ihre jüngsten Erfahrungen positiv waren, und das erzeugt die Erwartung, dass der positive Trend anhalten wird.

Warum ist das so problematisch? Weil sich die finanzielle Großwetterlage plötzlich ändern kann, wie Sie wissen; aus Bullenmärkten werden Bärenmärkte und umgekehrt. Sie wollen nicht der Anleger sein, der nach einem langen sonnigen Sommer glaubt, es werde nie wieder regnen!

> *»Großartige Dinge werden nicht von denen vollbracht, die Trends, Modeerscheinungen und populären Meinungen nachlaufen.«*
>
> \- Jack Kerouac

Vor Kurzem sprach ich mit Harry Markowitz, dem berühmten Ökonomen, der für die Entwicklung der »modernen Portfoliotheorie« mit dem Nobelpreis ausgezeichnet wurde. Die Portfoliotheorie ist die Grundlage dessen, was wir heute über die risikoreduzierende Wirkung der Vermögensaufteilung wissen. Harry ist ein Finanzgenie, und es gibt nichts, was er in seinen 89 Jahren nicht erlebt hätte. Daher wollte ich unbedingt mit ihm über die häufigsten Investmentfehler sprechen, die wir vermeiden müssen.

Folgendes teilte er mir mit: »Der größte Fehler, den alle Kleinanleger machen, ist, in aufsteigenden Märkten zu kaufen, und zwar in der Annahme, sie würden weiter steigen – und zu verkaufen, wenn der Markt fällt, in der Annahme, dass er noch weiter fallen wird.«

Tatsächlich ist dieses Verhalten Teil eines wesentlich breiteren Musters, das auf der Überzeugung beruht, der aktuelle Investmenttrend werde sich fortsetzen. Anleger tappen immer wieder in die Falle, Vermögenswerte zu kaufen, die gerade heiß sind – egal ob es sich um eine hoch bewertete Aktie wie Tesla Motors oder einen aktuellen Fünf-Sterne-Mutual-Fund handelt –, und geben auf, was nicht mehr heiß ist. Harry kommentierte das mit den folgenden Worten: »Was auch immer gerade einen Höhenflug antritt, *das* kaufen sie!« Die Anleger gehen davon aus, dass diese aufstrebenden Sterne auch weiterhin hell scheinen werden. Wie wir jedoch bereits in Kapitel 3 gewarnt haben: *Die heutigen Sieger sind oftmals die Verlierer von morgen.* Wie Sie sich vielleicht erinnern, ergab eine Studie, die 248 Aktien unter die Lupe genommen hat, die von Morningstar mit fünf Sternen bewertet wurden, dass zehn Jahre später nur *vier* von ihnen immer noch eine erstklassige Bewertung hatten!

Trotzdem bewerben Makler regelmäßig Fonds, die im Vorjahr überdurchschnittliche Ergebnisse erzielt haben, nur um im darauffolgenden Jahr festzustellen, dass sie *unterdurchschnittlich* abgeschnitten haben. Die Anleger haben die Neigung, genau dann einzusteigen, wenn die Party zum Ende kommt. Das heißt, sie verpassen alle Gewinne, beteiligen sich aber umfangreich an allen Verlusten. David Swensen brachte das sehr gut auf den Punkt: **»Die Menschen neigen dazu, Fonds mit guter vergangener Performance zu kaufen. Sie jagen kurzfristigen Renditen nach. Und wenn die Ergebnisse dann nicht ihre Erwartungen erfüllen, verkaufen sie sie wieder. Das führt dazu, dass sie zu hohen Preisen kaufen und zu niedrigen Preisen verkaufen. Das ist keine gute Methode, um Geld zu verdienen.«**

Die Lösung: Verkaufen Sie nicht, sondern richten Sie Ihr Portfolio neu aus!

Die besten Investoren der Welt erstellen eine Liste mit einfachen Regeln, die sie als Leitfaden verwenden. Wenn die Emotionen hochkochen, halten sie sich eisern an ihre Regeln und konzentrieren sich auf ihr langfristiges Ziel. Vielleicht möchten Sie Ihre eigene Liste erstellen – *Ihre persönliche Checkliste für den Anlageerfolg* –, die Ihre Anlageziele enthält, sagt, worauf Sie achten müssen und wie Sie diese Wegstrecke sicher und mit Gewissheit absolvieren wollen. Weihen Sie jemanden in Ihren Plan ein, dem Sie vertrauen, idealerweise einen kompetenten Finanzberater. Er kann Ihnen dabei helfen, auf dem eingeschlagenen Kurs zu bleiben, indem er dafür sorgt, dass Sie Ihre eigenen Regeln nicht durch impulsive Entscheidungen brechen, die Ihrem archaischen Reptilienhirn entspringen. **Betrachten Sie das als finanzielles Äquivalent eines Co-Piloten, der darauf achtet, dass Sie nicht gegen einen Berg krachen!**

Als wichtige Komponente dieser Investmentregeln müssen Sie vorab entscheiden, wie Sie Ihr Portfolio diversifizieren wollen, also welche konkreten Prozentsätze Ihres Vermögens Sie in Aktien, Anlagen und alternative Anlagen investieren wollen. Wie wird die Gewichtung ausfallen?* Wenn Sie dies nicht im Vorfeld festlegen, wird Ihre Stimmung im Einklang mit den äußeren Umständen schwanken. Dann werden Sie wahrscheinlich auf jede Marktbewegung reagieren, anstatt beharrlich an der Vermögensaufteilung festzuhalten, die ideal für Ihre langfristigen Ziele ist. Eine der Lösungen, mit denen sich dieser emotionale Stolperstein beseitigen lässt, ist die jährliche Umschichtung und Neuausrichtung Ihres Portfolios.

Was bedeutet das? Harry Markowitz nannte mir als klares Beispiel den Anleger, der mit einer Aufteilung von 60 Prozent Aktien und 40 Prozent Anleihen beginnt. Wenn am Aktienmarkt eine Hausse herrscht, führt das dazu, dass der Anleger plötzlich 70 Prozent Aktien und 30 Prozent Anleihen besitzt. In diesem Fall würde er automatisch Aktien verkaufen und Anleihen nachkaufen und auf diese Weise die ursprünglich festgelegte

---

* Wenn Sie zu diesem Thema eine ausführlichere Orientierung haben möchten, lesen Sie Kapitel 20 von *Money: Die 7 einfachen Regeln zur finanziellen Freiheit*. Dort finden Sie eine genaue Anleitung zur Bestimmung der richtigen Prozentsätze.

Vermögensaufteilung wiederherstellen. Die Schönheit der Umschichtung, so Harry, besteht darin, dass sie Sie effektiv dazu zwingt, »günstig zu kaufen und teuer zu verkaufen«.

Fehler 3: Selbstüberschätzung
Öffnen Sie die Augen: Selbstüberschätzung in Bezug auf unser Wissen und unsere Kompetenzen ist der sichere Weg in die Katastrophe!

Verzeihen Sie mir, dass ich hier persönlich werde, aber lassen Sie mich Ihnen drei Fragen stellen: Sind Sie ein überdurchschnittlich guter Autofahrer? Sind Sie ein unglaublicher Liebhaber? Sind Sie wesentlich attraktiver als der Durchschnitt? Keine Sorge, Sie dürfen die Antworten gerne für sich behalten.

Warum ich Ihnen diese impertinenten Fragen stelle? Um einen fundamentalen Punkt zur Sprache zu bringen, der für Ihre finanzielle Zukunft von zentraler Bedeutung sein könnte. Menschen haben die gefährliche Neigung zu glauben, sie seien besser (oder klüger), als sie wirklich sind. Auch dafür gibt es einen Ausdruck: Selbstüberschätzung. Sie kennzeichnet ein überzogenes Selbstvertrauen, was unsere Fähigkeiten, unser Wissen und unsere Zukunftsaussichten betrifft.

Zahllose Studien haben einige der absurdesten Effekte der Selbstüberschätzung beschrieben. Zum Beispiel ergab eine von ihnen, dass 93 Prozent der Fahrschüler sich für besonders gute Autofahrer hielten. Eine andere kam zu dem Ergebnis, dass 94 Prozent der Hochschulprofessoren davon überzeugt waren, besonders gute Dozenten zu sein. Eine weitere fand heraus, dass 79 Prozent der Studenten glaubten, sie seien mit besonderen charakterlichen Vorzügen ausgestattet, trotz der Tatsache, dass 60 Prozent in derselben Studie zugaben, im vorhergehenden Jahr bei einer Prüfung geschummelt zu haben. Wir sehen uns gerne als Mitglieder der moralischen »*Ich-würde-das-nie-tun*«-Minderheit.

Das erinnert mich an Lake Wobegon, den fiktiven Ort in Minnesota, der von dem Autor Garrison Keillor erfunden wurde und in dem »alle Frauen stark, alle Männer gutaussehend und alle Kinder überdurchschnittlich sind«.

Wie kommt es, dass sich Anleger überschätzen? In vielen Fällen überzeugt ein »Profi« sie davon, dass es eine heiße neue Geldanlage gibt, die alles andere in den Schatten stellen wird. Die Anleger lassen sich von der Leidenschaft des Verkäufers so sehr anstecken, dass daraus eine grundlose Selbstüberschätzung wird.

Einige Menschen sind aber auch extrem erfolgreiche Unternehmer oder sehr erfolgreich in ihrem Privatleben und nehmen daher an, dass sie als Anleger genauso erfolgreich sein werden. Das erscheint ihnen einfach logisch. Wie Sie inzwischen wissen, ist das Investmentgeschäft allerdings sehr komplex und variabel. Unglücklicherweise kann Selbstüberschätzung in diesem Fall die finanzielle Zukunft zerstören.

Sind bestimmte Menschen anfälliger für Selbstüberschätzung? Die Finanzprofessoren Brad Barber und Terrance Odean untersuchten über fünf Jahre die Aktieninvestitionen von mehr als 35 000 Haushalten. **Dabei stellten sie fest, dass Männer bei Geldanlagen besonders zur Selbstüberschätzung neigen. Tatsächlich *realisierten Männer 45 Prozent mehr Trades als Frauen* und senkten damit ihre Nettorendite um 2,65 Prozentpunkte pro Jahr.** Wenn Sie die zusätzlichen Kosten in Form von hohen Transaktionsgebühren und Steuern hinzurechnen, wird klar, dass exzessives Trading verheerende Konsequenzen für Ihre Vermögensbildung hat.

Eine noch teurere Form der Selbstüberschätzung ist der Glaube, Sie (oder irgendein Fernsehexperte, Marktstratege oder Blogschreiber) könne vorhersagen, wie sich der Aktienmarkt, die Zinsen, Gold, Öl oder irgendeine andere Assetklasse in der Zukunft entwickeln wird. »Wenn Sie die Zukunft nicht vorhersagen können, sollten Sie das offen zugeben«, sagte Howard Marks. »Wenn Sie keine Vorhersagen treffen können und es trotzdem versuchen, ist das echter Selbstmord.«

Die Lösung: Öffnen Sie die Augen und seien Sie sich selbst gegenüber ehrlich

Eines der besten Gegenmittel gegen Selbstüberschätzung besteht darin, sich vor einen Spiegel zu stellen und sich zu fragen: »Verfüge ich wirklich über die besonderen Qualitäten, um den Markt schlagen zu können?« Mit der Ausnahme, dass Sie irgendeinen geheimen Zaubertrank besitzen, zum Beispiel besonders gute Informationen und herausragende analytische Fähigkeiten, wie sie Spitzeninvestoren wie Howard Marks, Warren Buffett und Ray Dalio besitzen, gibt es keinen einzigen rationalen Grund für die Annahme, Sie könnten die Marktindizes langfristig übertreffen.

Was sollten Sie also tun? Ganz einfach, tun Sie das, was Howard, Warren, Jack Bogle, David Swensen und die anderen herausragenden Investoren ausnahmslos dem durchschnittlichen Einzelanleger raten: Investieren Sie in ein Portfolio aus kostengünstigen Indexfonds und halten Sie sie in guten wie in schlechten Zeiten. Damit erzielen Sie die Marktrendite ohne die dreifache Last, die aktive Investoren schultern müssen: exorbitante Managementgebühren, hohe Transaktionskosten und heftige Steuerabgaben. »Wenn Sie keinen Mehrwert generieren und keine Asymmetrie erzeugen können, dann ist es das Beste, Ihre Kosten zu minimieren«, erklärt Howard. Anders ausgedrückt: »Investieren Sie einfach in einen Index.«

Indexfonds bieten Ihnen zudem eine breite Diversifikation, die ein weiterer hochwirksamer Schutz gegen Selbstüberschätzung darstellt. Schließlich ist die Diversifikation das Eingeständnis, dass Sie nicht wissen, welcher spezifische Vermögenswert, welche Aktie, welche Anleihe oder welches Land die höchsten Renditen abwerfen wird. Mithilfe der Diversifikation sind Sie an allem ein wenig beteiligt!

Und hier das großartige Paradox: *Indem Sie sich eingestehen, dass Sie über keinen besonderen Vorteil verfügen, verschaffen Sie sich einen enormen Vorteil*! Wie kann das sein? Weil Sie um ein Vielfaches erfolgreicher sein werden als all die Anleger, die sich selbst überschätzen und glauben, sie könnten bessere Ergebnisse erzielen als alle anderen. Im Investmentgeschäft kann Selbstüberschätzung der größte Kostenfaktor überhaupt sein!

Fehler 4: Gier, Glücksspiel und die Suche nach dem »Jackpot« Es ist eine Versuchung, zum befreienden Einmalschlag auszuholen; der Sieg gebührt jedoch den Beständigen

Im Alter von 19 Jahren mietete ich ein Haus in einer noblen Wohnanlage in der Nähe des Pazifiks in Marina del Rey, Kalifornien. Eines Tages brachte ich einige Kleidungsstücke in die örtliche Reinigung, als ein Cabrio der Marke Rolls-Royce Corniche vorfuhr und eine superattraktive Frau ausstieg. Ich konnte nicht anders, als sie anzustarren! Wir kamen ins Gespräch, während sie ihre Kleidung abholte, und ich fragte sie, was sie und ihre Familie beruflich machten. Sie erzählte mir, ihr Mann handle mit Penny Stocks und habe ziemlichen Erfolg damit. »Das sehe ich«, sagte ich. »Haben Sie irgendeinen Tipp?«

Sie antwortete: »Derzeit gibt es tatsächlich eine außerordentliche Chance.« Sie nannte mir den Namen einer ganz heißen Aktie. Ich sage Ihnen, das fühlte sich an wie ein Geschenk des Himmels; eine bombensichere Sache, unmittelbar aus erster Hand! Also nahm ich 3000 Dollar, die für mich damals so viel waren wie 3 Millionen, und setzte alles auf eine Karte. Was glauben Sie, passierte anschließend? Ich verlor alles. Mann, ich fühlte mich wie ein Idiot!

Aus dieser schmerzhaften Erfahrung lernte ich, dass Gier und Ungeduld im Investmentgeschäft gefährliche Eigenschaften sind. Wir alle neigen dazu, so schnell wie möglich den Jackpot knacken zu wollen, anstatt uns auf kleine, inkrementelle Steigerungen zu konzentrieren, die sich im Laufe der Zeit summieren. **Die beste Methode für eine erfolgreiche Geldanlage ist die Erzielung *nachhaltiger* langfristiger Renditen. Die Versuchung, zum großen Befreiungsschlag auszuholen, ist allerdings sehr groß, vor allem wenn Sie glauben, andere Leute würden schneller reich als Sie!**

Das Problem ist, dass Sie sich unverhältnismäßig hohen Verlustrisiken aussetzen, wenn Sie versuchen, auf einen Streich einen Riesengewinn zu kassieren. Das kann verheerende Folgen haben. Wie in Kapitel 5 besprochen, sind die besten Investoren ausnahmslos davon besessen, Verluste zu vermeiden. Denken Sie noch einmal an unsere Rechnung: Wenn Sie mit einer Investition 50 Prozent Ihres Vermögens verlieren, brauchen Sie eine Rendite von 100 Prozent, nur um zur Ausgangsposition zurückzukehren. Das kann leicht ein Jahrzehnt dauern.

Leider besitzen wir von Natur aus die Disposition zum Glücksspiel. Die Glücksspielindustrie weiß das und nutzt unsere physiologische und psychologische Beschaffenheit auf einfallsreiche Weise aus: Wenn wir gewinnen, schüttet unser Körper das Glückshormon Endorphin aus, das uns in eine euphorische Stimmung versetzt, mit der Folge, dass wir nicht aufhören wollen. Wenn wir verlieren, wollen wir aber auch nicht aufhören, weil wir die Wirkung der Endorphine verspüren und zudem den emotionalen Verlustschmerz vermeiden wollen. Kasinos wissen, wie sie uns manipulieren, indem sie viel Sauerstoff in die Räumlichkeiten pumpen, um uns wachzuhalten, und uns mit kostenlosen Drinks versorgen, um unsere Hemmschwelle zu senken. Denn je mehr wir spielen, desto größer ist der Gewinn fürs Haus!

Die Börse funktioniert nicht so viel anders: Maklerhäuser lieben es, wenn Kunden oft traden und eine Flut an Gebühren generieren. Sie versuchen Sie mit Werbung zu verführen, die Ihnen kostenlose oder kostengünstige Trades und »Markterkenntnisse« anbieten, die Ihnen angeblich dabei helfen, die besonders renditeträchtigen Trades zu selektieren. Sicher doch! Oder glauben Sie, es ist Zufall, dass Ihre Online-Trading-Plattform wie ein einarmiger Bandit aussieht und sich auch so anhört, mit den roten und grünen Farben, den scrollenden Tickern, aufleuchtenden Bildern und hämmernden Soundeffekten? Das ist alles darauf angelegt, Ihren inneren Spekulanten von der Leine zu lassen!

Die Finanzmedien verstärken das Gefühl, die Märkte seien nichts anderes als ein gigantisches Kasino – ein berauschendes System, das Spekulanten angeblich zu schnellem Reichtum verhilft! Man kann sich leicht darin verlieren. Das ist auch der Grund, warum viele Menschen ihr letztes Hemd auf die angesagtesten Aktien und Trading-Optionen verwetten und unaufhörlich kaufen und verkaufen. All diese Aktivitäten sind von dem Wunsch des Glücksspielers motiviert, den Jackpot zu knacken!

Sie müssen verstehen, dass zwischen kurzfristiger Spekulation und langfristiger Investition Welten liegen. Spekulanten sind zum Misserfolg verurteilt, während disziplinierte Anleger, die in guten wie in schlechten Zeiten an ihren Positionen festhalten, dank der Macht des Zinseszinses auf Erfolg programmiert sind. Die Wall Street gewinnt, wenn Sie möglichst viel und oft traden; Sie gewinnen, wenn Sie über Jahrzehnte geduldig investiert bleiben. **Wie sagte Warren Buffett so treffend? »Der Aktienmarkt ist ein Vehikel, um Geld von den Ungeduldigen zu den Geduldigen umzuschichten.«**

Die Lösung: Laufen Sie Marathon und keinen Sprint

Hier kommt die große Frage: *Wie können Sie Ihren inneren Spekulanten im Zaum halten und sich dazu zwingen, ein geduldiger, langfristiger Anleger zu sein?*

Ein Mann, der von dieser Frage besessen ist, ist Guy Spier, ein angesehener Value-Investor. Guy begann vor zwei Jahrzehnten an meinen Veranstaltungen teilzunehmen und schreibt mir das Verdienst zu, ihn dazu inspiriert zu haben, sich an den besten Investoren zu orientieren. Er ahmte Warren Buffetts langfristigen Investmentansatz nach. Im Jahr 2008 zahlten Guy und ein weiterer Manager sogar 650 100 Dollar an eine karitative Einrichtung, um mit Warren Buffett zu Mittag zu essen!

Guy zufolge ist die Ablenkung durch den auf kurzfristige Spekulation ausgerichteten Lärm an der Börse für die meisten Anleger das größte Erfolgshindernis. Dieser Lärm erschwere es ihnen, langfristig an ihren Investitionen festzuhalten und von der beeindruckenden Wirkung des Zinseszinseffekts zu profitieren. Ungeduldige Anleger überprüfen ständig die Performance ihrer Anlagen und hören auf Fernseh- und Marktexperten und deren nutzlose Prognosen. »Wenn Sie Ihre Aktien- oder Fondskurse täglich im Computer überprüfen, dann füttern Sie Ihr Gehirn mit Zucker«, sagt Guy. »Dann sind Sie auf der Suche nach dem Endorphin-Kick. Sie müssen erkennen, dass das ein süchtiges Verhalten ist, und damit aufhören. Finger weg vom Zucker!«

Guy empfiehlt, das Portfolio *einmal pro Jahr* zu überprüfen. Weiterhin rät er dazu, sich keine Börsennachrichten im Fernsehen anzusehen, und er empfiehlt, die Research-Ergebnisse der Wall Street zu ignorieren, weil diese davon motiviert sind, bestimmte Produkte zu verkaufen, und nicht davon, objektives Wissen zu vermitteln. »Die überwältigende Mehrheit der sogenannten Analysen und Informationen über den Aktienmarkt sind lediglich darauf ausgerichtet, Aktivität zu generieren, weil irgendjemand damit Geld verdient, wenn wir traden«, erklärt er. »Wenn die Informationen dazu dienen, Aktivität zu generieren, sollten wir sie ignorieren.«

Stattdessen empfiehlt Guy eine »ganzheitlichere Informationsdiät« mithilfe des Studiums der Weisheit überaus geduldiger Investoren wie Warren Buffett und Jack Bogle. Die Ergebnisse? »Sie füttern Ihre Gedanken mit den richtigen Informationen, und das hilft Ihnen, besonnen und langfristig zu handeln.«

Fehler 5: Nur auf heimischen Wiesen weiden
Die Welt ist groß – wie kommt es also, dass die meisten Investoren nur in Inlandswerte investieren?

Die Menschen haben die natürliche Neigung, sich nur innerhalb ihrer Komfortzone zu bewegen. Wenn Sie in den USA leben, werden Sie wahrscheinlich eher Appetit auf einen Cheeseburger und Pommes haben als auf ein opulentes Menü aus Foie gras, Chateaubriand und Schnecken. Wenn Sie einen Supermarkt, eine Tankstelle oder einen Coffeeshop haben, die Sie bevorzugt aufsuchen, dann werden Sie eher dort einkaufen, als etwas Neues auszuprobieren.

Auch was Geldanlagen betrifft, neigen die meisten Menschen dazu, sich an das zu halten, was sie kennen und ihnen vertraut ist. Das wird als *Home Bias* oder – umständlicher – *Heimatmarktneigung* bezeichnet und beschreibt eine psychologische Prädisposition, die Anleger dazu führt, einen überproportionalen Anteil ihres Vermögens an Inlandsmärkten anzulegen und manchmal sogar in die Aktien des Unternehmens, in dem sie arbeiten, und die Branche, in der sie tätig sind.

Für unsere Vorfahren, die Höhlenbewohner, war das Vertrauen auf Bekanntes eine kluge Überlebensstrategie. Wenn sie sich zu weit auf unbekanntes Terrain vorwagten, konnte überall Gefahr lauern. In unserem Zeitalter können Sie mit einer globalen Anlagestrategie dagegen Ihre Risiken deutlich reduzieren. Das liegt daran, dass die verschiedenen Märkte nicht perfekt korrelieren. Das heißt, sie bewegen sich nicht im Gleichklang.

Sie sollten *nie* ein einziges Land übergewichten, selbst wenn es Ihr eigenes ist, weil Sie nie wissen, ob es irgendwann einmal in Schwierigkeiten gerät. Ende der 1980er-Jahre hatten die japanischen Anleger 98 Prozent ihrer Portfolios in Inlandsaktien investiert. Während des Großteils der 1980er-Jahre zahlte sich das in barer Münze aus, als Japan der weltweite Überflieger zu sein schien. Im Jahr 1989 brach der japanische Markt jedoch ein und hat sich bis heute nicht vollständig erholt. So viel zum Motto »Home, sweet home!«.

Ein Bericht von Morningstar zeigte, dass der durchschnittliche amerikanische Anleger, der in Investmentfonds investiert ist, im Jahr 2013 beinahe drei Viertel (73 Prozent) seines gesamten Vermögens in US-Aktien angelegt hatte. Dabei machten die US-Aktien nur die Hälfte (49 Prozent) des globalen Aktienmarkts aus. Mit anderen Worten: Die Anleger hatten den US-Markt stark übergewichtet und zu wenig Gewicht auf Auslandsmärkte wie Großbritannien, Deutschland, China oder Indien gelegt. In Deutschland ist es kaum anders: Obwohl deutsche Unternehmen, gemessen an der Marktkapitalisierung, nur einen Weltmarktanteil von 2,4 Prozent haben, liegt der Anteil heimischer Aktien in einem durchschnittlichen deutschen Depot bei 60 bis 70 Prozent.

Allerdings betrachten nicht nur die Amerikaner den Rest der Welt mit einigem Misstrauen. Richard Thaler und Cass Sunstein, beides anerkannte Experten auf dem Gebiet Behavioral Finance, schrieben, schwedische Anleger hätten im Schnitt 48 Prozent ihres Vermögens in schwedischen

Aktien angelegt, und zwar trotz der Tatsache, dass Schweden nur 1 Prozent der Weltwirtschaft ausmacht. »Ein rationaler Anleger in den USA oder Japan würde ungefähr 1 Prozent seines Vermögens in schwedische Aktien investieren. Ist es für schwedische Anleger sinnvoll, das 48-Fache anzulegen? Nein.«

Die Lösung: Erweitern Sie Ihren Horizont

Das ist *wirklich* einfach. Wie wir in vorhergehenden Kapiteln erwähnt haben, müssen Sie breit diversifizieren, und zwar nicht nur über verschiedene Assetklassen hinweg, sondern auch in verschiedene Länder. Es ist sinnvoll, Ihre globale Vermögensaufteilung mit Ihrem Finanzberater zu besprechen. Sobald Sie die angemessenen Proportionen und Prozentsätze festgelegt haben, die Sie jeweils in Inlands- und Auslandswerte investieren wollen, sollten Sie diese Zahlen in Ihre persönliche Checkliste für Anlageerfolg eintragen. Wichtig ist auch, dass Sie die Gründe für Ihre Investmententscheidungen schriftlich festhalten. Auf diese Weise können Sie sich diese in Erinnerung rufen, wenn ein Teil Ihres Portfolios nicht die angestrebten Ergebnisse erzielt.

Die besten Finanzberater helfen Ihnen dabei, die langfristige Perspektive zu wahren, damit Sie nicht in die typische Falle tappen, immer gerade das zu favorisieren, was aktuell angesagt ist. Harry Markowitz, der einen ausgeprägten Sinn für Geschichte hat, sagte mir: »Wir haben in der jüngsten Zeit eine anhaltende Phase erlebt, in der der US-Markt besser abgeschnitten hat als der europäische Markt … die aufstrebenden Märkte haben dagegen eine ›Trockenzeit‹ erlebt. Aber diese Dinge verändern sich immer wieder.«

Mithilfe einer internationalen Diversifikation reduzieren Sie nicht nur Ihr Gesamtrisiko, sondern steigern auch Ihre Renditen. Erinnern Sie sich daran, als wir über das »verlorene Jahrzehnt« zwischen 2000 und 2009 sprachen, als der S&P 500 lediglich eine Jahresrendite von mageren 1,4 Prozent – einschließlich Dividenden – erzielte? In dieser Zeit warfen internationale Aktien im Schnitt 3,9 Prozent jährlich ab und Aktien aus Emerging Markets sogar 16,2 Prozent. Für Anleger, die ein global diversifiziertes Portfolio besaßen, waren diese verlorenen Jahre nur eine kleine Delle.

Fehler 6: Negativität und Verlustangst
Ihr Gehirn will, dass Sie in turbulenten Zeiten Angst haben – hören Sie nicht darauf!

Menschen besitzen die natürliche Neigung, sich stärker an negative Erfahrungen zu erinnern als an positive. Das bezeichnet man als *Negativitätseffekt*. Als die Menschen noch in Höhlen lebten, war das sehr nützlich. Diese instinktive Reaktion erinnerte uns daran, dass Feuer schmerzhafte Verbrennungen verursacht, bestimmte Beeren giftig sind und dass es dumm ist, mit einem Jäger zu kämpfen, der viel größer und kräftiger ist als wir selbst. Die Erinnerung an negative Erfahrungen kann auch in unseren modernen Zeiten ziemlich hilfreich sein: Vielleicht haben Sie schon einmal Ihren Hochzeitstag vergessen, wurden am nächsten Tag mit Nichtachtung gestraft und haben auf diese Weise gelernt, diesen Fehler nicht zu wiederholen.

Doch wie wirkt sich Negativität auf unser Anlageverhalten aus? Danke für die Frage! Wie Sie wissen, sind Marktkorrekturen und Bärenmärkte regelmäßig wiederkehrende Erscheinungen. **Denken Sie daran: Im Schnitt haben seit 1900 ein Mal pro Jahr Marktkorrekturen stattgefunden und ungefähr alle drei Jahre ereignete sich ein Bärenmarkt.** Wenn Sie den Bärenmarkt von 2008/2009 erlebt haben, wissen Sie aus erster Hand, wie schmerzlich diese Erfahrungen sein können. Wenn Sie – wie viele andere Anleger auch – Fonds oder Aktien besessen haben, deren Wert um ein Drittel oder sogar um die Hälfte (oder sogar noch mehr!) schrumpfte, werden Sie diese negative Erfahrung wahrscheinlich nicht so schnell vergessen!

Doch Sie wissen mittlerweile, dass die besten Investoren Korrekturen und Bärenmärkte *genießen*, da zu diesem Zeitpunkt alles zum Verkauf steht. Ich bin sicher, dass Sie sich noch gut an Warren Buffetts Mantra erinnern, »gierig zu sein, wenn andere panisch sind«, und dass Sir John Templeton sein Vermögen »auf dem Tiefpunkt der Depression« verdiente. Ich nehme an, dass Ihr rationaler Verstand inzwischen *weiß*, dass Marktzusammenbrüche eine wunderbare Gelegenheit bieten, um langfristig Vermögen aufzubauen, und nichts sind, wovor man sich fürchten muss. Die unbewusste Neigung zum Schwarzsehen erschwert es dem durchschnittlichen Anleger jedoch, auf Basis seines nüchternen Wissens zu *handeln*.

Warum? Weil unser Gehirn inmitten der Marktturbulenzen darauf programmiert ist, uns mit Erinnerungen an diese negativen Erfahrungen zu bombardieren. Tatsächlich gibt es einen Teil des Gehirns – die Amygdala –, der als biologisches Alarmsystem fungiert und den Körper mit Angstsignalen überflutet, wenn wir Geld verlieren. Selbst eine kleinere Marktkorrektur kann bereits negative Erinnerungen wachrufen und dazu führen, dass Anleger überreagieren, weil sie Angst haben, dass aus dieser Korrektur ein waschechter Einbruch wird. In einem Bärenmarkt überschlagen sich diese Angstreflexe derart, dass Anleger oft fürchten, der Markt werde sich nie wieder erholen!

Die Psychologen Daniel Kahneman und Amos Tversky haben zudem bewiesen, dass der Schmerz über finanzielle Verluste doppelt so groß ist wie umgekehrt die Freude über finanzielle Gewinne. Dieses psychologische Phänomen bezeichnen Experten als »Verlustangst«.

Das Problem ist, dass der Geldverlust Anlegern so große Pein verursacht, dass sie zu irrationalen Reaktionen neigen, um diese Gefahr möglichst auszuschließen. Zum Beispiel tätigen viele Anleger bei Markteinbrüchen Panikverkäufe, also genau im falschen Moment, anstatt die Gelegenheit zu nutzen, zu einmalig günstigen Preisen Aktien nachzukaufen.

Ein Grund, aus dem die besten Investoren so erfolgreich sind, ist, dass es ihnen gelingt, diese natürliche Neigung zu überwinden. Nehmen wir zum Beispiel Howard Marks. In den letzten 15 Wochen des Jahres 2008, als die Finanzmärkte implodierten, sagte er mir, sein Team von Oaktree Capital Management habe rund *500 Millionen Dollar pro Woche* in notleidende Anleihen investiert. **Ja, richtig: Er und sein Team investierten 15 Wochen lang eine halbe Milliarde Dollar pro Woche, und das genau zu der Zeit, als viele dachten, das Jüngste Gericht sei über uns hereingebrochen. »Es war offensichtlich, dass überall totale Panik und Depression herrschten«, sagte Howard. »Im Allgemeinen ist das eine gute Zeit, um nachzukaufen.«**

Indem sie sich mit kühlem Kopf auf die Gelegenheit konzentrierten, massenhaft Schnäppchen zu erwerben, machten Howard und sein Team Milliardengewinne, als der Börsenwinter endete und der Aufschwung einsetzte. Hätten sie ihre Angst nicht überwunden, wäre ihnen das niemals gelungen!

Die Lösung: Der Schlüssel liegt in der Vorbereitung

»Wenn Sie sich nicht vorbereiten, bereiten Sie sich darauf vor, zu scheitern.«

- Benjamin Franklin

Erstens ist Selbstwahrnehmung wichtig. Sobald wir *wissen*, dass wir anfällig für Schwarzmalerei und Verlustängste sind, können wir diesen psychologischen Tendenzen entgegenwirken. Sie können schließlich keine Dinge ändern, derer Sie sich nicht bewusst sind. Doch welche konkreten Maßnahmen können Sie ergreifen, damit die Angst Sie selbst in den turbulentesten Zeiten nicht vom Kurs abbringt?

Wie in Kapitel 6 besprochen, half Peter Mallouk seinen Kunden überaus erfolgreich, ohne größere Blessuren durch die Finanzkrise zu kommen. Ein Grund: Er klärte sie schon vorab über die Risiken eines Bärenmarkts auf. Daher war es für seine Kunden kein angstbesetztes Ereignis mehr, als dieser tatsächlich eintraf. Zum Beispiel erläuterte er ihnen, wie sich jede Assetklasse in früheren Bärenmärkten verhalten hatte, sodass sie geistig auf die möglichen Entwicklungen vorbereitet waren.

Sie wussten auch vorab, dass Peter plante, die Krise zu ihrem Vorteil zu nutzen, indem er konservative Investitionen wie Anleihen verkaufte und mit den Einnahmen Aktien zu Schleuderpreisen nachkaufte. »Wir boten eine gewisse Sicherheit, was den Prozess betraf«, erklärt Peter, »daher wussten unsere Kunden genau, was sie erwartete. Das trug zu einer dramatischen Reduzierung der Ungewissheit bei.« **Mit anderen Worten: Die beste Methode, mit einer Marktturbulenz und den Ängsten, die sie verursacht, umzugehen, ist eine gute Vorbereitung.**

Wie wir ausführlich erläutert haben, ist die Diversifikation eine zentrale Methode zur Vorbereitung. Hilfreich ist auch, sich die Gründe für die Investition in die einzelnen Assetklassen in Ihrem Portfolio zu notieren, da es mit Sicherheit Zeiten geben wird, in denen eine bestimmte Vermögensklasse oder eine bestimmte Geldanlage magere Renditen erzielt – manchmal sogar über mehrere Jahre hinweg. Viele Anleger verlieren das Vertrauen, weil sie zu kurzfristig orientiert sind. Wenn die Situation zu einer echten Herausforderung wird, können Sie Ihre Notizen hervorholen und sich daran erinnern, warum Sie den jeweiligen Vermögenswert angeschafft haben und wie er zur Erreichung Ihrer langfristigen Ziele beiträgt.

Dieser einfache Prozess kann das Investieren zu einer rationaleren Angelegenheit machen. Solange sich Ihre Bedürfnisse nicht verändert haben und Ihre Vermögenswerte immer noch auf Ihre Ziele ausgerichtet sind, können Sie ruhig bleiben und Ihren Geldanlagen die Zeit geben, die sie brauchen, um ihren Wert unter Beweis zu stellen.

Es ist von unschätzbarem Wert, einen Finanzberater zu haben, mit dem Sie in den schlimmsten Zeiten über Ihre Ängste und Zweifel sprechen können und der Sie daran erinnert, dass die Strategie, auf die Sie sich schriftlich geeinigt haben, als Sie noch ruhig und nüchtern waren, immer noch gilt.

Das lässt sich ein wenig mit der Aufgabe vergleichen, ein Flugzeug durch einen schweren Sturm zu steuern. Die meisten Piloten kämen auch alleine zurecht. Allerdings ist es wesentlich leichter, wenn man weiß, dass man einen erfahrenen Co-Piloten an seiner Seite hat. Erinnern Sie sich: Selbst Warren Buffett hat einen Partner!

Beherrschen Sie Ihre Gedanken

Nun, da Sie sich der destruktiven psychologischen Muster bewusst sind, sind Sie viel besser gerüstet, um sich dagegen zu schützen. Da wir nun einmal Menschen sind, neigen wir dazu, von Zeit zu Zeit Fehler zu machen. Immerhin sind die Wahrnehmungsverzerrungen, über die wir in diesem Kapitel gesprochen haben, Teil unserer archaischen Überlebensmechanismen. Daher können wir nicht erwarten, sie vollständig zu eliminieren. Wie sagt Guy Spier? »Hier geht es nicht darum, den perfekten Treffer zu landen. Selbst kleine Verbesserungen in unserem Verhalten können enorm viel bewirken.«

Warum? Weil das Investieren ein Spiel um minimale Größen ist. Wenn Ihre Renditen um 2 oder 3 Prozent jährlich steigen, ist die kumulative Wirkung dank Zinseszins über mehrere Jahrzehnte geradezu verblüffend. Die Systemlösungen, über die wir in diesem Kapitel gesprochen haben, tragen viel zur Vermeidung beziehungsweise Minimierung der teuersten Fehler bei, die die Mehrheit der Anleger macht.

Diese einfachen Regeln und Verfahren werden es Ihnen zum Beispiel erleichtern, langfristig zu investieren, weniger zu traden, Ihre Investmentgebühren und Transaktionskosten zu senken, offener für anderslautende Einschätzungen zu sein, Ihr Risiko mithilfe einer globalen Diversifikation zu senken und Ihre Ängste zu kontrollieren, die Sie in Bärenmärkten ansonsten vom Kurs abkommen lassen könnten. Werden Sie perfekt sein? Nein. Werden Sie bessere Ergebnisse erzielen? Auf jeden Fall, und dieser Unterschied kann über eine gesamte Lebensspanne viele Millionen Dollar ausmachen!

Nun verstehen Sie sowohl die Mechanismen als auch die Psychologie der Geldanlage. Sie wissen, was Sie tun müssen, um sich mental zu disziplinieren, damit Sie dauerhaft erfolgreich investieren. Das Wissen, das Sie erworben haben, ist von unschätzbarem Wert und kann Ihnen und Ihrer Familie zu vollkommener finanzieller Freiheit verhelfen. Wenden wir uns nun dem abschließenden Kapitel zu, in dem Sie erfahren, wie Sie *echten, dauerhaften Reichtum* schaffen.

Kapitel 8: Echter Reichtum
Wie Sie die wichtigste Entscheidung Ihres Lebens treffen

»Denken Sie jeden Tag beim Aufwachen: ›Heute habe ich das Glück, am Leben zu sein, ich habe ein kostbares Leben, und ich werde es nicht verschwenden.‹«

- Dalai Lama

Wenn Ihnen dieses Buch dabei hilft, finanziellen Reichtum zu erlangen, freue ich mich für Sie – aber wenn ich ganz ehrlich bin, glaube ich nicht, *dass das ausreicht*. Warum? Weil finanzieller Reichtum nicht garantiert, dass Sie auch als Mensch ein reiches Leben haben.

Geld vermehren kann jeder. Wie Sie in den vorhergehenden Kapiteln erfahren haben, sind die Instrumente und Prinzipien, die Sie dafür brauchen, wirklich ziemlich simpel. Wenn Sie zum Beispiel die Macht des Zinseszinseffekts nutzen, langfristig investiert bleiben, intelligent diversifizieren und Ihre Gebühren und Steuern so gering wie möglich halten, sind Ihre Chancen, finanzielle Freiheit zu erlangen, extrem hoch.

Doch was, wenn Sie finanzielle Freiheit genießen und *trotzdem* unglücklich sind? Viele Menschen träumen jahrzehntelang davon, eines Tages Millionär oder gar Milliardär zu sein, und wenn sie ihr Ziel schließlich erreichen, sagen sie: »Das ist alles? Mehr gibt's nicht?« Wer das bekommt, was er sich wünscht, und sich *trotzdem* noch elend fühlt, ist wirklich zu bedauern.

Wenn Menschen von Reichtum träumen, stellen sie sich nicht vor, eine Million bunte Papierstreifen zu besitzen, auf denen die Köpfe Verblichener abgebildet sind. Was sie wirklich wollen, sind die Gefühle, die ihnen das Geld hoffentlich verschafft, zum Beispiel das *Gefühl* von Freiheit, Sicherheit oder Komfort, oder die Freude, die man empfindet, wenn man seinen Reichtum teilen kann. Anders ausgedrückt: Sie suchen *Gefühle* und nicht das Geld um seiner selbst willen.

Ich will die Bedeutung von Geld nicht kleinreden. Wenn Sie es richtig verwenden, gibt es zahllose Möglichkeiten, wie es Ihr Leben und das Leben der Menschen, die Ihnen nahestehen, bereichern kann. *Echter Reichtum* ist aber so viel mehr als Geld. **Echter Reichtum ist emotional, psychologisch und spirituell.** Wenn Sie finanzielle Freiheit genießen, aber emotional leiden, haben Sie einen Pyrrhussieg errungen.

Vielleicht finden Sie, dass das in einem Buch über Geld und Investment ein merkwürdiger Exkurs ist. Ich hätte jedoch das Gefühl, etwas Wichtiges ausgelassen zu haben, wenn ich ein Buch darüber geschrieben hätte, wie Sie *finanziellen* Reichtum erlangen können, und dann das Geheimnis nicht mit Ihnen teilte, wie Sie auch *emotionalen* Reichtum erlangen. Glücklicherweise müssen Sie sich nicht für das eine oder das andere entscheiden. Wie Sie in diesem Kapitel entdecken werden, ist es durchaus möglich, finanziellen *und* emotionalen Reichtum zu erreichen. Das ist der ultimative Jackpot!

Meiner Meinung nach ist das vorliegende Kapitel zweifellos das wichtigste des ganzen Buchs. Warum? Weil Sie auf den folgenden Seiten erfahren werden, dass es *eine einzige Entscheidung* gibt, die Sie schon heute treffen können und die Ihr weiteres Leben verändern kann. Diese eine Entscheidung wird Ihnen mehr *Freude*, mehr *Seelenfrieden* und mehr *echten Reichtum* bescheren, als Sie sich vorstellen können – sofern Sie regelmäßig daran arbeiten. Das Beste daran ist, dass Sie nicht zehn, 20 oder 30 Jahre warten müssen. Wenn Sie diese eine Entscheidung treffen, können Sie bereits *hier und jetzt* reich sein!

In Wahrheit möchte ich Ihnen diese Idee nahebringen, weil sie für mich lebensverändernd war. Wenn Sie bereit sind, mich zu begleiten, wollen wir diesen letzten Schritt auf Ihrem Weg tun!

Eine außerordentliche Lebensqualität

Mein ganzes Leben hat sich darauf konzentriert, Menschen bei der Verwirklichung ihrer Träume zu helfen. Ich habe mehr als 100 Länder besucht und mit Menschen aus allen Winkeln der Erde über ihre wahren Wünsche und Erwartungen gesprochen. Wissen Sie, was ich herausgefunden habe? Zwar hat jede Kultur andere Überzeugungen und Werte, aber es gibt einige grundlegende Bedürfnisse und Wünsche, die alle Menschen teilen. **Alle Menschen sehnen sich nach einer *außerordentlichen Lebensqualität.***

Für einige bedeutet das ein wunderschönes Zuhause mit einem gepflegten Garten. Für andere bedeutet es, drei wunderbare Kinder großzuziehen. Für wieder andere bedeutet es, einen Roman zu schreiben oder ein Musikstück zu komponieren. Andere stellen sich darunter den Aufbau eines milliardenschweren Unternehmens vor, und wieder andere wollen eins mit Gott sein. Anders ausgedrückt: **Es bedeutet, ein großartiges, selbstbestimmtes Leben zu führen.**

Wie können Sie das erreichen? Wie können Sie die Kluft zwischen Ihrer aktuellen Situation und Ihren Wunschvorstellungen schließen? Die Antwort: Sie müssen zwei völlig unterschiedliche Fähigkeiten beherrschen.

Die Wissenschaft des Erfolgs

Die erste bezeichne ich als »Wissenschaft des Erfolgs«. Auf jedem Gebiet gibt es Erfolgsregeln, die Sie entweder brechen (dann werden Sie bestraft) oder befolgen können (dann werden Sie belohnt). Zum Beispiel gibt es eine Gesundheits- und Fitnesswissenschaft. Biochemisch betrachtet sind wir alle völlig unterschiedlich beschaffen. Allerdings gibt es Grundregeln, die Sie befolgen können, wenn Sie gesund und energiegeladen sein wollen. Wenn Sie diese Regeln missachten, bekommen Sie die Folgen zu spüren.

Gleiches gilt für die Finanzwelt. Denken Sie nur daran, was Sie in diesem Buch alles erfahren haben. Die erfolgreichsten Investoren haben Ihnen mit ihren Tipps und Hinweisen den Weg gewiesen. Wenn Sie diese Muster verinnerlichen und die Instrumente, Strategien und Prinzipien auf Ihr eigenes Leben übertragen, beschleunigen Sie Ihren Erfolg. Das liegt auf der Hand, oder nicht? Säen sie die gleiche Saat wie die meisten erfolgreichen Menschen und Sie werden die gleiche Ernte einfahren. Auf diese Weise erlangen Sie die Meisterschaft in finanziellen Dingen.

Was die Wissenschaft des Erfolgs betrifft, gibt es drei zentrale Schritte, die Sie in die Lage versetzen können, alles zu erreichen, was Sie wollen. Fällt Ihnen etwas Fantastisches ein, das Sie in Ihrem Leben erreicht haben und das einst unmöglich erschien? Vielleicht war es eine Beziehung, ein Traumjob oder ein erfolgreiches Geschäft oder ein todschicker

Sportwagen. Denken Sie nun darüber nach, wie aus diesem scheinbar unmöglichen Traum allmählich Realität wurde. Dabei werden Sie feststellen, dass der Pfad zur Zielerreichung einem grundlegenden dreistufigen Prozess gefolgt ist.

Der erste Schritt zur Erfüllung Ihrer Wünsche ist die *Fokussierung*. Erinnern Sie sich: Die Energie fließt dorthin, wohin Sie Ihre Konzentration richten. Wenn Sie das fokussieren, was Ihnen wirklich wichtig ist, wenn Sie nicht aufhören können, jeden Tag daran zu denken, entfacht dieser intensive Fokus einen brennenden Wunsch, der Ihnen dabei helfen kann, das zu erreichen, was sich andernfalls außerhalb Ihrer Reichweite befände. Folgendes geschieht dabei: Ein Teil Ihres Gehirns, das als retikuläres Aktivierungssystem bezeichnet wird, wird von Ihrem Wunsch aktiviert, und dieser Mechanismus lenkt Ihre Aufmerksamkeit auf alles, was zur Zielerreichung beitragen kann.

Der zweite Schritt besteht darin, mithilfe Ihres inneren Antriebs und Ihrer Wünsche die Emotionen zu aktivieren, die Sie zu *entschiedenem Handeln* veranlassen. Viele Menschen haben hochfliegende Träume, versuchen aber nie, sie umzusetzen. Um erfolgreich zu sein, müssen Sie entschieden handeln. Allerdings müssen Sie die effektivste Strategie zur Umsetzung bestimmen, und das bedeutet, dass Sie Ihren Ansatz so lange ändern müssen, bis Sie herausfinden, was sich wirklich bewährt. Diesen Prozess können Sie wesentlich beschleunigen, indem Sie sich an dem Vorgehen und Verhalten von Menschen orientieren, die es bereits vorgemacht haben. Aus diesem Grund haben wir uns ganz bewusst auf Investmentgurus wie Warren Buffett, Ray Dalio, Jack Bogle und David Swensen konzentriert. Indem Sie die richtigen Vorbilder studieren, können Sie innerhalb einer Woche lernen, wofür Sie ansonsten ein Jahrzehnt brauchen würden.

Der dritte Schritt zur Erfüllung Ihrer Wünsche ist Gnade. Einige Menschen nennen es Glück, einige nennen es Gott. Auf Basis meiner eigenen Erfahrung kann ich Ihnen eines sagen: Je dankbarer Sie für diese Gnade sind und je mehr Sie sie anerkennen, desto mehr davon werden Sie erfahren! Ich bin ganz erstaunt zu sehen, dass ein tiefes Gefühl der Wertschätzung Ihnen mehr und mehr Gnade zuteilwerden lässt.

Natürlich müssen Sie alles in Ihrer Macht Stehende tun, um Ihre Ziele zu erreichen, aber es gibt darüber hinaus Dinge, über die Sie keine Kontrolle haben. Selbst die Tatsache, dass Sie zu diesem Zeitpunkt in der Geschichte geboren wurden, dass Sie ein Gehirn und ein Herz geschenkt bekommen haben und dass sie von der beeindruckenden Macht der modernen Technologien, wie zum Beispiel dem Internet, profitieren können – nichts davon befand sich unter Ihrer Kontrolle, und Sie haben diese Dinge auch nicht erschaffen.

Jetzt kennen Sie die drei zentralen Schlüssel zur Wissenschaft des Erfolgs. **Genauso wichtig ist eine zweite Fähigkeit, die Sie brauchen, wenn Sie sich ein außergewöhnliches Leben erschaffen wollen. Diese Fähigkeit bezeichne ich als die »Kunst des Erfülltseins«.**

Die Kunst des Erfülltseins

Über Jahrzehnte hinweg war ich wie besessen von der Wissenschaft des Erfolgs: die Außenwelt zu verstehen und Möglichkeiten zu ergründen, Menschen zu helfen, den Durchbruch zu schaffen und jede Herausforderung zu meistern. **Doch nun glaube ich mit Leib und Seele daran, dass die Kunst des Erfülltseins eine noch wichtigere Fähigkeit ist, die es zu meistern gilt. Warum? Weil Sie der *Außenwelt* nicht gewachsen sind, wenn Sie Ihre *Innenwelt* nicht erfassen können. Wie können Sie dann wahrhaftig und nachhaltig glücklich sein? Dies ist der Grund, weshalb heute meine größte Obsession der Kunst des Erfülltseins gilt.**

Das 86,9-Millionen-Dollar-Gemälde

Wie zuvor erwähnt, hat jeder von uns eine andere Vorstellung davon, was eine außerordentliche Lebensqualität bedeutet. Um es anders auszudrücken: Was Sie erfüllt, ist wahrscheinlich nicht das Gleiche, was mich oder jemand anderes erfüllt. Unsere Bedürfnisse und Wünsche sind unendlich und wunderbar vielfältig! Eine Erfahrung, die mir das deutlich vor Augen führte, war ein unvergesslicher Tag, den ich mit meinem lieben Freund Steve Wynn verbrachte.

Vor einigen Jahren rief mich Steve an seinem Geburtstag an, um zu hören, wo ich war. Der glückliche Zufall wollte, dass wir uns beide in unserem jeweiligen Ferienhaus in Sun Valley, Idaho, befanden. Steve lud mich zu sich ein. »Wenn du kommst, zeige ich dir dieses Bild«, sagte er. »Ich wollte es schon seit mehr als einem Jahrzehnt haben und ich habe vor zwei Tagen jeden bei Sotheby's überboten und nun gehört es mir. Es hat mich 86,9 Millionen Dollar gekostet!«

Können Sie sich vorstellen, wie neugierig ich war, diesen kostbaren Schatz in Augenschein zu nehmen, von dem mein Freund so lange geträumt hatte? Ich stellte mir eine Art Meisterwerk der Renaissance vor, wie man es in einem Museum in Paris oder London bestaunen kann. Aber wissen Sie, was ich sah, als ich zu Steve kam? Ein Gemälde, das aus einem riesigen orangefarbenen Quadrat bestand! Ich traute meinen Augen nicht. Ich warf einen Blick darauf und sagte scherzhaft: »Gib mir 100 Kröten für Farbe und in einer Stunde male ich dir das!« Er reagierte ziemlich verstimmt darauf. Offenbar handelte es sich bei diesem Gemälde um eines der herausragendsten Werke des abstrakten Künstlers Mark Rothko.

Warum ich Ihnen diese Geschichte erzähle? Weil es perfekt die Tatsache beleuchtet, dass jeder von uns sich etwas anderes unter »Erfüllung« vorstellt. Steve ist ein weitaus kundigerer Kunstkenner als ich, daher konnte er eine Tiefe an Schönheit, Emotion und Bedeutung in diesen Pinselstrichen erkennen, die sich mir schlichtweg nicht erschloss. Anders ausgedrückt: Des einen orangefarbener Farbklecks ist des anderen 86,9-Millionen-Dollar-Traum!

Zwar sind wir alle unterschiedlich, aber es gibt doch gemeinsame Muster, was die Wunscherfüllung angeht. Wenn das Ihr Ziel ist, an welche Prinzipien oder Verhaltensmuster können Sie sich halten?

Prinzip 1: Sie müssen kontinuierlich wachsen. Alles im Leben wächst oder stirbt. Das gilt für Beziehungen, Unternehmen und alles andere. Wenn Sie nicht ständig wachsen, werden Sie frustriert und fühlen sich elend, egal wie viele Millionen Sie auf dem Konto haben. Ich kann Ihnen das Geheimnis zum Glücklichsein in einem Wort verraten: Fortschritt.

Prinzip 2: Sie müssen geben. Wenn Sie *nicht* geben, bleiben Ihre inneren Empfindungen flach und Sie werden sich nie wirklich lebendig fühlen. Winston Churchill sagte einst: »Sie verdienen Ihren Lebensunterhalt mit dem, was Sie erhalten. Sie gestalten Ihr Leben mit dem, was Sie geben.« Immer wenn ich Menschen über die erfüllendsten Aspekte ihres Lebens befrage, sprechen sie darüber, Dinge mit anderen zu teilen. Selbstsucht ist nicht die wahre Natur des Menschen. **Wir werden von unserem Drang getrieben, einen Beitrag zur Gemeinschaft zu leisten. Wenn wir dieses tiefe Gefühl des Beitrags nicht empfinden, werden wir uns nie wirklich erfüllt fühlen.**

Es lohnt sich also, sich an die offensichtliche Wahrheit zu erinnern, dass finanzieller Reichtum *nicht* der Schlüssel zu emotionalem Reichtum ist. Wie wir alle wissen, jagen Menschen oft in der Illusion dem Geld hinterher, es sei eine Art magischer Zaubertrank, der automatisch Freude und Lebenssinn beschert und das Leben lebenswert macht. Doch Geld alleine wird Ihnen nie ein außergewöhnliches Leben bieten. Im Laufe der Jahre habe ich viel Zeit mit Milliardären verbracht. Einige von ihnen fühlen sich so miserabel, dass man sie nur bedauern kann. Wenn ein Mensch nicht glücklich ist, kann er kein großartiges Leben führen – egal wie prall gefüllt seine Brieftasche ist.

Denken Sie immer daran, dass Geld Menschen nicht verändert. Es bringt ihre Persönlichkeit nur deutlicher zum Vorschein: Wenn man viel Geld besitzt und eine niederträchtige Person ist, hat man schlichtweg mehr finanzielle Möglichkeiten, niederträchtig zu sein. Wenn man viel Geld besitzt und großzügig ist, kann man mehr geben.

Was ist mit beruflichem Erfolg? Ja, es ist wundervoll, wenn Ihre Karriere Ihnen das Gefühl von Wachstum und Leistung vermittelt – Gefühle, die wir alle brauchen, um uns erfüllt zu fühlen. Doch ich bin sicher, Sie haben bereits viele »erfolgreiche« Menschen kennengelernt, die nie glücklich oder erfüllt wirken. Ist *das* dann wirklich Erfolg? **Ich glaube vielmehr, dass Erfolg ohne Erfüllung das ultimative Scheitern ist.**

Lassen Sie uns einen Moment über ein schmerzhaftes Beispiel nachdenken.

Ein Nationalschatz

Im Jahr 2014 verloren wir einen Menschen, den ich als einen echten Nationalschatz betrachte: den Schauspieler und Komiker Robin Williams. In den letzten Jahren habe ich mit Menschen auf der ganzen Welt über diesen beeindruckend talentierten Mann gesprochen. Immer wieder habe ich dieselbe Frage gestellt: »Wie viele von Ihnen in diesem Saal liebten Robin Williams? Heben Sie nicht die Hand, wenn Sie ihn *mochten* – nur wenn Sie ihn wirklich *geliebt* haben.« Wissen Sie was? An jedem Ort, von London bis Lima und von Tokio bis Toronto, hoben rund 98 Prozent der Zuhörer die Hand.

Hat Robin Großartiges erreicht? Absolut. Er begann mit nichts. Doch dann beschloss er, er wolle Star seiner eigenen Fernsehsendung werden, und das tat er. Dann beschloss er, er wolle eine wunderbare Familie haben, und er gründete sie. Dann beschloss er, er wolle mehr Geld haben, als er in seinem ganzen Leben ausgeben könnte, und er verdiente es. Dann beschloss er, Filmstar zu werden, und das tat er. Anschließend beschloss er, er wolle den Oscar gewinnen – aber nicht für eine komische Rolle –, und auch das erreichte er. Hier war ein Mann, dem alles gelang, der alles erreicht hatte, wovon er geträumt hatte.

Und dann erhängte er sich.

Er erhängte sich zu Hause und ließ viele Hundert Millionen Menschen zurück, die ihn bis zum heutigen Tag lieben. Und was noch verheerender ist: Er ließ seine Frau und Kinder traumatisiert und mit gebrochenem Herzen zurück.

Wenn ich an diese fürchterliche Tragödie denke, fällt mir nur eine einfache Lektion ein: Wenn man nicht erfüllt ist, hat man nichts.

Robin Williams hat so viele Dinge erreicht, die in unserer Kultur außerordentliche Wertschätzung genießen, einschließlich Ruhm und Reichtum. Doch trotz all dieser Geschenke war das nicht genug. Er litt jahrzehntelang und versuchte, seine Probleme mit Medikamenten und Alkohol zu betäuben. Gegen Ende seines Lebens litt er unter einer progressiven neurologischen Störung, die als Lewy-Körper-Demenz bekannt ist. Seine Frau Susan schrieb in der medizinischen Fachzeitschrift *Neurology*:

»Robin war dabei, den Verstand zu verlieren, und er wusste es. Können Sie sich vorstellen, wie er litt, als er seinen geistigen Zerfall spürte?«*

Robin Williams war ein guter Mann, der sich intensiv um andere kümmerte; ein Mann, der einen so großen Beitrag zur Welt geleistet hat, und das trotz seines langen Kampfs gegen Sucht, Depression und eine schlechte Gesundheit. Am Ende machte er alle glücklich – außer sich selbst.

Das erinnert mich an die Sicherheitsanweisungen, die im Flugzeug vorgeführt werden: »In einem Notfall pressen Sie die Sauerstoffmaske fest auf Nase und Mund, bevor Sie anderen helfen.« Das klingt kalt und selbstsüchtig, wenn man das zum ersten Mal hört, aber es ist sinnvoll: Wenn Sie sich nicht zuerst selbst helfen, wie können Sie dann anderen helfen?

---

* »Im Winter litt er besonders unter Paranoia, Wahnvorstellungen, Verwirrung, Schlaflosigkeit, Erinnerungsschwäche und den Folgen eines hohen Cortisolspiegels – um nur einige zu nennen. Psychotherapie und andere medizinische Behandlungen wurden zu einer Konstanten bei dem Versuch, diese scheinbar voneinander unabhängigen Erkrankungen in den Griff zu bekommen und zu heilen.«

Glauben Sie mir, ich weiß, dass Robin Williams ein extremes Beispiel ist. Ich fürchte nicht, dass Sie sich umbringen werden. Doch ich sehe so viele Menschen, darunter auch sehr reiche und erfolgreiche Personen, denen schlichtweg die Freude und die Erfüllung fehlen, die sie verdienen. Ich möchte, dass Sie heute schon Freude und Erfüllung verspüren. Allerdings ist das nichts, was man anderen beibringen kann.

Leiden oder nicht leiden, das ist hier die Frage

»Ein Mensch ist das Produkt seiner Gedanken. Er wird, was er denkt.«

- Mahatma Gandhi

Ich will Ihnen die Geschichte erzählen, die mein eigenes Leben verändert hat. In den letzten beiden Jahren befand ich mich auf einer wunderbaren mentalen Reise. Ich strebe immer nach persönlichem Wachstum, daher erforsche ich ständig unterschiedliche Ideen und Konzepte, wie sich ganz neue Bewusstseinsebenen erreichen lassen.

Vor einigen Jahren war ich in Indien und besuchte einen guten Freund, Krishnaji, der gleichermaßen von der Frage fasziniert ist, wie man eine außerordentliche Lebensqualität erreicht. Wie mein Freund weiß, lehrte ich viele Jahre über die außerordentliche Wirkung einer »energiegeladenen« inneren Verfassung: eines Hochzustands, in dem Sie einfach alles erreichen können und Ihre Beziehungen von Leidenschaft erfüllt sind. Wenn Sie sich dagegen in einer »energiearmen« Verfassung befinden, fühlt sich der Körper schlaff und faul und der Geist lahm an, sodass Sie nichts erreichen, außer sich zu sorgen, sich frustriert zu fühlen und andere Leute zu attackieren.

Mein Freund sagte: »Was wäre, wenn du andere Worte verwendest, um diese beiden Zustände zu beschreiben?« Wie er mir erklärte, kann sich der Mensch immer nur in einer von zwei geistigen Verfassungen befinden. Entweder Sie befinden sich in einer energiegeladenen Verfassung, die sich auch als »harmonischer Zustand« beschreiben lässt, oder Sie befinden sich in einer energiearmen Verfassung, die er als »Leidenszustand« bezeichnet. Er sagte, seine spirituelle Vision sei, stets in einem harmonischen Zustand zu leben, egal was ihm im Leben widerfahre.

Mein Freund wiederholte damit, was ich und so viele andere seit Jahren predigen. Wir können nicht alles bestimmen, was uns in diesem Leben widerfährt, aber wir können bestimmen, welche Bedeutung wir diesen Ereignissen beimessen, und auf diese Weise bestimmen, was wir jeden Tag empfinden und erleben. Indem er sich ganz bewusst für einen harmonischen Zustand entscheidet, so glaubt mein Freund, kann er das Leben nicht nur viel besser genießen, sondern auch seiner Frau, seinen Kindern und der Welt insgesamt viel mehr geben.

Ich dachte lange über seine Worte nach. Nun, ich bin ein Erfolgsmensch. Wenn Sie dieses Buch lesen, sind Sie es wahrscheinlich auch. Menschen wie wir glauben nicht, dass wir jemals »leiden« werden, stimmt's? Nein! Wir haben einfach nur »Stress«.

Wenn Sie mir vor zwei Jahren gesagt hätten, ich würde leiden, hätte ich Sie ausgelacht. Ich habe einen Engel als Frau, vier tolle Kinder, völlige finanzielle Freiheit und eine großartige Mission, die mich jeden Tag aufs Neue inspiriert. Doch dann wurde mir bewusst, dass ich häufig in einen Leidenszustand verfiel. Zum Beispiel fühlte ich mich frustriert, wütend, überfordert, besorgt oder gestresst. Zunächst dachte ich, diese Stimmungen seien einfach Teil des Lebens. Ja, ich überzeugte mich sogar davon, ich bräuchte sie als Motor, der mich antreibt. Dabei waren sie nichts weiter als Streiche, die mir mein Gehirn spielte!

Das Problem ist, dass das menschliche Gehirn nicht darauf angelegt ist, uns glücklich und erfüllt zu machen; es ist darauf angelegt, für unser Überleben zu sorgen. Dieses zwei Millionen Jahre alte Organ sucht ständig nach potenziellen Gefahren und Risiken, damit wir sie entweder bekämpfen oder vor ihnen fliehen können. Wenn Sie zulassen, dass dieser archaische Überlebensmechanismus das Ruder übernimmt, welche Chance haben Sie dann, Ihr Leben zu genießen?

Ein Gehirn, das nicht bewusst gesteuert wird, agiert naturgemäß im Überlebensmodus, sucht ständig nach potenziellen Gefahren, warnt uns und bauscht sie zu unserem eigenen Schutz zu lebensbedrohlichen Ereignissen auf. Das Ergebnis: ein Leben in Stress und Anspannung. So leben die meisten Menschen, weil es der Weg des geringsten Widerstands ist. Auf Basis ihrer Gewohnheiten und ihrer Konditionierung treffen sie unbewusste Entscheidungen und liefern sich damit ihrer eigenen Wahrnehmung aus. Sie halten es für einen unvermeidlichen Teil des Lebens, frustriert, gestresst, traurig und wütend zu sein – mit anderen Worten: in einem Leidenszustand zu leben.

Ich freue mich, Ihnen einen anderen Pfad aufzeigen zu können, der es Ihnen ermöglicht, Ihre Gedanken bewusst zu steuern, sodass Sie die Kontrolle über Ihr Befinden haben und nicht umgekehrt.

Es ist der Weg, für den ich mich entschieden habe. Ich beschloss, ich wolle nicht länger in einem Leidenszustand leben und ***alles*** in meiner Macht Stehende zu tun, um den Rest meines Lebens in einem harmonischen Zustand zu leben und ein Exempel für das Menschenmögliche zu werden. Schließlich gibt es nichts Schlimmeres, als einen reichen, privilegierten Menschen, der wütend und undankbar ist!

Himmelhochjauchzend und zu Tode betrübt

Bevor wir weitermachen, will ich kurz den Unterschied zwischen diesen beiden emotionalen und geistigen Zuständen erklären.

Harmonischer Zustand. Wenn Sie Liebe, Freude, Dankbarkeit, Ehrfurcht, Heiterkeit, Leichtigkeit, Kreativität, Antrieb, Fürsorge, Wachstum, Neugier oder Wertschätzung empfinden, befinden Sie sich im harmonischen Zustand. Dann wissen Sie genau, was Sie tun müssen, und tun auch das Richtige. In diesem Zustand sind Ihr Herz und Verstand lebendig und Sie zeigen und geben Ihr Bestes. Nichts erscheint als ein Problem, alles fließt. Sie fühlen weder Angst noch Frustration. Sie befinden sich in Harmonie mit Ihrem wahren Wesen.

Leidenszustand. Wenn Sie sich gestresst, besorgt, frustriert, wütend, deprimiert, gereizt, überfordert, ablehnend oder ängstlich fühlen, befinden Sie sich im Leidenszustand. Diese und zahllose andere »negative« Emotionen haben wir alle schon erlebt, auch wenn wir das nicht gerne zugeben. Wie erwähnt, ziehen es die meisten Erfolgsmenschen vor, sich gestresst zu fühlen statt ängstlich. »Stress« ist aber nichts anderes als ein Synonym für Angst! Wenn ich der Spur Ihres Stresses folge, führt sie mich unweigerlich zu Ihren tiefsten Ängsten.

Was bestimmt, ob Sie sich in einem harmonischen oder in einem Leidenszustand befinden? Man könnte meinen, das hänge im Wesentlichen von den äußeren Umständen ab. Wenn Sie am Strand relaxen und ein Eis essen, ist es leicht, sich in einem harmonischen Zustand zu fühlen. **In Wahrheit ist Ihre geistige und emotionale Verfassung letzt-**

lich das Ergebnis Ihrer Entscheidung, worauf Sie Ihre Gedanken lenken wollen.

Ich will Ihnen ein Beispiel aus meinem eigenen Leben geben. In den letzten 25 Jahren bin ich mehrmals im Jahr zwischen den USA und Australien hin- und hergeflogen. Heute genieße ich das Privileg, mein eigenes Flugzeug zu besitzen – eine Art Hochgeschwindigkeitsbüro in den Lüften. Im Guten wie im Schlechten gibt es keine Not, die Arbeit zu unterbrechen. Ich erinnere mich aber noch lebhaft an das grässliche Gefühl, das ich stets während meiner Linienflüge nach Australien hatte, als ich mich fragte, wie ich die nächsten 14 Stunden ohne Zugang zu meinen E-Mails und Texten leben sollte. Wie konnten meine vielfältigen Geschäfte ohne mich überleben?

Eines magischen Tages befand ich mich auf einem Flug der Fluggesellschaft Qantas Airways in Richtung Sydney, als der Flugkapitän stolz verkündete, dieses Flugzeug verfüge über einen internationalen Internetanschluss. Alle um mich herum brachen in Jubel und Applaus aus und klatschten sich gegenseitig ab. Es war, als sei Gott von oben herabgestiegen und ins Flugzeug gekommen! Ich stand zwar nicht auf und führte auch keine Indianertänze auf, aber ich muss ehrlich zugeben, dass ich innerlich auch applaudierte. Wissen Sie, was nach 15 Minuten Freudentaumel passierte? Wir verloren die Internetverbindung. Für den Rest des Flugs ließ sie sich nicht mehr wiederherstellen und wahrscheinlich funktioniert sie *bis heute nicht*.

Was glauben Sie, wie die Passagiere reagierten? Alle waren total deprimiert! In der einen Minute herrschte völlige Euphorie, und in der nächsten Minute verfluchten wir unser fürchterliches Missgeschick. Was daran so erstaunlich ist, ist die Schnelligkeit, mit der sich unsere Perspektive veränderte: Noch wenige Augenblicke zuvor schien eine Internetverbindung im Flugzeug als etwas Unmögliches; nun war sie eine Erwartung! Wir konnten an nichts anderes denken, als dass die Fluggesellschaft unser unveräußerliches Recht auf eine Internetverbindung verletzt hatte – ein Recht, dass bis zu jenem Tag überhaupt nicht existiert hatte.

In unserer Wut verloren wir augenblicklich das Gespür für das Wunder, dass wir wie ein Vogel durch die Lüfte flogen, in wenigen Stunden den Globus umrundeten und dabei schliefen oder uns Filme ansahen.

Ist es nicht lächerlich, wie anspruchsvoll und zugleich übersättigt wir sind, sodass wir uns selbst über Bagatellen aufregen? Wenn irgendetwas nicht so klappt, wie wir es uns vorgestellt haben, wenn wir nicht bekommen, was wir erwartet haben, verlieren wir sofort unsere Zufriedenheit und versinken in einen Leidenszustand.

Jeder Mensch hat sein eigenes »Lieblingsleiden«. Welches ist *Ihres*? In welchem energieraubenden Gefühl schwelgen Sie am meisten? Ist es Traurigkeit? Frustration? Wut? Verzweiflung? Selbstmitleid? Eifersucht? Sorge? Die spezifischen Details sind unwichtig, weil sie *alle* ohne Ausnahme Leidenszustände darstellen. **All diese Leiden sind letztlich nur das Ergebnis einer unkontrollierten Gedankenwelt, die genetisch darauf programmiert ist, Probleme aufzuspüren und unsere Aufmerksamkeit darauf zu lenken.**

Denken Sie einen Augenblick über eine Situation nach, die Ihnen kürzlich Schmerz oder Leid zugefügt hat, in der sie sich frustriert, wütend, besorgt oder überfordert gefühlt haben. Immer wenn Sie Gefühle wie diese verspüren, wird Ihre Leidensempfindung von Ihren unkontrollierten Gedanken verursacht, die einem der folgenden drei Wahrnehmungsmuster folgen. Bewusst oder unbewusst konzentrieren Sie sich auf wenigstens einen der drei Auslöser für Leiden:

1. **Verlust.** Wenn Sie sich auf einen Verlust konzentrieren, sind Sie davon überzeugt, dass ein bestimmtes Problem Ihnen den Verlust einer geliebten Sache oder eines Menschen zugefügt *hat* oder zufügen *wird*. Zum Beispiel wenn Sie mit Ihrem Partner streiten und das Gefühl haben, Sie hätten Liebe oder Respekt verloren. Es muss aber nicht die Handlung oder das Versäumnis eines *anderen Menschen* sein, das Ihnen den wahrgenommenen Verlust zufügt. Das Verlustgefühl kann auch von etwas ausgelöst werden, dass *Sie selbst* getan oder unterlassen haben. Zum Beispiel wenn Sie eine wichtige Sache immer wieder vor sich hergeschoben und nun eine Geschäftschance verpasst haben. Immer wenn wir an die Illusion eines Verlusts glauben, leiden wir.
2. **Mangel.** Wenn Sie sich auf die Vorstellung konzentrieren, Sie *würden* einen Mangel erleiden oder *hätten* ihn schon erlitten, werden Sie leiden. Zum Beispiel könnten Sie zu der Überzeugung gelangen, aufgrund einer bestimmten Situation oder des Verhaltens eines anderen Menschen weniger Lebensfreude zu verspüren, weniger Geld oder Er-

folg zu haben oder sonst irgendeine schmerzhafte Folge zu erleiden. Auch hier gilt, dass das Gefühl des Mangels von anderen Menschen oder von Ihnen selbst ausgelöst werden kann.

3. **Unerreichbarkeit.** Wenn Sie sich auf die Vorstellung konzentrieren, Sie könnten eine bestimmte Sache *nie* erreichen – zum Beispiel Liebe, Freude, Respekt, Wohlstand, Chancen –, sind Sie zum Leiden verurteilt, weil Sie nie glücklich sein und nie die Person sein werden, die Sie sein wollen. Diese innere Haltung ist ein bombensicherer Weg in den Leidenszustand. **Denken Sie daran, dass Ihr Gehirn immer versucht, Sie in den Überlebensmodus zu versetzen. Sagen Sie also niemals nie!** So könnten Sie zum Beispiel aufgrund einer Erkrankung, einer Verletzung oder einer Bemerkung, die Ihr Bruder gemacht hat, glauben, Sie würden das niemals überwinden.

Diese drei Muster sind für all unsere Leidenszustände verantwortlich. Wissen Sie, was daran so verrückt ist? Es spielt überhaupt keine Rolle, ob das wahrgenommene Problem echt ist oder nur in unserer Vorstellung existiert. Wir *fühlen*, worauf wir uns konzentrieren – unabhängig von den tatsächlichen Ereignissen. Hatten Sie jemals das Gefühl, ein Freund habe Ihnen etwas ganz Schlimmes angetan? Sie wurden unglaublich wütend, nur um später festzustellen, dass Sie völlig falschlagen und diese Person Ihren Ärger überhaupt nicht verdient hat? Inmitten Ihres Leidens, als all diese negativen Emotionen in Ihrem Kopf herumwirbelten, spielte die Realität keine Rolle. Ihr Fokus erzeugte Ihre Gefühle und Ihre Gefühle erzeugten das Erlebnis. Nehmen Sie zur Kenntnis, dass der größte Teil, wenn nicht sogar Ihr gesamtes Leiden, von Nabelbeschau ausgelöst wird – einer egozentrierten Selbstwahrnehmung, die nur in Kategorien von Verlust, Mangel und Unerreichbarkeit denken kann.

Die gute Nachricht ist: Sobald Sie sich dieser Muster bewusst sind, können Sie sie systematisch verändern und sich von Ihren Leidensgewohnheiten befreien. Das beginnt mit der Erkenntnis, dass dies eine bewusste Entscheidung ist. **Entweder Sie beherrschen Ihre Gedanken oder Ihre Gedanken beherrschen Sie. Das Geheimnis eines außergewöhnlichen Lebens liegt in der mentalen Disziplin. Sie wird bestimmen, ob Sie in einem Leidenszustand oder in einem harmonischen Zustand leben.**

Am Ende hängt alles an der Kraft der Entscheidungen

Unser Leben wird nicht von den äußeren Bedingungen, sondern von unserer Reaktion darauf bestimmt. Wenn Sie auf die letzten fünf oder zehn Jahre zurückblicken, können Sie sich mit Sicherheit an ein oder zwei Entscheidungen erinnern, die Ihr Leben wahrhaft verändert haben. Vielleicht handelte es sich um die Entscheidung, welche Schule Sie besuchen, welchen Beruf Sie ergreifen oder wen Sie heiraten wollten. Können Sie im Rückblick erkennen, wie radikal anders Ihr Leben heute wäre, wenn Sie eine andere Entscheidung getroffen hätten? Diese und so viele andere Entscheidungen bestimmen die Richtung, die unser Leben nimmt, und sie können unser Schicksal verändern.

Welches ist die wichtigste Entscheidung, die Sie gegenwärtig treffen können? In der Vergangenheit hätte ich Ihnen gesagt, das Wichtigste wäre, mit wem Sie Ihre Zeit verbringen und wen Sie lieben wollen. Immerhin prägen die Menschen, mit denen Sie umgehen, in hohem Maße, wer Sie sind.

In den letzten beiden Jahren hat sich meine Einstellung verändert. **Inzwischen habe ich erkannt, dass die wichtigste Entscheidung im Leben folgendermaßen lautet: *Haben Sie sich fest vorgenommen, glücklich zu sein, egal was Ihnen auch widerfahren mag?***

Um es anders auszudrücken: Haben Sie sich vorgenommen, das Leben in guten wie in schlechten Zeiten zu genießen; sich auch am Leben zu freuen, wenn Ihnen Ungerechtigkeit widerfährt, wenn jemand Sie betrügt, wenn Sie eine geliebte Sache oder einen geliebten Menschen verlieren, oder wenn niemand Sie zu verstehen oder wertzuschätzen scheint? Solange wir nicht die definitive Entscheidung treffen, nicht mehr länger leiden und stattdessen in einem harmonischen Zustand leben zu wollen, wird unser geistiger Überlebensmechanismus jedes Mal Leid erzeugen, wenn sich unsere Wünsche, Vorlieben oder Erwartungen nicht erfüllen. Welche Verschwendung unserer kostbaren Lebenszeit!

Das ist eine Entscheidung, die Sie hier und jetzt treffen können und die Ihr Leben grundlegend verändern kann. Es reicht aber nicht, einfach zu sagen, Sie *würden* diese Veränderung *gerne* vornehmen oder Sie *würden es vorziehen*, unter allen Umständen glücklich und zufrieden zu sein. Sie müssen diese Entscheidung aus ganzem Herzen treffen, alles in Ihrer

Macht Stehende dafür tun und dürfen sich keine Hintertür offenhalten. **Wenn Sie eine Insel erobern wollen, müssen Sie alle Boote versenken. Sie müssen beschließen, dass Sie voll und ganz für Ihre innere Verfassung und Ihre Lebensfreude verantwortlich sind.**

Im Wesentlichen müssen Sie hier und jetzt einen Schlussstrich ziehen und sagen: **»Ich werde nie wieder leiden. Ich werde jeden Tag aus dem Vollen schöpfen und jeden Augenblick auskosten, einschließlich der unangenehmen Momente. Das Leben ist viel zu kurz, um zu leiden.«**

HÜTEN SIE SICH VOR GODZILLA!

Es gibt zahlreiche unterschiedliche Techniken, die Sie anwenden können, um Ihre Gedanken zu steuern und sich in einen harmonischen Zustand zu versetzen. Das ist ein derart wichtiges Thema, dass ich plane, ein ganzes Buch darüber zu schreiben. Sie müssen aber nicht damit warten, diese lebensverändernde Reise anzutreten. Sie können hier und jetzt entscheiden, dass Sie sich nicht länger mit einem Leben zufriedengeben wollen, das nicht das ist, was Sie verdienen. Alles, was Sie für eine nachhaltige Veränderung tun müssen, ist, sich mit Herz und Seele darauf zu verpflichten, in jedem Augenblick an etwas Positives zu entdecken. Wenn Ihnen das gelingt, werden Sie den wahren Reichtum dauerhafter Zufriedenheit erfahren.

Sind Sie bereit, hier und jetzt diese wagemutige und brillante Entscheidung zu treffen? Wenn ja, möchte ich Sie mit der Betrachtung zweier einfacher Techniken unterstützen, die ich als überaus hilfreich empfunden habe, um den neu eingeschlagenen Kurs einzuhalten.

Das erste Instrument bezeichne ich als »90-Sekunden-Regel«. Immer wenn ich zu leiden beginne, gebe ich mir selbst 90 Sekunden, um damit aufzuhören, sodass ich wieder in den harmonischen Zustand zurückkehren kann. Klingt gut, oder? Aber wie *macht* man das bloß?

Nehmen wir an, ich würde ein intensives Gespräch mit einem Mitarbeiter meines Unternehmens führen und entdecken, dass er einen Fehler gemacht hat, der eine ganze Reihe an Problemen auslösen könnte. Natürlich würde mein Gehirn in den »Gefahrenentdeckungsmodus« schalten, den archaischen Überlebensmechanismus aktivieren und mich mit Gedanken bombardieren, auf welche Weise unser gesamtes Team und ich

Schaden erleiden könnten. In der Vergangenheit hätte ich mich leicht von einem Wirbelwind aus Sorge, Frustration oder Ärger davontragen lassen – einem gewaltigen Sog an geistigem Leid!

So verhalte ich mich stattdessen: Sobald ich spüre, dass sich in meinem Körper Anspannung breitmacht, bringe ich mich zur Ruhe, und zwar auf ganz einfache Art und Weise: **Ich atme die Anspannung sanft und langsam weg. Ich trete aus der Situation heraus und beginne mich von den belastenden Gedanken, die mein Gehirn erzeugt, zu distanzieren.**

Es ist völlig natürlich, dass solche Gedanken entstehen, aber es sind nur Gedanken. Wenn wir innehalten und uns beruhigen, **erkennen wir, dass wir diese Gedanken weder glauben noch uns mit ihnen identifizieren müssen.** Sie können einen Schritt zurücktreten und sich selbst sagen: »Wow, sieh nur, wie dieser verrückte Gedanke vorbeizieht! Dieses verrückte Gehirn spinnt mal wieder!« Warum ist das hilfreich? Weil das Problem nicht die *Existenz* unserer negativen, destruktiven und beschränkenden Gedanken ist. Was uns Schaden zufügt, ist die Angewohnheit, diesen Gedanken *Glauben zu schenken*. Haben Sie sich zum Beispiel jemals in der Situation wiedergefunden, in der Sie so wütend auf jemanden waren, dass Sie dachten: »Mann, ich möchte diesen Typen wirklich erwürgen! Ich könnte ihn umbringen!« Ich vermute, dass Sie das bis zum heutigen Tag nicht getan haben. Warum? Weil Sie den Gedanken letztlich nicht geglaubt haben. Hoffe ich zumindest!

Wenn ich mich von diesen unerwünschten Gedanken distanziert habe, fokussiere ich meine Gedanken auf etwas Positives. Der Überlebensmechanismus des Gehirns sucht stets nach Risiken und Gefahren, aber es gibt immer auch etwas Positives. Ich sage immer: **»Probleme gibt es immer … aber es gibt auch immer positive Dinge!«** Vielleicht ist es die einfache Tatsache, dass ich am Leben bin und es mir gut geht, dass ich atme! Vielleicht ist es die Tatsache, dass die Person, die den Fehler gemacht hat, ein wunderbarer Mensch ist, der hart arbeitet und die besten Absichten verfolgt. Vielleicht ist es der Umstand, dass ich mir meines Leidens bewusst bin, was mir die Fähigkeit verleiht, es sofort zu beenden.

Es ist nicht wichtig, *welche* positiven Dinge Ihnen einfallen. Wichtig ist, dass Sie Ihren Überlebensmechanismus bremsen, wenn Sie Ihren Fokus auf Positives verlagern. Liebe, Freude und Geben sind ebenfalls Dinge, die eine solche positive Transformation auslösen können. Dieser Wechsel Ihrer Konzentration wird Raum erzeugt, sodass sich eine andere

Stimmung ausbreiten kann und Sie sich nicht in Ihre negativen Gedanken verbeißen. Wenn Sie das beständig üben, können Sie Ihr Nervensystem neu programmieren und ihr Gehirn darauf trainieren, das Positive an jeder Situation zu entdecken, sodass Ihr Lebensgefühl von Dankbarkeit und Freude bestimmt ist.

Wissen Sie, was ein echtes Wunder ist? Bevor Sie es überhaupt merken, fühlen Sie sich bereits frei. Sie lassen los und beginnen über Dinge zu lachen, die Sie zuvor in den Wahnsinn getrieben haben. Das verhilft zu einem glücklicheren Leben, gesünderen Beziehungen, und es hilft Ihnen dabei, klarer zu denken und klügere Entscheidungen zu treffen. Denn wenn Sie gestresst, verärgert, traurig oder verängstigt sind, werden Sie wahrscheinlich nicht die besten Lösungen finden. Wenn Sie sich hingegen in einem harmonischen Zustand befinden, fallen Ihnen die Antworten leichter. Das ist so, als würden Sie ein Radio auf die richtige Frequenz einstellen: Die Störgeräusche verschwinden und Sie hören die Musik laut und klar.

Als ich begann, diese Technik anzuwenden, hätte ich sie die »Vier-Stunden-Regel« oder die »Vier-Tage-Regel« nennen sollen, weil es manchmal so lange dauerte, bis ich aufhören konnte zu leiden und mein inneres Gleichgewicht wiederfand. **Doch es ist wie mit jeder anderen Fähigkeit: Je öfter Sie sie einsetzen, desto besser werden Sie.** Ich habe festgestellt, dass es wirklich hilfreich ist, wenn ich mich sehr schnell zur Ordnung rufe, anstatt die negativen Gedanken länger als 90 Sekunden kreisen zu lassen. Warum? Weil man ein Monster am besten killt, solange es noch klein ist. Sie wollen ja wohl nicht abwarten, bis daraus ein echter Godzilla geworden ist, der die ganze Stadt zerstören kann!

Zugegeben, ich bin noch nicht perfekt darin und es gibt Momente, in denen es mir einfach nicht gelingt. Doch ich wende die 90-Sekunden-Regel so häufig an, dass sie bereits eine Gewohnheit geworden ist. Diese eine Technik hat mir eine beeindruckende Freiheit von all diesen destruktiven Emotionen geboten, die mir den Seelenfrieden und die Lebensfreude geraubt haben. Sie treten immer noch auf, aber sie verschwinden auch schnell wieder, besiegt von der Macht der positiven Gedanken. Als Ergebnis empfinde ich mein Leben als schöner denn je zuvor!

Sie werden außerdem feststellen, dass Sie wesentlich präsenter und aufmerksamer für andere Menschen sind, wenn Sie nicht in Ihren eigenen Gedanken über *Verlust, Mangel* und *Unerreichbarkeit* gefangen sind.

Wenn Sie sich in einem harmonischen Zustand befinden, können Sie allen, die Ihnen nahestehen, so viel mehr geben.

Außerdem wohnt dem Glücklichsein eine gewisse Macht inne. Glücklich zu sein bietet Vorteile in Ihrer Beziehung, im Business, in Bezug auf Ihre Gesundheit und bei allem, was Sie sich vornehmen. **Unter allen Umständen glücklich und zufrieden zu sein – das ist die ultimative Freiheit und das ultimative Geschenk, das Sie den Menschen, die Ihnen am Herzen liegen, machen können. Der wahre Reichtum liegt in dem Erleben von Fülle und Überfluss, und zwar einer Fülle an Freude!**

Und was noch besser ist: Sie können diese Fülle hier und jetzt erleben; Sie müssen damit nicht warten, bis Sie ein bestimmtes Vermögen aufgebaut haben. Überdies liegt diese Entscheidung vollkommen in Ihrer Hand. Nur Sie alleine können sich den Nutzen der Lebenszufriedenheit verschaffen.

Befreien Sie sich – die Macht des Einklangs von Herz und Verstand

»Das beste Mittel, um Angst zu überwinden, ist tiefe Dankbarkeit.«

- Sir John Templeton

Das nächste Instrument, das ich Ihnen gerne vorstellen möchte, ist eine einfache Zwei-Minuten-Dankbarkeitsmeditation, die ich im letzten Jahr Zehntausenden von Menschen in meinen Seminaren vermittelt habe. Ich habe diese Meditation aufgenommen und sie unter www.unshakeable.com und in der App »Tony Robbins Money« zur Verfügung gestellt, damit Sie die Aufnahme mit geschlossenen Augen anhören können. Aktuell ist sie wie die App nur auf Englisch erhältlich.

Nachfolgend liefere ich Ihnen aber auch die schriftliche Version. Wir alle nehmen Informationen auf unterschiedliche Weise auf. Vielleicht ziehen Sie es vor, den Text zu lesen, einen allgemeinen Eindruck von den Anweisungen zu erhalten und die kurze Meditation aus der Erinnerung heraus zu machen, ohne sich die Audioversion anzuhören. Ich habe festgestellt, dass es nützlich ist, diese Meditation einmal aufmerksam durchzulesen, um den Prozess zu verstehen. Doch es ist viel leichter, sie anzuhören, damit Sie das Denken abschalten und sich nur auf Ihr Herz konzentrieren können. Wie auch immer, ich hoffe, dass Sie entdecken werden, dass dies eine wirksame Technik ist, um Herz und Verstand miteinander in Einklang zu bringen und sich in kürzester Zeit in einen harmonischen Zustand zu versetzen.

Lassen Sie mich Ihnen zuerst eine kurze Erklärung über die Wissenschaft hinter dieser Meditation geben. Wenn wir Sie an ein EEG und ein EKG anschließen würden, könnten wir die elektrischen Impulse in Ihrem Gehirn und Ihrem Herzen messen. Wenn Sie gestresst sind und mental leiden, würden Sie sehen, dass die Linien des EEGs und EKGs in einem wilden Zickzack verlaufen. Doch die Zickzacklinie Ihres *Herzrhythmus* sähe vollkommen anders aus als die wilde Zickzacklinie Ihres *Hirnrhythmus*. Mit anderen Worten, sie verlaufen nicht im Gleichklang.

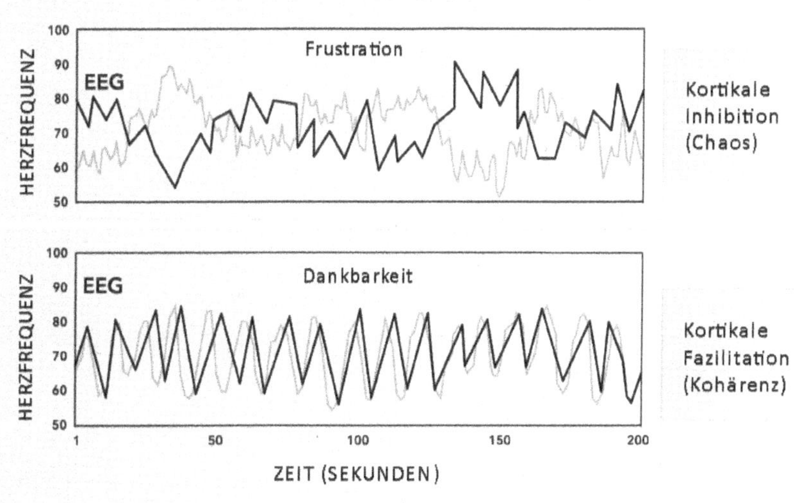

Quelle: Heart Math

Wissenschaftliche Studien haben gezeigt, dass ein kurzer meditativer Fokus die elektrischen Impulse im Gehirn und im Herzen dramatisch verändern kann. Ein echtes Wunder ist, dass sich diese wilden Zickzacklinien des EEGs und EKGs nach der Meditation abflachen und die Herz- und Hirnlinien fast identisch werden. Warum? Weil Herz und Verstand nun im Gleichklang arbeiten. Das geschieht auf natürliche Weise, wenn Sie sich im Flow befinden.

Das einfache Ziel der Meditation besteht also darin, Ihre emotionale Verfassung zu verändern, indem sie Sie mit einem Gefühl der Dankbarkeit erfüllt, und diese Emotion zu nutzen, um die Herausforderung zu bestehen, die gerade vor Ihnen liegt. Warum Dankbarkeit? Weil Sie nicht dankbar und wütend zugleich sein können. Wenn Sie ein erbärmliches Leben haben wollen, gibt es keine bessere Möglichkeit, als Ihre Gedanken auf Wut und Angst zu fokussieren. Wenn Sie dagegen ein glückliches Leben führen, wenn Sie in einem harmonischen Zustand leben wollen, bewährt sich nichts besser, als sich auf Dankbarkeit zu konzentrieren!

Wenn Sie bereit sind, diese Technik auszuprobieren, hören Sie sich nun die Aufnahme an oder lesen Sie die nachfolgenden Schritte. Das sollten Sie tun:

Schritt 1: Wählen Sie einen Bereich Ihres Lebens aus, in dem es eine »unerledigte Angelegenheit« gibt; etwas, das Sie in Ihrem Berufs- oder Privatleben verändern oder lösen müssen; ein Problem, das Sie vor sich hergeschoben haben, weil die Beschäftigung damit frustrierend, belastend oder ärgerlich sein würde. Vielleicht handelt es sich dabei um ein Problem an Ihrem Arbeitsplatz oder um einen Konflikt mit einem Familienmitglied. Wo würden Sie es auf einer Skala von 0 bis 10 ansiedeln (wobei 10 äußerst ärgerlich wäre)? Wählen Sie idealerweise ein Problem aus, das mindestens Stufe 6 oder 7 erreicht, damit Sie die Wirkung dieser Technik deutlich verspüren.

Schritt 2: Legen Sie die Angelegenheit einen Moment zur Seite und legen Sie stattdessen beide Hände auf Ihr Herz. Spüren Sie Ihren Herzschlag. Schließen Sie dabei die Augen und atmen Sie tief in Ihr Herz. Während Sie atmen, spüren Sie, wie Blut und Sauerstoff in Ihr Herz strömen. Spüren Sie die Kraft Ihres Herzens. Für welche Dinge, die Sie aus vollem Herzen tun, genießen, wertschätzen oder geben, sind Sie dankbar?

Schritt 3: Empfinden Sie Dankbarkeit für Ihr Herz, während Sie tief ein- und ausatmen. Spüren Sie, welches Geschenk Ihr Herz ist. Tagtäglich schlägt es viele Hunderttausend Mal und pumpt Blut in die Blutgefäße, die insgesamt eine Länge von 60 000 Meilen erreichen. Sie müssen nicht einmal bewusst an Ihr Herz denken, und trotzdem ist es immer für Sie da, sogar im Schlaf. Es ist das ultimative Geschenk, und Sie haben es sich nicht einmal verdienen müssen. Solange es in Ihrer Brust schlägt, sind Sie lebendig. Was für ein Geschenk! Spüren Sie hier und jetzt seine Macht.

Schritt 4: Während Sie in Ihr Herz atmen, verspüren Sie tiefe Dankbarkeit für Ihr Herz. Berühren und spüren Sie es körperlich. Während Sie das tun, möchte ich, dass Sie an drei Erfahrungen in Ihrem Leben denken, für die Sie sich unglaublich dankbar gefühlt haben. Sie werden in jede einzelne Erfahrung eintauchen. Sie kann groß oder klein sein. Sie kann bis in Ihre Kindheit zurückreichen oder auch von dieser Woche oder sogar von heute stammen.

Schritt 5: Denken Sie an die erste Erfahrung und tauchen Sie in sie ein, als würden Sie sie noch einmal leibhaftig erleben. Sehen Sie, was Sie in jenem Moment reinster Dankbarkeit gesehen haben: Spüren Sie sie, machen Sie sie sich zu eigen und fühlen Sie sich zutiefst dankbar für diesen Augenblick. Erfüllen Sie sich selbst mit Dankbarkeit, denn wenn Sie dankbar sind, haben Traurigkeit, verletzte Gefühle und Ärger keinen Platz. Sie können nicht wütend und dankbar zugleich sein. Wenn Sie Dankbarkeit kultivieren, verändert sich Ihr ganzes Leben.

Denken Sie nun an eine zweite Erfahrung; einen Moment, in dem Sie tiefe Dankbarkeit verspürt haben. Etwas, das sich wie ein reines Geschenk, ein Wunder, ein Akt der Gnade oder Liebe anfühlte. Erfüllen Sie sich selbst mit der Schönheit und Freude dieser Erfahrung. Erfüllen Sie sich mit tiefer Dankbarkeit für diesen Moment, nehmen Sie sich Zeit, fühlen Sie sie und nehmen Sie sie bewusst für mindestens 30 Sekunden wahr.

Denken Sie nun an eine dritte Situation, für die Sie sich zutiefst dankbar gefühlt haben. Rufen Sie sich diese Situation nicht nur in Erinnerung, sondern tauchen Sie ganz in sie ein und spüren Sie erneut, was Sie in der damaligen Situation empfunden haben. Kosten Sie das Gefühl aus. Erfüllen Sie sich mit der Freude, dem Wunder und Geschenk dieser Erfahrung.

Schritt 6: Nun möchte ich, dass Sie an eine weitere Erfahrung denken, aber dieses Mal soll es eine zufällige Erfahrung sein. Etwas, das Sie weder geplant noch beabsichtigt hatten und das Ihnen dennoch große Freude beschert hat. Vielleicht hat diese zufällige Erfahrung dazu geführt, dass Sie einen Menschen kennengelernt haben, der Ihnen sehr wichtig ist oder der Ihr Leben verändert oder bereichert hat. Vielleicht hat diese Situation zu einer neuen Berufswahl geführt oder Ihnen neue Gelegenheit zu Wachstum oder Zufriedenheit geboten. Dieser Zufall hat nur für Sie stattgefunden. War es Zufall oder Fügung des Schicksals?

Ich habe eine zentrale Überzeugung, die mich oft von Schmerzen befreit und mir Sinn vermittelt hat. **Tief in meiner Seele glaube ich, dass**

alles im Leben immer zu unseren Gunsten wirkt. Selbst die leidvollsten Situationen veranlassen uns zu Wachstum, neuer Größe, mehr Tiefgang oder größerer Fürsorge. Ich bin sicher, dass es Ereignisse in Ihrem Leben gegeben hat, die Sie auf keinen Fall wiederholen wollen. Doch wenn Sie fünf oder zehn Jahre später darauf zurückblicken, können Sie vielleicht erkennen, dass sie einen höheren Zweck gehabt haben. Sie erkennen, wie das Leben in jenem Moment im Grunde zu Ihren Gunsten gewirkt hat. Selbst diese Momente des größten Leids haben sich als großartige Geschenke des persönlichen Wachstums erwiesen.

Nehmen Sie sich einen Moment Zeit, um der Kraft zu danken, der Sie diese Geschenke zu verdanken glauben. Erfüllen Sie sich mit Dankbarkeit für das Universum oder Gott oder eine andere Macht, an die Sie glauben. Vertrauen Sie diesem Universum, das Milliarden von Jahren alt ist und sich immer um Sie gekümmert hat, selbst wenn Sie das Gefühl hatten, die Orientierung verloren zu haben!

Schritt 7: Während Sie in Ihr Herz atmen und diese unglaubliche Dankbarkeit verspüren, möchte ich, dass Sie sich an das Problem erinnern, das Sie zuvor so in Rage versetzt hat. Während Sie in diesem harmonischen Zustand verharren und sich von Dankbarkeit erfüllt fühlen, möchte ich, dass Sie sich eine einfache Frage stellen: »Alles, woran ich mich an dieser Situation erinnern muss; alles, worauf ich mich konzentrieren muss; alles, was ich glauben muss; alles, was ich tun muss, ist ... was?«

Filtern Sie Ihre Gedanken nicht. Ihre ersten spontanen, aufrichtigen Gedanken sind in der Regel die richtigen. Während Sie in diesem harmonischen Zustand verharren, stellen Sie sich erneut die Frage: »Alles, woran ich mich in dieser Situation erinnern muss; alles, worauf ich mich konzentrieren muss; alles, was ich glauben muss; alles, was ich tun muss, ist ... was?«

Ihr Herz kennt die Antwort, nicht wahr? Ja, das tut es. Vertrauen Sie Ihrem Herzen. Es weiß, was es tut. Atmen Sie in Ihr Herz und danken Sie ihm für die Antwort. Ihr Herz und Ihr Verstand haben sich zu einer hochwirksamen Kraft vereint. Gemeinsam sind sie unschlagbar!

Es ist viel einfacher, sich das anzuhören, als den Text zu lesen und zu versuchen, die eigene Wahrnehmung zu steuern. Nutzen Sie daher möglichst eine der Audioversionen. Wie zuvor erwähnt, habe ich viele Zehntausend Menschen durch diese Meditation geführt. An diesem Punkt bitte ich sie, die Hand zu heben, falls sie wissen, was sie in der Situation, die ihnen zuvor einen so großen Stress bereitet hat, tun müssen. Dann bitte ich sie, ihre Augen zu öffnen und sich im Raum umzusehen, wie viele Menschen die Hand gehoben haben. Üblicherweise sind es rund 95 Prozent der Teilnehmer. In einigen Fällen erfordert die Situation eine intensivere Arbeit. Aber diese Meditation ist nur eine von zahlreichen Techniken, die Sie anwenden können.

Der springende Punkt ist: Wir besitzen die Macht, uns selbst aus einem Leidenszustand zu befreien und uns in nur zwei Minuten in einen harmonischen Zustand zu versetzen. Wie das gelingt? Indem wir uns auf das Positive konzentrieren. **Es ist so einfach und doch zugleich so tiefgreifend: Wertschätzung, Freude und Liebe sind ausgezeichnete Gegenmittel gegen das Leiden. Es geht darum, dass Sie Ihren Fokus von der negativen Wahrnehmung von Verlust, Mangel und Unerreichbarkeit auf Dankbarkeit, Wertschätzung und Liebe für all das verlagern, was Sie in Ihrem Leben bereits haben! Nehmen Sie all Ihre negativen Gedanken und Emotionen und tauschen Sie sie gegen Wertschätzung und Dankbarkeit ein. Sie werden sehen, dass sich Ihr gesamtes Leben augenblicklich verändert.**

Der Traum vom Glück und eine Vision der Hoffnung

»Gestern ist nur ein Traum und morgen nur eine Vision. Aber ein gut gelebtes Heute macht jedes Gestern zu einem Traum vom Glück und jedes Morgen zu einer Vision der Hoffnung.«

- Kalidasa, Sanskrit-Dramatiker und Dichter, ca. 5. Jahrhundert (unserer Zeitrechnung)

Ich will damit nicht sagen, dass Sie nie wieder leiden oder sich gestresst fühlen werden. Sie wissen genauso gut wie ich, dass das Leben von extremen Situationen nur so wimmelt. Egal wie klug oder reich wir sind, niemand ist immun gegen Gesundheitsprobleme, den Schmerz, einen geliebten Menschen zu verlieren, und Myriaden anderer Schwierigkeiten.

Ich habe keine Kontrolle über das, was mit Ihnen oder Ihrer Familie in der Zukunft passieren wird. Ich kann nicht kontrollieren, was an den Finanzmärkten passiert, einschließlich der Möglichkeit eines Zusammenbruchs von beispiellosen Ausmaßen und Dauer. Ich wünschte, ich könnte es ... **aber ich verspreche Ihnen, dass Sie geistig und emotional für jede Herausforderung gerüstet sein werden, wenn Sie die Entscheidung treffen, mentale Disziplin zu üben und Ihre eigenen Gedanken zu beherrschen.**

Einige Leute sind Experten für posttraumatischen Stress. Ich dagegen habe ein Leben lang damit verbracht, mich auf das Wunder des posttraumatischen *Wachstums* zu konzentrieren. Ich studiere widerstandsfähige Menschen, die absolut traumatische Situationen erlebt und es *dennoch* geschafft haben, ein großartiges Leben zu führen.

Vor einigen Jahren traf ich eine sehr beeindruckende Frau namens Alice Herz-Sommer, eine brillante Pianistin, die im Jahr 1903 in der damaligen Tschechoslowakei geboren wurde. Im Zweiten Weltkrieg wurden sie und ihr Sohn in ein Konzentrationslager deportiert. Dort musste sie Klavierkonzerte geben und irgendwie vortäuschen, es bereite ihr Freude, für die Nazi-Schergen spielen zu dürfen. Andernfalls hätten sie ihren Sohn umgebracht. Die außergewöhnliche Geschichte, wie Alice diese Erfahrungen ohne Seelenschaden überlebt hat, wird in einer Biografie mit dem Titel *Ein Garten Eden inmitten der Hölle* geschildert.

Als ich Alice kennenlernte, war sie 108 Jahre alt und lebte in England. Sie hatte in ihrem Leben große Tragödien erlebt und war dennoch eine der positivsten und inspirierendsten Personen, die ich je getroffen habe. Sie war lebendig und voller Freude, lebte alleine und bestand darauf, für sich selbst zu sorgen. Sie spielte immer noch täglich Klavier und sang dazu. Was mich am meisten beeindruckte, war, dass ihr alles im Leben wunderschön erschien.

Ist das nicht beeindruckend? Für mich ist es die ultimative Erinnerung daran, dass selbst jemand, der durch die Hölle gegangen ist, Glück und Zufriedenheit empfinden kann. Ich war zutiefst von ihrer Beschreibung über die Zeit im Konzentrationslager berührt. Alice erzählte mir, jeder Moment ihres Lebens, einschließlich dieser Jahre, sei ein Geschenk gewesen.

Wenn Sie solche Menschen treffen, werden Sie sie nie vergessen, weil sie eine derart außergewöhnliche Fähigkeit besitzen, in einem Gefühl der Dankbarkeit, Ehrfurcht und Wertschätzung zu leben. Trotz aller Probleme und Schwierigkeiten strahlen sie Liebe und Freude aus. Und dann sind da andere Menschen, denen man einfach eins auf die Nase geben möchte, weil sie ausflippen, nur weil die Milch in ihrer Latte macchiato nicht heiß genug ist!

Was werden Sie also tun? Werden Sie mich auf meiner Suche nach echtem, dauerhaftem Reichtum begleiten, indem Sie Ihre Wahrnehmung darauf trainieren, in jedem Moment Schönheit zu entdecken? Es ist Ihre Entscheidung, ob Sie in einem Zustand des Leids oder der inneren Harmonie leben wollen. Sie haben die Fähigkeit, Meister über Freude und Genuss zu werden, Ihre Wahrnehmung mit Wertschätzung anzufüllen und immer und unter allen Umständen glücklich und zufrieden zu sein. Das Beste daran ist, dass Sie Ihr gesamtes Umfeld mit Ihrer Freude anstecken werden.

Wenn Sie wirklich bereit sind, die Boote hinter sich zu versenken und die Insel zu erobern, empfehle ich Ihnen, Ihre Entscheidung, in einem harmonischen Zustand zu leben, sowie die Gründe dafür, schriftlich festzuhalten. Senden Sie diese Notiz anschließend an drei Personen, die Sie sehr respektieren, und bitten Sie sie, Sie (freundlich!) darauf aufmerksam zu machen, falls sie Sie jemals dabei ertappen, wie Sie in den Leidenszustand zurückfallen. Sie können diese Notiz auch an mich senden, und zwar an **endsufferingnow@tonyrobbins.com**. Ich wäre gerührt zu hören, dass Sie diese Entscheidung getroffen haben, sowie die Gründe dafür und die Beschreibung, auf welche Weise sie Ihr Leben bereichert hat.

Indem Sie Ihre Entscheidung schriftlich festhalten, manifestiert sie sich und Sie verpflichten sich zugleich öffentlich – was Sie dazu zwingt, Ihren eingeschlagenen Kurs beizubehalten. Möglicherweise inspirieren Sie die Empfänger Ihrer Notiz sogar, die gleiche Entscheidung über ihr eigenes Leben zu treffen.

Jeder braucht eine Vision. Meine ist ganz einfach. Ich lebe jeden Tag meines Lebens in einem harmonischen Zustand. Wenn ich mal vom Kurs abkomme, korrigiere ich mich augenblicklich. Das versetzt mich in die Lage, das Leben anderer und all derjenigen, die mir nahestehen, zu bereichern. Ich hoffe, Sie begleiten mich auf dieser Mission. Denn ich will Ihnen eines sagen: Ein Leben im harmonischen Zustand ist der Hauptgewinn – ein echter Jackpot und ein großer Schatz. Das ist seltener und eine wesentlich größere Leistung, als Millionär oder Milliardär zu sein. Wenn Sie lernen, das Auf und Ab im Leben anzunehmen und in allen Situationen Ihre Lebensfreude zu bewahren, sind Sie wahrhaft unangreifbar!

Das Geheimnis des Lebens ist Geben

Ich habe dieses Kapitel damit begonnen, über wahren Reichtum zu sprechen. Nun, da sich unsere gemeinsame Reise dem Ende zuneigt: Worin besteht das Geheimnis und wie können Sie es tagtäglich erleben? **Als ich mit Sir John Templeton sprach, einem der ersten großen Investoren, der ein Milliardenvermögen erwarb, fragte ich ihn: »Wie lautet das Geheimnis, um reich zu werden?«**

Er antwortete: »Tony, das liegt in dem, was Sie lehren.«

Ich lachte und sagte: »Ich lehre viele Dinge. Welche meinen Sie?«

Mit einem breiten Lächeln auf dem Gesicht antwortete er: »Dankbarkeit! Wissen Sie, Tony, wir beide haben schwerreiche Menschen kennengelernt, die trotzdem überaus unglücklich sind. Daher sind sie in Wirklichkeit ganz arm dran. Und wir wissen beide, dass es andere Menschen gibt, die scheinbar nichts besitzen und dennoch für alles in ihrem Leben dankbar sind. Sie sind unvergleichlich reicher.«

In unserem Inneren wissen wir alle, dass Geld uns nicht reich macht. Ich bin sicher, dass Sie bereits festgestellt haben, dass die größten Schätze *nie* finanzieller Natur sind. Vielmehr sind es diese Momente der Gnade, wenn wir die Perfektion und Schönheit des Lebens wertschätzen. Es sind diese Momente, in denen wir etwas Unbesiegbares und Ewiges in uns spüren, den Kern unserer Seele. Das ist die liebende Wärme unserer Beziehungen zur Familie und zu unseren Freunden. Es ist eine sinnvolle Arbeit und die Fähigkeit, zu lernen und zu wachsen, zu teilen und zu dienen.

Für mich ist es zudem die Freude, anderen Menschen dabei zu helfen, ihre Grenzen zu überwinden und zu sehen, wie sie geradezu erstrahlen, wenn sie sich daran erinnern, wer sie sind und was sie können. Es ist eine echte Freude zu erleben, wie ihr Leben aufhört, ein ewiger Kampf zu sein, und stattdessen zu einem Freudenfest wird. Es ist das magische Gefühl, dass es mir gelungen ist, ein klein wenig zu bewirken, dass ich eine Rolle in dem Erwachen eines großartigen, einzigartigen Menschen gespielt habe. Es ist die Wertschätzung und Anerkennung, dass alles, was ich erlebt habe, nicht nur mir, sondern auch anderen genützt hat, und dass selbst das größte Leid, das ich aushalten musste, am Ende zu etwas sehr Schönem geführt hat. Es gibt kein größeres Geschenk, als über das eigene Leben hinaus Sinn zu stiften.

Das ist das ultimative revolutionäre Element. Finden Sie ein Anliegen, für das Sie sich einsetzen wollen; etwas, für das Sie sich leidenschaftlich engagieren und das größer ist als Sie selbst. Es wird Sie reich machen. Nichts bereichert uns mehr, als anderen zu helfen.

Viele Leute sagen: »Wenn ich einmal reich bin, gebe ich.« Die Wahrheit ist jedoch, dass Sie bereits geben können, selbst wenn Sie selbst noch ganz wenig haben. Wenn jemand nicht bereit ist, zehn Cent eines Dollars zu verschenken, wird er nie 100 000 Dollar von einer Million verschenken. Beginnen Sie hier und jetzt mit dem, was Sie haben, und ich verspreche Ihnen einen unvergleichlichen Segen! Diese psychologische Verlagerung von dem Gefühl des Mangels zum Gefühl des Überflusses macht Sie reich und verleiht Ihnen ein wunderbares Gefühl der Freiheit. Während Sie diesen Wandel vollziehen, trainieren Sie Ihr Gehirn darauf anzuerkennen, dass es so viel mehr gibt, das Sie geben können. Denken Sie immer daran: Sie können mehr als nur Geld geben. Sie können auch Ihre Zeit, Ihr Talent, Ihre Liebe, Ihr Mitgefühl und Ihr Herz geben.

Mein tägliches Gebet lautet, dass ich im Leben aller Menschen, denen ich begegne, ein Segen sein möchte. Wenn Sie die Prinzipien und Instrumente verinnerlichen, die in diesem Buch vorgestellt wurden, werden Sie in der Lage sein, mehr zu empfangen und zu geben, als Sie sich jemals hätten vorstellen können. Und wenn dieser außerordentliche Überfluss *zu* Ihnen strömt und Sie ihn *weiterverteilen*, werden Sie sich wahrhaft gesegnet fühlen. Sie werden für das Leben anderer ein Segen sein, der in seiner Bedeutung ständig wächst. So fühlt sich echter Reichtum an.

Ich bin dankbar, dass Sie mir das Privileg gewährt haben, diese Zeit mit Ihnen zu verbringen. Ich hoffe aufrichtig, dass Ihnen der Inhalt dieses Buchs auf Ihrem Weg zur finanziellen Freiheit genützt hat. Vielleicht werden sich unsere Wege eines Tages kreuzen und ich werde die Ehre haben, Sie kennenzulernen und die Geschichte hören, wie Ihnen dieses Buch dabei geholfen hat, das Leben zu führen, das Sie sich wünschen und verdienen.

Ziehen Sie dieses Buch immer dann zu Rate, wenn Sie sich in Erinnerung rufen müssen, wer Sie wirklich sind und was Sie alles erschaffen können. Denken Sie daran, dass Sie mehr sind als der gegenwärtige Augenblick. Sie sind mehr als Ihre wirtschaftliche Situation und Sie sind mehr als jede Herausforderung, mit der Sie konfrontiert sind. Sie sind Seele, Geist und Wesensgehalt – und Sie sind wahrhaft unangreifbar. Gott segne Sie!

- Tony Robbins

Danksagung

Wenn ich auf die rund 40 Jahre zurückblicke, die ich diese Mission schon verfolge, sehe ich die Gesichter vieler außergewöhnlicher Menschen. Hier möchte ich gerne kurz all denen meine tiefe Dankbarkeit aussprechen, die dieses besondere Projekt berührt haben.

Erstens ist da natürlich meine Familie. Das beginnt und endet mit meiner Frau, Bonnie Pearl, meine »Weisheit« – *Sage* –, wie ich sie nenne. Ich liebe dich. Ich danke für die Gnade, die unsere Liebe und unser Leben prägen. An meine Familie und den gesamten erweiterten Familienkreis: Ich liebe euch.

Peter Mallouk, ich bin ewig dankbar für das schicksalhafte Gespräch, das wir in L. A. geführt haben. Ich hätte mir keinen brillanteren, ehrlicheren und aufrichtigeren Menschen als Geschäftspartner wünschen können. Danke.

Vielen Dank an Josh – dafür, dass du mich auf dieser Reise erneut begleitet hast. Ich habe jeden Augenblick unserer gemeinsamen Zeit genossen, in der wir so viel gelacht und so viele Dinge erschaffen haben. Ich bin sehr stolz auf unsere Arbeit. Mein aufrichtiger Dank geht auch an Ajay Guptan und das gesamte Team von Creative Planning sowie an Tom Zgainer.

Weiterhin danke ich meinem Kernteam von Robbins Research International – Sam, Yogesh, Scotty, Shari, Brook, Rich, Jay, Katie, Justin und allen anderen Mitgliedern unserer kompromisslos loyalen und missionsgetriebenen Führungsriege. Jeden Tag schätze ich mich glücklich, euch zu kennen. Danke an Kwaku, Brittany und Michael. Außerdem hätte ich dieses Buch ohne meine rechte Hand Mary Buckheit und mein unglaublich smartes Kreativteam – vor allem Diane Adcock – nicht fertiggebracht. Ich liebe euch. Danke, Ladys!

Mein Dank geht außerdem an Jennifer Connelly, Jan Miller und Larry Hughes, an das gesamte Personal der Unternehmenszentrale in San Diego und all unsere Partner, die zusammen die Tony Robbins Companies bilden – vielen Dank an euch alle für alles, was ihr auf eurer Suche nach Durchbrüchen in jedem Lebensbereich unternehmt.

Mein Leben wurde auf beeindruckende Weise von der tiefen Freundschaft zu vier brillanten Männern geprägt. Herzlichen Dank an meine Vorbilder Peter Guber, Marc Benioff, Paul Tudor Jones und Steve Wynn. Danke für eure Zuneigung und dafür, derart brillante, kreative und tadellose Menschen zu sein. Euch zu meinen Freunden zählen zu dürfen, ist ein echtes Geschenk. Jeder Tag, den ich mit euch verbringe, ist ein weiterer Tag, der mich dazu inspiriert, mein Leben und meine Vorhaben voranzutreiben und ständig zu verbessern.

Meine Veranstaltungen und Auftritte auf der ganzen Welt bieten mir jedes Jahr die Gelegenheit, vielen Hunderttausend großartigen Menschen zu begegnen, die mein Leben tief berühren. Dieses Buch sowie auch sein Vorgänger *Money: Die 7 einfachen Schritte zur finanziellen Freiheit* wurden auf einzigartige Weise von einer Gruppe aus mehr als 50 außergewöhnlichen Seelen geprägt, deren Erkenntnisse und Strategien tiefen Eindruck bei mir und den Lesern hinterlassen haben. Mein tiefster Dank, Respekt und meine Bewunderung gehen an all diejenigen, die ihre kostbare Zeit geopfert haben und uns in den Gesprächen, die ich mit ihnen geführt habe, an ihrem Lebenswerk teilhaben ließen. Ich bin ihnen ewig dankbar. An Ray Dalio, Jack Bogle, Steve Forbes, Alan Greenspan, Mary Callahan Erdoes, John Paulson, Harry Markowitz und Howard Marks: Ihre Weisheit ist unvergleichlich. Ich fühle mich von ihrer Meisterschaft tief inspiriert und fühle mich zutiefst geehrt, von jedem von ihnen lernen zu dürfen. Vielen Dank.

Mein weiterer Dank geht an T. Boone Pickens, Kyle Bass, Charles Schwab, Sir John Templeton, Carl Icahn, Robert Schiller, Dan Ariely, Burton Malkiel, Alicia Munnell, Teresa Ghilarducci, Jeffrey Brown, David Babbel, Larry Summers, David Swensen, Marc Faber, Warren Buffett und George W. Bush. Danke an all diejenigen, die mir als Interviewpartner zur Verfügung standen oder mir bei meinen Platinum Partnership Wealth Mastery Events ihre Zeit schenkten, sowie all diejenigen, die mich im Laufe der Jahre an ihren Erkenntnissen teilhaben ließen und mir als Beispiel für das, was möglich ist, gedient haben. Sie alle haben mich inspiriert; ihr Wissen spiegelt sich auf vielfältige Weise auf diesen Seiten wider.

Vielen Dank an all meine Partner bei Simon & Schuster, namentlich Jonathan Karp und Ben Lochnen. Mein Dank geht außerdem an William Green für seine Intelligenz und seinen britischen Humor und vor allem dafür, dass er uns bei diesem Projekt begleitet und so sorgfältig über jedes abschließende Wort und jeden Gedankenstrich gewacht hat. Mein Dank geht zudem an Cindy DiTiberio für ihr Engagement im Zusammenhang mit diesem Manuskript.

Natürlich besteht die Mission dieses Buchs nicht nur darin, seinen Lesern zu dienen. Daher geht mein tiefster Dank an die Anthony Robbins Foundation und unsere strategischen Partner, namentlich Dan Nesbit von Feeding America, dafür dass sie uns geholfen haben, das nie zuvor ausprobierte Vorhaben zu koordinieren, unsere hungernden, bedürftigen Mitmenschen mit Nahrung zu versorgen. Und für die Verteilung meiner ersten Spende von 100 Millionen Mahlzeiten sowie die Anstrengungen all derer, die unermüdlich dafür arbeiten, die Mittel zu beschaffen, damit wir die Zahl der kostenlosen Mahlzeiten in den kommenden acht Jahren auf 1 Milliarde steigern können.

Ich danke für die Gnade, die diesen ganzen Prozess geleitet und begleitet hat, sowie allen Freunden und Lehrern auf meinem Lebensweg; es sind zu viele, als dass ich sie hier alle nennen könnte – einige sind berühmt, andere unbekannt. Ihre Erkenntnisse, Strategien, ihr Vorbild, ihre Liebe und Fürsorge sind die Stützpfeiler, auf denen ich die Ehre hatte, stehen zu dürfen. Heute danke ich ihnen allen und setze jeden Tag meine nie enden wollende Suche fort, ein Segen im Leben all derjenigen zu sein, die ich kennenlernen und lieben und denen ich dienen darf.

Unternehmen von Tony Robbins

Tony Robbins ist ein globaler Unternehmer, Investor, *New-York-Times*-Bestsellerautor, Philanthrop, Eigentümer eines professionellen Sportklubs und die weltweite Nummer eins unter den Lebens- und Geschäftsstrategen.

Motivator, Lehrer und Lebens- und Geschäftsstratege

Im Laufe der letzten vier Jahrzehnte haben mehr als 50 Millionen Menschen aus mehr als 100 Ländern die Wärme, den Humor und die transformative Kraft seiner Bücher, Audio- und Videotrainings erlebt und mehr als vier Millionen Menschen haben seine Liveseminare besucht.

Er hat globale Führungskräfte und Staatsoberhäupter gecoacht, darunter Bill Clinton, Michael Gorbatschow und Prinzessin Diana. Er hat Teams aus dem Spitzensport gecoacht, darunter drei NBA-Pokalsieger, aber auch individuelle Spitzenathleten wie Serena Williams und André Agassi. Auch preisgekrönte Schauspieler und Entertainer, darunter beispielsweise Leonardo DiCaprio, Hugh Jackman, Anthony Hopkins und Pitbull, wenden sich an ihn.

In der Geschäftswelt gehören einige der erfolgreichsten milliardenschweren Unternehmer und Geschäftsleute zu seinen Coaching-Kunden, darunter Marc Benioff, CEO und Gründer von Salesforce.com, Peter Guber, Chairman und CEO der Mandalay Entertainment Group und Eigentümer der Golden State Warriors und der Los Angeles Dodgers, sowie der milliardenschwere Hotel- und Kasinobetreiber Steve Wynn, Vorsitzender und CEO der Wynn Resorts & Casinos.

Unternehmertum und Investition

Tony Robbins ist Gründer beziehungsweise Partner von 31 Unternehmen mit einem kulminierten Jahresumsatz von mehr als 5 Milliarden Dollar; 12 davon, die in sieben verschiedenen Branchen angesiedelt sind, managt er aktiv. Das Spektrum reicht vom Fünf-Sterne-Resort auf den Fidschi-Inseln (Namale Resort and Spa) bis hin zu einem Virtual-Reality-Unternehmen, das exklusiver Partner der NBA und Live Nation Concerts (NextVR) ist. Außerdem ist er Mitbesitzer mehrerer Profisportklubs, darunter der Los Angeles Football Club (LAFC) und Team Liquid, der weltweit führenden Organisation im wachsenden E-Sports-Sektor.

Philanthropie

Tony ist seit Langem ein außergewöhnlicher Philanthrop, der nie seine Wurzeln vergessen hat – vor allem das Erlebnis, dass ein Fremder ihm und *seiner* Familie in Zeiten der Not ein Thanksgiving-Dinner spendierte, als er gerade einmal elf Jahre alt war. Tony hat hungrige Familien mit 250 Millionen Mahlzeiten versorgt. In den nächsten acht Jahren will er diese Zahl in Kooperation mit Feeding America auf eine Milliarde steigern.

Neben seiner Mission, Hungernde mit Nahrung zu versorgen, liefert Tony Robbins 250 000 Menschen in Indien täglich frisches Trinkwasser. Diese Zahl soll in den nächsten fünf Jahren auf eine Million Menschen gesteigert werden. Er ist Partnerschaften mit Elon Musk und anderen Innovatoren eingegangen; gemeinsam haben sie 1 Million Dollar zu dem mit 15 Millionen Dollar dotierten XPrize für Bildung beigesteuert. Außerdem hat er sich mit der Organisation Operation Underground Railroad zusammengetan, die mehr als 200 Kinder aus der sexuellen Versklavung befreit hat.

Auszeichnungen

- Das Magazin *Worth* hat ihn zweimal auf seine Power-100-Liste der einflussreichsten Führungspersönlichkeiten im globalen Finanzwesen aufgenommen.
- Er wurde von Accenture als einer der »50 besten Wirtschaftsintellektuellen der Welt« geehrt; Harvard Business Publishing bezeichnete ihn als einen der »200 besten Businessgurus«, und American Express zeichnete ihn als eine der »60 besten Führungspersönlichkeiten der Geschäftswelt« auf dem Gebiet des Coachings von Unternehmenskunden aus.
- In einer Titelstory des Wirtschaftsmagazins *Fortune* wurde er für seine außergewöhnliche Arbeit als »CEO-Flüsterer« und »Führer, der von Führern zu Rate gezogen wird« bezeichnet.

Weitere Werke von Tony Robbins

Bücher

Money: Die 7 einfachen Regeln zur finanziellen Freiheit
Das Robbins Power Prinzip: Befreie die innere Kraft
Grenzenlose Energie – Das Powerprinzip
Das Prinzip des geistigen Erfolgs: Der Schlüssel zum Power-Programm
Wie aus kleinen Veränderungen große Unterschiede werden

Hörbuch

The Ultimate Edge: Wir alle wollen unsere Vision über ein außergewöhnliches Leben verwirklichen, aber die meisten von uns wissen einfach nicht, wo sie anfangen sollen. Vielen mangelt es an einer Strategie, an Instrumenten und innerer Stärke, um nachhaltige Veränderungen zu erzielen. Möglicherweise sind es auch ihre Überzeugungen und andere Hindernisse, die sie zurückhalten. *The Ultimate Edge* kann Ihnen dabei helfen, Ihre innere Stärke zu entdecken, die Barrieren zu durchbrechen und beeindruckende Ergebnisse zu erzielen. In diesem wirkungsvollen dreiteiligen Hörbuch leitet Sie Tony Robbins persönlich an und zeigt Ihnen, wie Sie eine Verbindung zu Ihren sehnlichsten Wünschen herstellen und wie Sie mit deren Verwirklichung beginnen können. Tonys Privat- und Berufsleben ist von der Leidenschaft geprägt, Veränderung im Leben anderer Menschen zu bewirken und sie zur aktiven Gestaltung ihrer Lebensumstände zu bewirken.

Dokumentarfilm

Sehen Sie sich den Netflix-Dokumentarfilm *Tony Robbins: I Am Not Your Guru* an. Für weiterführende Informationen über Tony Robbins besuchen Sie die Website www.TonyRobbins.com.

Anhang

Ihre Erfolgs-Checkliste: Errichten Sie einen Schutzwall um Ihr Königreich – wie Sie Ihr Vermögen schützen, ein Vermächtnis bilden und sich gegen Unbekanntes wappnen

»Die Unbesiegbarkeit liegt in der Verteidigung.«

- Sun Tzu, *Die Kunst des Krieges*

Herzlichen Glückwunsch für die Entscheidung, uns auf diesem Weg zu begleiten. Ich hoffe, Sie fühlen sich nun besser vorbereitet, informiert und gerüstet, um nach der Lektüre dieses Buchs finanzielle Freiheit zu erlangen. Wie Sie inzwischen wissen, bezieht sich *Unangreifbar* nicht nur auf den Buchtitel, sondern beschreibt eine Haltung, die jeden Bereich Ihres Lebens beeinflussen kann. Letztlich bedeutet es Freiheit und Seelenfrieden.

Fakt ist, dass niemand die absolute Kontrolle über die Zukunft besitzt. Es gibt eine Reihe von Unbekannten, die plötzlich auftreten und verhindern könnten, dass Sie den Reichtum genießen können, den Sie sich so hart erarbeitet haben.

- Was passiert, wenn Sie aufgrund einer plötzlichen Erkrankung oder Behinderung dauerhaft arbeitsunfähig werden?
- Was, wenn wegen eines unerwarteten Gerichtsprozesses Ihr sauer verdientes Geld in Gefahr gerät?
- Was geschieht mit Ihrem Vermögen, wenn Sie sich der harten Realität einer Scheidung stellen müssen?
- Was geschieht mit Ihrem Vermögen und Ihrem Nachlass, wenn Sie sterben?

Erinnern Sie sich, dass wir darüber sprachen, dass Verlierer reagieren und Gewinner vorausschauend handeln? Antizipation kann der ultimative Trumpf sein. Diese letzten Seiten handeln von Antizipation, und zwar der Dinge, von denen Sie *wissen*, dass sie irgendwann passieren werden, aber auch der Dinge, deren Eintreffen Sie für unwahrscheinlich halten. Ich weiß, es macht keinen Spaß, sich hinzusetzen und Vorsorge für unwahrscheinliche Ereignisse oder das eigene Ableben zu treffen. Wenn Sie sich jedoch dazu entschließen, Ihr Vermögen vor allen Eventualitäten schützen, werden Sie eine enorme Erleichterung und Seelenruhe empfinden. Es gibt nichts Besseres als das unerschütterliche Gefühl zu wissen, dass Sie und Ihre Liebsten sich niemals über irgendwelche äußeren Ereignisse Sorgen machen müssen, die Ihre Lebensqualität beeinträchtigen können.

Denken Sie an Ray Dalios Mantra, stets mit Überraschungen zu rechnen. Dieser Abschnitt ermöglicht Ihnen genau das. Aus denselben Gründen, aus denen Sie Ihr Portfolio diversifizieren, können Sie sich mithilfe der Checkliste auf all die Unbekannten vorbereiten, die womöglich schon hinter der nächsten Ecke lauern.

Betrachten Sie *echtes* Vermögensmanagement als den Aufbau Ihres persönlichen Königreichs. Im Zentrum steht Ihr Portfolio, aber Sie müssen eine Festung um alle Bereiche in und um Ihr Königreich errichten, um Ihren Schatz vor Zerstörung oder Erosion durch überflüssige Steuern, kostenträchtige Gerichtsprozesse oder staatliche Eingriffe zu schützen. Letztlich wollen Sie doch, dass Ihre Erben im Falle Ihres Ablebens *genau* das erhalten, was Sie ihnen zugedacht haben, beziehungsweise Sie möchten in der Lage sein, den Anliegen, die Ihnen wichtig sind, ein beeindruckendes philanthropisches Vermächtnis zu hinterlassen.

Wir werden diesen Abschnitt – es ist eigentlich kein Kapitel, sondern eher ein Leitfaden – möglichst kurzhalten. Genau gesagt sind es vier unterschiedliche Checklisten, die Sie mit Ihrem Anwalt, Steuer- und Finanzberater durchgehen können: eine für Gesundheitszwecke, eine für Vermögenszwecke, eine für Versicherungszwecke und eine für karitative Zwecke.

»Dearly beloved / We are gathered here today to get through this thing called life.«

- Prince, »Let's Go Crazy«

Im Jahr 2016 betrauerten Millionen Fans auf der ganzen Welt den unerwarteten Tod einer Ikone, die unter dem Namen Prince bekannt war – einer meiner Lieblingskünstler. Laut der *New York Times* starb Prince mit 57 Jahren, ohne ein Testament zu hinterlassen. Er hatte keine Nachlassplanung oder irgendwelche anderen Schritte unternommen, um sein Vermögen von geschätzten 300 Millionen Dollar zu schützen. Anstatt dass dieses nun seiner Familie zugutekommt, ist es für viele Jahre in einem Gerichtsprozess gebunden.

»Purple« ist vielleicht nicht Ihre Lieblingsfarbe und Sie gewinnen womöglich auch keine sieben Grammys, aber die Lektion ist klar: Ob wir es wahrhaben wollen oder nicht – indem wir nicht planen, planen wir unser Scheitern.

Um sicherzustellen, dass Sie die Fehler vermeiden, die anderen in der Vergangenheit so großen Schaden zugefügt haben, reiche ich den Ball an meinen Partner Peter Mallouk weiter, weil er – wie Sie inzwischen wissen – laut *Barron's* und CNBC einer der besten Finanzberater der USA und zudem Anwalt mit Spezialisierung in Erbschaftsrecht und Nachlassplanung ist. Auf den folgenden Seiten liefert er Ihnen kostenlos den gleichen Service, den seine Kunden erhalten. Passen Sie also genau auf! Nehmen Sie dieses Buch anschließend zu Ihrem Termin mit Ihrem Finanzberater mit und ordnen Sie Ihre Finanzen.

Schutz und Vermögensübertragung mit Peter Mallouk

Einen Moment! Bevor Sie das Buch vorschnell mit einer der vielen Ausreden, die ich schon x-mal gehört habe, weglegen, will ich auf jede einzelne direkt eingehen.

»Ich besitze gar nicht so viel, ein Testament ist also nicht so wichtig«
Wenn es nicht wichtig ist, warum arbeiten Sie dann? Warum investieren Sie? Warum erstellen Sie ein Budget? Natürlich ist es wichtig und wahrscheinlich haben Sie es bisher vor sich hergeschoben, weil es Ihnen zu mühselig erscheint. Dabei lässt es sich schnell und kostengünstig erstellen, und ihre Familie verdient Schutz, oder etwa nicht?

»Ich bin jung; dieses Zeug ist für mich irrelevant«
Es ist absolut relevant, wenn es Menschen gibt, die Ihnen wichtig sind – eine Mutter, ein Vater, Großeltern, eine Tante oder ein Onkel – und die sich nicht die Zeit genommen haben, für ihren Schutz und den ihrer Familie zu sorgen.

»Ich habe ein großes Vermögen; das ist so viel Arbeit«
Wenn Sie glauben, sich hier und jetzt um Ihren Nachlass zu kümmern, sei viel Arbeit, dann stellen Sie sich vor, wie viel Arbeit es für Ihre geliebten Angehörigen sein wird, wenn Sie erwerbsunfähig werden oder sterben.

Verzeihen Sie meine Unverblümtheit, aber ich muss Ihnen diesen Rippenstoß verpassen. Gerade wenn Sie ein bedeutendes Vermögen besitzen, sollten Sie unverzüglich mit der Nachlassplanung beginnen. Hier gibt es keine Zeit zu verschwenden! Niemand weiß, wie viel Zeit ihm noch bleibt. Die Erbregelung vor sich herzuschieben kann katastrophale Folgen haben.

»Meine persönliche Situation ist kompliziert«
Wenn Sie glauben, Ihre Situation sei kompliziert und erfordere harte Entscheidungen (zum Beispiel Kinder aus mehreren Ehen, fünf Exfrauen und so weiter), dann stellen Sie sich vor, wie es sein wird, wenn der Ernstfall eintritt. Das Nachlassgericht wird mit der für staatliche Institutionen typischen Effizienz und Effektivität all diese harten Entscheidungen für Sie treffen, auf die Sie keine Lust hatten – nur dass Sie dann keine Chance mehr haben, Ihren Einfluss geltend zu machen. (Ich hoffe, mein Sarkasmus ist angekommen.)

»Ich weiß nicht einmal, was eine Nachlassregelung ist. Und was kümmert es mich? Schließlich bin ich dann schon tot«
Nachlassregelung ist der Prozess, mittels dessen ein Gericht die Gültigkeit eines Testaments feststellt (falls ein solches existiert) und einen Testamentsvollstrecker bestimmt. Falls kein Testament existiert, bestimmt das Gericht einen Nachlassverwalter, der das Erbe gemäß den gesetzlichen Regelungen verteilt.

»Lieber das bekannte Übel …«
Geben wir einfach zu, dass die Nachteile einer Verschleppung des Unvermeidlichen teurer kommen als die einmalige Mühsal, sich mit einem Finanzberater oder Anwalt zusammenzusetzen.

In den folgenden vier Checklisten legen wir Messgrößen zu Ihrem Schutz fest, falls Sie ernsthaft erkranken, besprechen Ihre Nachlassplanung beziehungsweise Ihr Testament, sprechen über Wege, Ihr Vermögen zu Lebzeiten zu schützen, und schließlich geht es noch um die Schaffung eines Vermächtnisses der Großzügigkeit.

Diese Listen sind darauf ausgerichtet, dass Sie sie gegebenenfalls auch mit dem Finanzberater Ihrer Wahl durchgehen.

Checkliste 1: Ich habe die Verfügungsgewalt

> *»Wenn ich geschäftsunfähig werde, ist es mir eigentlich egal, wer die gesundheitlichen Entscheidungen für mich trifft. Es interessiert mich dann auch nicht, wer meine Finanzen verwaltet. Wenn eine Entscheidung getroffen werden muss, glaube ich, dass der Staat das am besten für mich regeln kann.«*
>
> - Hat niemand jemals gesagt

Ich hatte eine Kundin, die mit 53 Jahren trotz äußerlich scheinbar bester Gesundheit plötzlich ins Koma fiel. Nachdem ihre Familie sie eilig ins Krankenhaus gebracht hatte, war schon bald klar, dass sie an einem Hirntumor litt. Sie hatte keine Vollmacht erteilt, sodass ihr Ehemann keinen Zugang zu irgendeinem ihrer Konten hatte, um ihre Erwerbsunfähigkeitsleistungen abzurufen. Kurz darauf verstarb sie, ohne das Bewusstsein wiedererlangt zu haben. Dann erfuhr ihre Familie, dass sie nie ein Testament gemacht hatte, sodass das Nachlassgericht eingeschaltet werden musste.

Die zwei Punkte auf der folgenden Checkliste hätten sich mit einigen einfachen Entscheidungen regeln lassen. Das ist keine komplexe Materie. Jeder qualifizierte Rechtsanwalt beherrscht diese grundlegenden Dinge, und die entsprechenden Dokumente hätten die Familie meiner Kundin geschützt. Das Folgende *müssen* Sie im Mindesten tun, auch wenn Sie sonst nichts weiter unternehmen, um sich und Ihre Liebsten zu schützen.

Vorsorgevollmacht

Was geschieht, wenn Sie oder Ihr Lebenspartner plötzlich schwer krank werden und keine Entscheidungen mehr treffen können? Wer entscheidet über die Behandlung und das weitere Vorgehen? Darüber sollten Sie jetzt gemeinsam nachdenken, wo Sie voll geschäftsfähig sind. Wenn Sie einen Lebenspartner haben, ist er oder sie vermutlich die erste Wahl. Achten Sie auf wichtige Aspekte, die mit der Auswahl der bevollmächtigten Person zu tun haben. Wenn Sie zum Beispiel eine hohe Risikolebensversicherung abgeschlossen haben, wollen Sie die Vollmacht vielleicht nicht ausgerechnet der Person übertragen, die einen Vorteil davon hat, Ihnen den Stecker zu ziehen! Okay, ich mache nur Spaß.

Aber jetzt mal Spaß beiseite: Sie brauchen jemanden, dem Sie bedingungslos vertrauen und der alle notwendigen Entscheidungen treffen kann, einschließlich der schweren Entscheidung, lebenserhaltende Maßnahmen nicht zu verlängern, den behandelnden Arzt zu wechseln oder Sie in eine andere medizinische Einrichtung verlegen zu lassen (muss nach deutschem Recht explizit in der Vollmacht erwähnt werden; es ist nicht automatisch Bestandteil). Bei diesen Entscheidungen geht es buchstäblich um Leben und Tod. Treffen Sie mit der Person, der Sie eine Vorsorgevollmacht erteilen, eine weise Entscheidung und halten Sie diese notariell beglaubigt schriftlich fest.

Patientenverfügung*

Wenn Sie die Entscheidungsgewalt über Ihre Gesundheit und Ihr Leben nicht auf Dritte übertragen wollen, können Sie mithilfe einer Patientenverfügung festlegen, wie in einem Extremfall, wenn Sie selbst nicht mehr entscheidungsfähig sind, verfahren werden soll, zum Beispiel im Hinblick auf lebensverlängernde Maßnahmen. Solche Verfügungen sind für Familienmitglieder in der Regel eine große Entlastung.

---

* http://www.vorsorgeregister.de/Vorsorgevollmacht/Die-Patientenverfuegung.php

Checkliste 2: Nachlassplanung

»The best things in life are free / But you can keep 'em for the birds and bees / Now give me money (that's what I want).

- Barrett Strong, »Money (That's What I Want)«

Bei dem Wort Nachlassplanung denken die meisten Menschen einfach an ein Testament. Nachlassplanung beinhaltet aber wesentlich mehr als die Entscheidung, wer nach Ihrem Tod was bekommt. Es gibt eine Reihe von Dingen, die Sie bereits heute tun können und die dazu beitragen können, Ihr versteuerbares Einkommen zu senken und somit Ihre Steuereffizienz zu steigern. Hier die vier wesentlichen Dinge.

Testament

Ein Testament aufzusetzen ist der erste Schritt einer jeden Nachlassplanung. Dabei müssen Sie vier zentrale Entscheidungen treffen:

- Wer sollen die Erben sein und zu welchen Teilen? Mit anderen Worten: Wer bekommt was (abgesehen von den Pflichterben beziehungsweise dem Pflichtteil)?
- Wer soll das Sorgerecht für Ihre Kinder erhalten, falls Sie (beide) versterben, bevor sie volljährig sind? Viele Leute gehen irrtümlich davon aus, dass die nächsten Verwandten automatisch das Sorgerecht erhalten. Tatsächlich wird das Vormundschaftsgericht das Jugendamt einschalten und das Sorgerecht geht dabei nicht automatisch an Verwandte, wie beispielsweise die Großeltern. Das Jugendamt *kann* durchaus Heimunterbringung anordnen oder eine Pflegefamilie für die Kinder suchen.
- Wer soll Testamentsvollstrecker sein? Das ist die Person, die dafür sorgt, dass Ihr letzter Wille auch umgesetzt wird, und sich mit dem Nachlassgericht auseinandersetzen muss.
- Wollen Sie, dass Ihr Vermögen direkt an die Erben übergeht oder z.B. in eine Stiftung oder ein ähnliches Vehikel überführt wird, die im Namen der Erben eingerichtet werden? Nehmen wir zum Beispiel an, ein Paar besitze Vermögenswerte in Höhe von 400 000 Dollar, die im Todesfall zu gleichen Teilen an ihre beiden Kinder gehen sollen, die

gegenwärtig 19 und 20 Jahre alt sind. Versterben beide Eltern, erhalten die Kinder jeweils 200 000 Dollar ohne jedwede Bedingungen oder Auflagen. Was hätten Sie in dem Alter mit 200 000 Dollar gemacht? Stattdessen könnten die Eltern eine Klausel in ihr Testament aufnehmen, mit der verfügt wird, dass das Geld an eine Stiftung fließt, von dem ihre Kinder Kapital und Einkommen für ihre Ausbildung und gesundheitliche Versorgung erhalten, bis sie 30 Jahre alt sind. Erst dann wird ihnen das verbleibende Vermögen ausgezahlt. In diesem Fall wird im Testament zudem ein Treuhänder bestimmt – also eine Person oder ein Unternehmen Ihrer Wahl, die oder das das Geld verwaltet, investiert und gemäß Ihren testamentarischen Bestimmungen auszahlt.

Checkliste 3: Versicherung

»Jeder hat einen Plan, bis er eins aufs Maul kriegt.«

- Mike Tyson

Gegen viele Ereignisse, die Sie finanziell ruinieren können, können Sie sich mit einer Versicherung schützen. Zum Beispiel versichern Sie Ihr Auto, damit Sie bei einem Unfall nicht Unsummen aus eigener Tasche zahlen müssen. Diese und andere Versicherungen sind hervorragende Schutzmechanismen, wenn Sie richtig angewendet werden. Ich weiß, niemand interessiert sich für Versicherungen – bis etwas passiert. Sie können alles richtig machen, etwa einen unabhängigen Finanzberater beauftragen, der Ihr Vermögen treuhänderisch betreut, Gebühren und Steuern senken, ein beeindruckendes Anlageportfolio einrichten, und plötzlich passiert etwas Unerwartetes und Ihr Vermögen wird in einem einzigen Augenblick vernichtet, weil Sie nicht ausreichend versichert sind. Schutz ist demnach sinnvoll, oder?

»Die Angst vor dem Tod folgt aus der Angst vor dem Leben. Ein Mensch, der sein Leben voll ausschöpft, ist jederzeit auf den Tod vorbereitet.«

- Mark Twain

Risikolebensversicherung. Wenn Sie Ihr Mobiltelefon versichert haben, aber nicht Ihr Leben, müssen wir miteinander reden. Kein Scherz. Eine Lebensversicherung ist ein maßgeblicher Aspekt für den Schutz Ihres Vermögens und Ihrer Familie. Ich habe verheerende Situationen miterlebt, in denen Menschen mit einem erheblichen Vermögen, die keine (oder nur eine unzureichende) Lebensversicherung hatten, plötzlich verstarben und den Hinterbliebenen nach kurzer Zeit das Geld ausging, weil der Alleinverdiener ausgefallen war und sich die Rechnungen türmten. Somit sollten Sie sich mit Ihrem unabhängigen Finanzberater auch einmal dem Thema Lebensversicherungen widmen.

Checkliste 4: Ein Vermächtnis hinterlassen

Eines haben alle Titanen, die Tony interviewt hat, gemeinsam: Sie lieben es nicht nur, Geld für sich und ihre Familie zu verdienen, sie spenden es auch gerne. Sie wissen aus erster Hand, wie viel Freude es macht, ihren Wohlstand mit Anliegen zu teilen, die wichtig sind und ihnen etwas bedeuten. Vergessen Sie nicht: Einer der Gründe, aus denen Tony und ich dieses Buch geschrieben haben, ist, zur Ernährung von einer Milliarde Menschen beizutragen!

Die meisten Menschen denken bei dem Wort »Spenden« an die Ausstellung eines Schecks für eine karitative Sache. *In diesem Abschnitt empfehle ich Ihnen jedoch, so zu spenden, dass Sie Ihre Aufwendungen steuerlich geltend machen können.* Nachfolgend einige Wege, wie Sie Gutes tun und gleichzeitig Steuern sparen können:

- Spenden Sie die *richtigen* Vermögenswerte. Nehmen wir an, ein Spender besitze Microsoft-Aktien, die er vor Jahren gekauft hat. Falls er sie verkauft, muss er eine hohe Kapitalertragsteuer bezahlen. Wenn er die Aktien jedoch spendet, muss er womöglich keine Steuern zahlen und auch kein Bargeld lockermachen, kommt aber dennoch in den Genuss der steuerlichen Absetzbarkeit seiner Spende.
- Arbeiten Sie mit einem Stiftungsfonds mit Verfügungsrecht. Hier können Sie als Stifter über die konkrete Verwendung der Erträge jährlich im Rahmen der vereinbarten Zwecke des Stiftungsfonds mitentscheiden. Das Recht, über die konkrete Mittelverwendung zu entscheiden, geht nach Ihrem Tod in der Regel an die Bürgerstiftung über, der

Stiftungsfonds in Ihrem Namen und mit der von Ihnen bestimmten Zweckbindung bleibt jedoch bestehen.

- Gründen Sie eine private Stiftung. Für sehr vermögende Menschen kann die Gründung einer privaten Stiftung ein großartiger Weg sein, ein multigenerationales gemeinnütziges Vermächtnis zu hinterlassen. Eine private Stiftung ist eine unabhängige karitative Einrichtung mit Personal und Direktoren, die die Aktivitäten der Stiftung leiten und die Zuweisung von Mitteln für entsprechende Projekte genehmigen. Zwar gibt es mehr Regeln und Vorschriften zur Verwendung und Zuweisung der Mittel einer privaten Stiftung zu beachten, die zusammen mit dem Personalbedarf zu einem teuren Unternehmen werden können, aber die Familienmitglieder können für ihre Arbeit in der Stiftung ein Gehalt beanspruchen.
- Halten Sie nach kreativen Möglichkeiten Ausschau, Gutes zu bewirken. Einige Unternehmen erhöhen die Wirkung ihres karitativen Engagements durch Crowdsourcing. Crowdrise (www.crowdrise.com) zum Beispiel, an dessen Gründung der Schauspieler Edward Norton beteiligt war, gehört laut *Barron's* inzwischen zu den 25 wichtigsten globalen philanthropischen Einrichtungen. (Tony war einer ihrer ersten Investoren.) Vor dem Hintergrund der neuen Technologien und der Verbreitung der sozialen Netzwerke bietet Crowdrise einen einzigartigen Ansatz zur Erzielung einer maximalen Wirkung: ein freundlicher Wettbewerb zwischen karitativen Anliegen, die sich um Ihre Spende bewerben. Nehmen wir an, Sie wollten 100 000 Dollar für eine Non-Profit-Organisation spenden, die sich für sauberes Trinkwasser einsetzt. Crowdrise fordert daraufhin zehn (oder mehr) entsprechende Non-Profit-Einrichtungen auf, sich um Ihre Spende zu bewerben. Einen Monat lang wenden diese sich an ihr eigenes Spendernetzwerk und teilen ihren Spendern mit, dass diejenige Organisation, die in diesem Zeitraum die meisten Spenden zusammenträgt, Ihre 100 000 Dollar gewinnt. Wenn jede Organisation im Schnitt 50 000 Dollar aufbringt, sind das bei zehn Bietern satte 500 000 Dollar. Der Sieger erhält außerdem Ihre Spende von 100 000 Dollar, sodass insgesamt 600 000 Dollar zusammenkommen – 500 000 Dollar mehr, als wenn Sie ganz alleine gespendet hätten!

Und hier ist Ihr Diplom!

Wenn Sie bis hierher gelesen haben, meinen herzlichen Glückwunsch! Sie haben nicht nur beschlossen, dass Sie bei Ihrem Vermögensaufbau unangreifbar werden wollen, sondern haben auch erfahren, was Sie brauchen, um Ihre Familie abzusichern, Ihre Steuern zu senken und ein Erbe der Großherzigkeit und des Gebens zu hinterlassen. Dafür müssen Sie allerdings einige Gespräche mit Ihrem Anwalt, Ihrem Finanzberater und Ihrem Versicherungsspezialisten führen. Ein wenig Fokus heute kann Ihnen und Ihrer Familie einen unschätzbaren Seelenfrieden bieten.

Stichwortverzeichnis

Tools der Mentoren

Tim Ferriss

Alle Menschen brauchen Mentoren. Tim Ferriss hat die 100 besten der Welt vereint.

Wer sich mit den wichtigsten Fragen des Lebens auseinandersetzt, sucht oftmals nach Rat – gerade in Situationen, wo alles gegen einen zu laufen scheint. Tim Ferriss, viermaliger #1-Bestsellerautor, hat mehr als 100 Mentoren ausfindig gemacht, die ihm geholfen haben und jedem helfen können, dem eigenen Leben die richtige Richtung zu geben. In kurzen, energiegeladenen Porträts enthüllt Ferriss die Geheimnisse der Mentoren für Erfolg, Glück und den Sinn des Lebens. Egal, wie groß die Herausforderungen sind, denen man sich stellen muss, oder die Chancen, die man ergreifen will, jeder wird auf diesen Seiten etwas finden, das ihm dabei hilft.

640 Seiten | Hardcover | 29,99 € (D) | 978-3-95972-108-0

Tools der Titanen

Tim Ferriss

»In den letzten zwei Jahren habe ich beinahe 200 Weltklasse-Performer interviewt. Die Bandbreite der Gäste reicht von Stars (Jamie Foxx, Arnold Schwarzenegger) und Topathleten bis hin zu legendären Kommandanten von Spezialeinheiten und sogar Schwarzmarkt-Biochemikern. Viele meiner Gäste akzeptierten erstmals in ihrer Karriere ein Zwei-bis-drei-Stunden-Interview. Dieses Buch enthält unverzichtbare Tools, Taktiken und Insiderwissen, die anderswo nicht zu finden sind, außerdem neue Tipps von früheren Gästen und Lebensweisheiten neuer Gäste, die du noch nicht kennst.«

Was das Buch so außergewöhnlich macht, ist der unablässige Fokus auf leicht umsetzbare Details: Was tun diese Titanen in den ersten 60 Minuten an jedem Morgen? Wie sieht ihre Trainingsroutine aus und warum? Welches Buch haben sie am öftesten an andere Menschen verschenkt?

736 Seiten | Hardcover | 29,99 € (D) | ISBN 978-3-95972-046-5

Der Pfad zur finanziellen Unabhängigkeit

Tony Robbins; Peter Mallouk

Völlig unabhängig vom aktuellen Lebensabschnitt und der finanziellen Situation können SIE finanziell frei werden. Doch bei der finanziellen Freiheit geht es nicht nur um Geld – es geht auch darum, sich auf der eigenen persönlichen Reise wohlzufühlen. Für diese Reise brauchen Sie die passenden Werkzeuge und Strategien sowie die richtige Denkweise.

Millionen-Bestsellerautor Tony Robbins und Peter Mallouk geben Ihnen eben jene Werkzeuge an die Hand, um Schritt für Schritt finanzielle Unabhängigkeit zu erreichen. Sie zeigen, welche Investments sinnvoll sind und welche Sie besser meiden sollten. Zudem decken sie auf, dass die Zukunft besser werden wird, als es scheint, und warum JETZT die beste Zeit ist, um Investor zu sein.

320 Seiten | Hardcover | 22,00 € (D) | ISBN 978-3-95972-413-5

Money: Die 7 einfachen Schritte zur finanziellen Freiheit

Tony Robbins

Mehr als 10 Jahre sind seit seiner letzten Veröffentlichung in Deutschland vergangen, jetzt meldet sich Anthony Robbins zurück. Als Personal Trainer beriet er Persönlichkeiten wie Bill Clinton und Serena Williams sowie ein weltweites Millionenpublikum, nun widmet er seine Aufmerksamkeit den Finanzen.

Basierend auf umfangreichen Recherchen und Interviews mit mehr als 50 Starinvestoren, wie Warren Buffett oder Star-Hedgefondsmanager Carl Icahn, hat Robbins die besten Strategien für die private finanzielle Absicherung entwickelt. Sein Werk bündelt die Expertise erfolgreicher Finanzmarktakteure und seine Beratungserfahrung. Selbst komplexe Anlagestrategien werden verständlich erläutert, ohne an Präzision einzubüßen.

In 7 Schritten zur finanziellen Unabhängigkeit - praxisnah und für jeden umsetzbar.

672 Seiten | Hardcover | 24,99 € (D) | ISBN 978-3-89879-914-0

Die Prinzipien des Erfolgs

Ray Dalio

Die einzigartigen Prinzipien, mithilfe derer jeder den Weg des Erfolgs einschlagen kann, und die mitunter harten Lektionen, die ihn sein einzigartiges System errichten ließen, hat Ray Dalio auf eine bisher noch nie dagewesene, unkonventionelle Weise zusammengetragen.

Seine Firma Bridgewater Associates ist der größte Hedgefonds der Welt, er selbst gehört zu den Top 50 der reichsten Menschen auf dem Planeten: Ray Dalio. Seit 40 Jahren führt er sein Unternehmen so erfolgreich, dass ihn Generationen von Nachwuchsbankern wie einen Halbgott verehren. Mit »Die Prinzipien des Erfolgs« erlaubt er erstmals einen Blick in seine sonst so hermetisch abgeriegelte Welt.

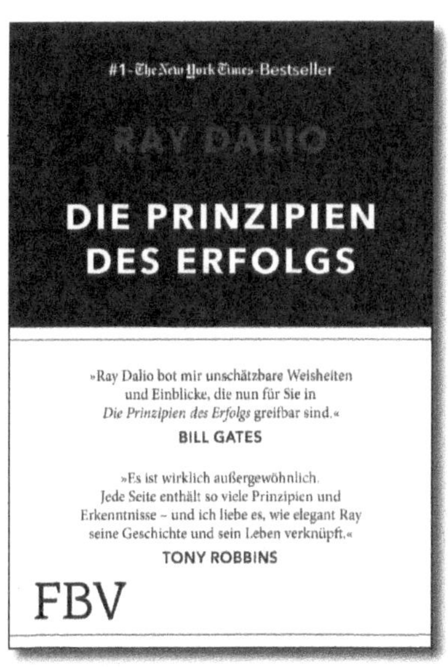

Ca. 500 Seiten I Hardcover I 24,99 € (D) I 978-3-95972-123-3